全国普通高等教育"十三五"重点规划教材

大学生国防教育与军事训练教程

主　编：李　海
副主编：何家义　陈叔军　陈　牧

北京理工大学出版社
BEIJING INSTITUTE OF TECHNOLOGY PRESS

版权专有　侵权必究

图书在版编目（CIP）数据

大学生国防教育与军事训练教程／李海主编.—北京：北京理工大学出版社，2016.8（2018.8重印）

ISBN 978-7-5682-2804-6

Ⅰ.①大… Ⅱ.①李… Ⅲ.①国防教育-高等学校-教材　②军事训练-高等学校-教材　Ⅳ.①G641.8

中国版本图书馆 CIP 数据核字（2016）第 190698 号

出版发行／北京理工大学出版社有限责任公司
社　　址／北京市海淀区中关村南大街 5 号
邮　　编／100081
电　　话／（010）68914775（总编室）
　　　　　（010）82562903（教材售后服务热线）
　　　　　（010）68948351（其他图书服务热线）
网　　址／http：//www.bitpress.com.cn
经　　销／全国各地新华书店
印　　刷／北京富达印务有限公司
开　　本／787 毫米×1092 毫米　1/16
印　　张／11.5　　　　　　　　　　　　　　　　　责任编辑／王晓莉
字　　数／270 千字　　　　　　　　　　　　　　　文案编辑／王晓莉
版　　次／2016 年 8 月第 1 版　2018 年 8 月第 3 次印刷　责任校对／孟祥敬
定　　价／29.80 元　　　　　　　　　　　　　　　责任印制／李志强

图书出现印装质量问题，请拨打售后服务热线，本社负责调换

前　言

党和国家高度重视大学生的国防军事教育。国务院办公厅、中央军委办公厅转发教育部、总参谋部和总政治部关于在普通高等学校开展军事训练工作意见的通知中指出，学生军训是普通高等学校本、专科学生的必修课，要纳入教学计划。为让学生掌握国防基本理论知识和完成基本军事训练，我们依据国家教育部、中国人民解放军总参谋部、总政治部联合颁发的《普通高等学校军事课教学大纲》规定，按照广西壮族自治区教育厅相关要求，参考近年来出版的大量相关书籍，在认真研究高校教育规律和特点的基础上，结合近年来高等院校组织军事课教学的实际，组织编写了本书。

本书以十八大报告精神和实现中国梦为指导，着眼时代发展要求，结合高校学生特点，重点向青年学生传授国际国防建设、战略环境、军事思想、军事高技术、信息化战争等方面的基本理论和知识，以及学生应了解和掌握的军事技能理论和知识，使学生认清国防与国家安危存亡、民族荣辱兴衰的密切关系，提高对国防地位和作用的认识，增强国防观念，树立新型的国家安全观；了解新时期新阶段国际战略环境变化、非传统安全威胁对我国安全构成的威胁与挑战，熟悉我国对外关系的方针、政策和我国国防现代化建设的目标，明确自己所担负的历史使命和责任；加深对爱国主义优良传统的理解，激发爱国热情；树立正确的世界观、人生观、价值观和高尚的理想；掌握基本的军事技能，成为一名合格的高素质、技能型的国防后备人才。

由于编者学术水平和研究能力有限，编写过程中难免有不尽如人意之处，恳请广大读者批评指正。

广西财经学院党委副书记、教授　李海
二〇一六年五月

目　录

第一章　中国国防 ... 1
- 第一节　国防概述 ... 1
- 第二节　国防法规 ... 8
- 第三节　国防建设 ... 14
- 第四节　国防动员 ... 22

第二章　国际战略环境 ... 30
- 第一节　战略环境概述 ... 30
- 第二节　国际战略格局 ... 34
- 第三节　我国周边安全环境 ... 38
- 第四节　非传统安全威胁 ... 41

第三章　军事思想 ... 48
- 第一节　军事思想概述 ... 48
- 第二节　中国古代军事思想 ... 54
- 第三节　毛泽东军事思想 ... 62
- 第四节　新时期党的军事指导理论的创新与发展 ... 67

第四章　军事高技术和信息化战争 ... 80
- 第一节　军事高技术概述 ... 80
- 第二节　高技术在军事领域的主要运用 ... 82
- 第三节　信息化战争 ... 108

第五章　大学生军事训练 ... 115
- 第一节　大学生军训简介 ... 115
- 第二节　队列知识简介 ... 116
- 第三节　轻武器射击常识 ... 125
- 第四节　野营拉练 ... 133
- 第五节　兵器知识简介 ... 137
- 第六节　阅兵简介 ... 141

第六章　非战争行动与应急避险 ... 142
- 第一节　非战争行动 ... 142
- 第二节　应急避险常识 ... 148
- 第三节　防恐防爆突发事件安全常识 ... 159
- 第四节　自救与互救 ... 161
- 第五节　野外生存 ... 169

参考文献 ... 178

第一章 中国国防

第一节 国防概述

"兵者，国之大事，死生之地，存亡之道，不可不察也"。自古以来，有国必有防，国不可一日无防，这是历史和现实告诉我们的经验和教训。一个国家、一个民族最重要的是生存与发展的问题，这是关系到国家和民族生死存亡、荣辱兴衰的根本大计。

国防是指国家为防备和抵抗侵略，制止武装颠覆，保卫国家主权统一、领土完整和安全而进行的军事以及与军事有关的政治、经济、外交、科技、教育等方面的活动；是国家生存与发展的安全保障，也是国家固有的职能。因此，国防是随着国家的产生而产生，随着国家的发展而发展，最终也将随着国家的消亡而消亡。

从国防的本义上看，国防是国家的防务，是全民族的防务，与国家的各个部门、各种组织以及全体公民都息息相关。加强国防建设，进行国防斗争，必须依靠国家各个方面的综合力量。

一、国防的基本要素

（一）国防的主体

国防的主体，即国防活动的实行者，通常称为国家。任何国家，从诞生之日起，都要防备和抵御各种外来侵略，以保障国家安全，维系国家生存。

（二）国防的目的

国防的目的主要是捍卫国家主权、保卫国家的统一和领土完整以及维护国家的安全与稳定安全。

1. 捍卫国家主权

国家主权是一个国家存在的根本标志。按照国际法的表述，主权是一个国家不受外来控制的自由。它是完整无缺、不可分割而独立行使的、最高的权利和尊严。如果一个国家的主权被剥夺，其他一切，包括国家的独立、领土完整、传统的生活方式、基本的政治制度、社会准则和国家荣誉等都无从谈起了，也毫无意义了。因此，捍卫国家主权是国防的首要目的和任务。

2. 保卫国家的统一和领土完整

国家统一是指国家由一个中央政府对领土内一切居民和事务行使完整的管辖权，不允许另立政府或分割国家的管辖权。从国际法的角度来说，保卫国家统一、反对分裂，历来是一个国家的内部事务。因此，保卫国家统一历来是国防的重要任务。当外国敌对势力插手本国的民族事务，破坏本国的民族团结，危及本国的统一和领土完整时，国防力量必须予以坚决打击，以发挥其维护国家统一和稳定的职能作用。

领土是指位于国家主权支配下的地球表面特定部分，包括领土疆界以内的陆地、水域及其上空和底土，即由领海和领空组成。领土是一个国家和民族存在和发展的自然物质前提，是构成国家的基本要素之一。国家主权与国家领土有着密切的联系，领土既是国家主权行使的空间，也是国家主权行使的对象，没有领土，主权就失去了存在的空间和行使的对象。

领土的完整含义是：凡属于本国的领土，决不能丢失，决不允许被分裂、肢解和侵占。任何国家不得破坏别国的领土完整；任何集团或个人不得搞旨在分裂本国（或别国）领土完整的活动。国家的领土被侵占，主权必然要遭到侵犯。国防捍卫国家主权的独立，必然要保卫国家领土的完整。

3. 维护国家的安全与稳定

国家正常地生存与发展，必须有一个和平安全的外部环境和稳定的内部环境。如果一个国家没有和平、稳定的环境，不仅难以发展，甚至连生存也会受到威胁。因此，维护国家的和平与稳定，也是国防的主要目的之一。一旦国家遭到外来侵略和颠覆，受到威胁，国防就必须履行自己的职能，抵御和挫败外来侵略和颠覆，确保国家的和平与稳定；当国内敌对分子勾结外国敌对势力进行武装暴乱，危及国家安全与稳定时，国防力量就要采取一切措施，坚决制止与平息这种内外勾结的暴乱，保卫国家的安全和稳定。

（三）国防的手段

国防的手段是指为达到国防目的而采取的方法与措施。根据《中华人民共和国国防法》（以下简称《国防法》）的规定，我国国防的手段包括军事活动以及与军事有关的政治、经济、外交、科技、教育等方面的活动。由此说明，与军事有关的诸方面的活动，只要有利于捍卫国家主权、保卫国家的统一、领土完整和安全的国防目的，都是国防的重要手段。

现代国防的根本职能是捍卫国家利益，防备和抵御外来各种形式和不同程度的侵犯，防备与平息内外敌对势力互相勾结所引发的武装暴乱。在对国家利益的各种形式的侵犯中，威胁和危害最大的是武装侵犯，包括军事威胁、军事干预、占领部分领土、武装掠夺经济资源、发动战争等。上述活动和内外敌对势力相互勾结发动的武装暴乱，不仅使国家主权和人民生命财产遭受损失，而且直接危及国家和民族的生存与发展。对付武装入侵和武装暴乱最根本、最有效的方法是军事手段。因此，在实现国防目的的各种手段中，军事手段始终是国防的最主要手段。随着社会的进步与世界和平的发展，新军事变革对国防领域带来了巨大的冲击，捍卫国防的目的已不仅仅局限于军事的建设和斗争，而必须包括与军事力量有关的政治、经济、科技、文化、教育、外交等方面的建设和斗争。军事方面的建设和斗争，更多的是配合国家的政治、经济、外交等方面的建设和斗争，力求通过平时国防建设能量的有节制地释放来实现"不战而屈人之兵"的最佳战略效果。当今世界各国都十分注重与军事有关的政治、经济、科技、文化、教育、外交等各种手段的综合运用来达到国防的目的。因此，只有全面提高综合国力，才能真正建设强大的国防。

（四）国防的对象

国防的对象是指国防所要防备、抵抗和制止的行为。根据《国防法》的界定，国防的对象：一是侵略；二是武装颠覆。

1. 国防要防备和抵抗侵略

《国防法》对国防对象的这一法律界定，既有国际法律依据，又符合国防的实际需要，与国家安全所面临的威胁相一致，不仅表述方法合理恰当，而且意义深远重大。一是与国际约定接轨。联合国1974年专门通过了《关于侵略定义的决议》，对"侵略"作了非常详尽的定义。凡属于决议所指的侵略，均属于运用国防力量防备和抵抗的对象。二是与国家的根本大法——宪法相一致。我国《中华人民共和国宪法》（以下简称《宪法》）第29条规定武装力量的任务，第55条规定公民的国防义务，都采取了"抵抗侵略"的提法。三是与国防活动的客观实际相适应。如果以法律的形式规定国防只是防备和抵抗"武装侵略"，在今后的国防建设和斗争中，就会束缚自己的手脚。当今世界的现实是，的确存在着武装侵略和非武装侵略并存的事实。因此，国防所要防备和抵抗的是"侵略"，而不仅仅是"武装侵略"。

2. 国防要制止武装颠覆

所谓颠覆，是指推翻现政府的一种叛逆行为，包括武装暴力颠覆与非武装暴力颠覆两种形式。一般情况下，对于非武装暴力的形式，由国家公安、安全部门调查和处理，不需动用国防的力量。只有属于武装性质的颠覆，如武装叛乱，才能动用国防力量。《国防法》规定"武装颠覆"是国防的对象，把"制止武装颠覆"作为国防的一项重要职能，具有特殊的重要意义。①各种武装颠覆活动，包括分裂国家的"独立"、武装叛乱以及企图推翻社会主义制度的武装暴乱，已构成对我国安全的主要威胁之一。②从我国当前面临的国际、国内环境来看，武装颠覆并非纯粹来自内部，或主要不是来自内部，各种形式的"独立"、武装叛乱和暴乱，一般都有外来势力插手，具有内外勾结的特点。对付这一类"武装颠覆"，应该是国防的职能，也就是说，在特殊情况下，国防还具有对内的职能。

二、中国国防史回顾

中国的国防具有悠久的历史。中华民族五千年历史，给我们留下了丰富的国防遗产，积累了极其宝贵的经验。

（一）中国古代的国防

从第一个奴隶制国家——夏朝的建立，直至1840年鸦片战争爆发，中国古代的国防历经数千年，伴随着二十多个朝代的盛衰更替和社会制度的演变而不断发展。这种完整一贯的历史延续，培育了民族的向心力和凝聚力，锤炼了民众维护国家和民族统一、勇于抵御外患的尚武精神，形成了习文善武、文治武功的优良传统。

1. 中国古代国防的兵制建设

兵制，即军事制度，现如今称为军制。它包括武装力量体制、军事领导体制和兵役制度等方面的内容。兵制建设是中国古代国防的一个重要方面。早在夏之初，帝王控制了军事大权，已有对参战人员编组和奖惩的规定。商和西周，帝王是军事的最高统帅，军事领导职务由贵族大臣和地方首领担任，士卒主要由奴隶主和平民充当，奴隶一般只随军服杂役；车兵为主要兵种，师为最高建制单位。春秋时期，随着奴隶制的解体，各诸侯国开始实行兵制变革，废除奴隶不能充当士卒的限制，开始有了武官任免制度；车兵地位逐渐下降，步兵地位逐渐上升；依户籍定军队的编制，军为最高建制单位；开始出现郡县征兵制。

战国时期，封建制度开始确立，社会处于大动荡、大变革、大发展中，诸侯大国之间不断发生大规模的兼并战争，加速了兵制的变革与发展。这一时期，步兵、骑兵、水师逐渐分离为独立兵种；兵役制度上，打破了世袭兵制，出现了募兵制和郡县征兵制；剥夺了私属武装，集中军权，统一军队，文武分职；凭玺印、虎符任将控兵；建立按军功晋爵升赏制度；战争指挥复杂、要求高，将帅专职化。另外，在这一时期，学术上的百家争鸣，有力地促进了中国古代兵学的发展。以《孙子兵法》为代表的一大批兵书的诞生，标志着中国古代军事思想的逐渐成熟和军事制度体系的形成。

自秦始皇统一中国到清朝末年，历代封建王朝根据各自的需要和条件，在专制主义中央集权制度的基础上，加强了帝王的军权，从中央到地方建立了便于帝王控制的统帅指挥系统。明朝开始出现专门装备火器的部队，建立了武库、粮储和运输制度，主要武器装备和军需物品由国家监制和供给；因势采用征兵制、募兵制、世兵制等，多数以农民为军队的主要成分。兵制的许多内容通过法律形式颁布执行，例如，唐朝的《卫禁律》、《捕亡律》、《擅兴律》、《军防令》等，对军队的组织编制、番上宿卫、屯田戍边、兵役军赋、军队调发、军需补给、驿站通道、武器制造、配发和厩库管理等都做了具体的规定。这一时期不少帝王、政治家、军事家对兵制进行了一定的研究和改革，推动了兵制的不断发展。

2. 中国古代的国防工程建设

边防、海防建设是国防建设的重要内容。我国古代的边防建设主要是修筑防御工程和实行实边固边政策。著名的万里长城，是中国古代构筑的以长城城墙为主体，与其他工程设施相结合的连续线式防御工程体系。它是城池筑城体系的发展和运用。历史上先后有八个诸侯国和十多个王朝构筑、修建和连接，到明代形成了东起辽东山海关、西至甘肃嘉峪关的长城。长城据险筑墙，关堡相连，烽火相望，敌台林立，层层布防，在中国古代的战争中曾发挥了重要的防御作用。

西汉文景时期，为防御匈奴的一再侵犯，积极推行实边固边的政策。一是在边关要地配置边防军，包括边境上的郡国兵和屯田兵，依靠边郡太守和都尉率兵防堵匈奴的进攻。二是输粟实边。文帝时，晁错曾提出奖励百姓输粟实边，依输粟多少，赐给一定的爵位，或赦免罪过，并令入粟者将粟运至长城沿线，待边境一带粮食充足后，再运至内地郡、县收藏。这一政策的实行，有效地巩固了边防。三是徙民治边。晁错在《筹边策》中提出，在边境要害之处，组织徙民建立城邑。由有才能、习风俗、知民心者充任首领。首领平时组织徙民训练，战时则率徙民抗击敌人。每一个城邑都成为坚固的军事要塞，有效地加强了边境地区的防御。到了汉武帝驱逐匈奴之后，在西北边境地区大量增设新郡，并实行大规模的军事屯田，使数十万边境驻守士兵有警则战，无事则耕，戍卒无饥馁之忧，国家无转运之劳。屯戍军队与大量移民共同守边，且耕且守，较之"徙民实边"更为扎实有效。

我国古代的海防建设是从明代开始的。为防止倭寇的偷袭、骚扰，明王朝一方面下令禁海，另一方面在沿海的主要地段陆续修建了以卫城、所城为骨干，堡、寨、墩、烽堠和障碍物相结合的防御工程体系，有效地抗击倭寇的侵扰。

3. 古代"富国强兵"的国防思想

"富国强兵"是我国古代各朝代都十分重视的国防思想。早在春秋战国时期，许多统治者和军事家就已经认识到国防与经济的关系，明确提出"国不富则无称雄之本，兵不强则无争霸之力"的政治主张，强调富国强兵，视富国为强兵之本、之先、之急，十分重视发展经济和充实武备。当时的军事家孙武在《孙子·作战篇》中就指出，"带甲十万"，"日费千金"，强调军队进行战争必须要有物资保证。而齐国著名的政治家管仲也说："甲兵之本，必先于田宅"，进一步阐明了强大的国防必须依赖经济的发展。加强国防建设的根本，首先是发展生产。秦始皇之所以能吞并六国一统帝业，正是由于秦国推行富国强兵政策的结果。

此后，各朝各代的统治者都十分强调这一思想，并围绕这一思想采取了一系列有效的政策，努力把发展生产与加强国防建设统一起来。例如，汉高祖得天下后，实行裁军赐爵、休养生息、重视农业的政策，尽快恢复和发展生产，使国家的军事实力得到了进一步的加强。

（二）中国近代的国防

19世纪上半叶，西方资本主义国家为了开辟新的销售市场和原材料产地，加紧对外侵略扩张。它们抓住了中国"国防不周，军队不精"这一致命弱点，开始了对中国赤裸裸的侵略。

从1840年鸦片战争开始到中华人民共和国成立前的一百多年间，由于当时统治阶级的腐败衰落，国力日趋空虚，国防每况愈下，在外国列强弱肉强食的环境下，中华民族屡遭外敌的侵略、欺侮。1840年，英国首先挑起了第一次鸦片战争；1856年，英法联军又发动了第二次鸦片战争；帝国主义列强又相继挑起了1883年的中法战争；1894年的中日甲午战争。1900年的八国联军侵华战争。至抗日战争结束，先后有英国、美国、法国、俄国、德国、瑞典、挪威、丹麦、荷兰、西班牙、比利时、意大利、奥地利、秘鲁、巴西、葡萄牙、日本、墨西哥、瑞士等近20个国家的侵略者践踏过中国国土，抢掠过中国人民的财物，屠杀过中国同胞，参与过损害中国主权的罪恶活动。在此期间，外国侵略者还强迫腐败的清政府签订了500多个不平等条约，每一个不平等条约都是对中国野蛮的掠夺。列强的军事侵略，使中国在政治上、经济上、文化上蒙受了巨大损失。香港被迫割让给了英国；澳门被葡萄牙霸占；沙俄侵吞了我国东北150多万平方千米的土地；日本占领了台湾及澎湖列岛；旅顺、胶州湾、广州湾等地成了帝国主义列强的租借地。

此外，支付战争赔款本应该是对失败的侵略者的一种惩罚，然而，在中国近代史上，战争的赔款全部是由中国承担。据记载，帝国主义列强对华的500多个不平等条约，几乎每个条约都有要求中方赔款的条款，多则千万两白银，少则数十万两白银。

一个个强加在中国人头上的不平等条约，一次次的割地赔款，使中国在政治上、经济上、文化上蒙受了巨大的屈辱和损失。当时中国1.8万千米的海岸线上，竟然找不到一个中国自己享有主权的港口，外国商船和军舰可以在中国内河、领海任意航行，自由停泊于各通商口岸；外国人在中国犯罪，中国人无权审理；外国人在租界地实行殖民统治，形成了"国中之国"，外国人甚至控制了中国的警察权，指挥中国的外交。

外国列强的入侵，使中国人的人格尊严更是丧失殆尽。殖民统治时期的上海外滩公园门口,曾挂过这样一块牌子——"华人与狗不得入内!"整个中华民族美丽富饶的国土被帝国主义列强蹂躏得支离破碎。

20世纪30年代,日本帝国主义又发动了残酷的侵华战争,侵略者的铁蹄踏遍了大半个中国,两千多万中国人死于日寇的屠刀之下。然而,"哪里有压迫哪里就有反抗,哪里有侵略哪里就有斗争"。在第一次鸦片战争中,与清兵的节节败退形成鲜明对照的广东三元里人民,首先自发地兴起了抗英斗争。它向全世界昭示,中国人民决不甘当亡国奴,帝国主义永远也不能灭亡中国。1900年,当八国联军进攻中国之际,农民阶级再一次担负起挽救民族危亡的历史重任,掀起了义和团运动。为了争取民族独立和反对外来的侵略,中华民族的优秀儿女赴汤蹈火、奋斗不息。正是由于中华民族的不屈不挠和浴血奋战,才使得列强企图把中国变成其殖民地、附属国的阴谋始终未能得逞。从这个意义上说,一部近代国防史,并不是国防每况愈下、有国无防的失败记录,而是中华民族从漫漫长夜中迎接黎明曙光,不断觉醒、不断斗争的历史。

三、国防历史的启示

我国国防历史,有过声威远播、天下归附的武功;有过引而不发、强房驻足的宁静;有过遍体鳞伤、不堪回首的屈辱;也有过抗敌卫国的巨大胜利。每当重温这一漫长的国防历史,我们都能够从中得到不少有益的启示。

(一)经济强盛是国防强大的基础

经济是国防的物质基础,国防强大依赖经济的发展,这是我国国防历史给予我们的一个深刻启示。早在春秋战国时期,统治者就认识到国富才能兵强,自强方可自立,无不把发展经济作为巩固国防、争夺霸权的重要措施。例如,春秋时期,晋国本是一个国贫兵弱的小国,晋文公执政后,通过整顿内政,发展经济,扩充军队等一系列的综合治理,使晋国实力急剧膨胀,有"晋国天下莫强"的声威,先后兼并了二十余国,一跃而成为中原霸主。秦国重用商鞅进行变法,推行了"开阡陌"、"废井田"等一系列土地改革措施,极大地解放了生产力,促进了经济的发展,这对秦军南征北战、北逐匈奴,最终吞并六国,完成统一大业起到了重要的作用。而唐朝由"贞观之治"达到封建社会的鼎盛时期,更是当时统治者注重发展经济的结果。

与此相反,各个朝代的衰落、灭亡,一个王朝被另一个新生的王朝所取代,遭受外敌入侵而不能自保,几乎毫无例外地都是由于这个王朝后期政治腐败,经济落后,结果动摇了国防的根基,才导致政权易手。由此可见,只有经济的强盛,才能有强大的国防,才能有政权的稳固和国家的安全。

(二)政治昌明是国防巩固的根本

纵观我国几千年的国防兴衰史,不难看出,当统治阶级处于上升阶段时,政治昌明,经济发展,民族团结,国家统一,国防就强盛;反之,当统治阶级处于没落阶段时,其政治腐败,经济凋敝,民族分裂,国内混乱,国防就衰弱。因此,国家政策的正确与否直接关系到国防的兴衰。只有政治的昌明,才能有巩固的国防。这是国防历史给予我们的又一个深刻启示。

春秋战国时期，各诸侯国就十分注意昌明政治，变法图强，把尊贤厚士，举贤任能，选拔优秀人才治理国家作为强国的根本大计。例如，齐国得管仲、孙膑、孟尝君、邹忌等而崛起争霸；越国得范蠡、文种而复国称雄。而汉高祖刘邦得天下后，实行"文武"政策，建立法制，此后，文帝、景帝至武帝，正是由于实行了比较开明的治国方略，才使得国家昌盛，国力强盛，为西汉在长达二百多年的时间里国家安定奠定了基础。

相反，秦朝实行暴政，激起农民起义，终至推翻秦始皇梦想千秋万年、子孙相继的基业；宋朝由于机构臃肿，官员奢侈腐化，国力衰竭不堪，无力抵抗外侵所败，最终为元兵所灭亡；明朝由于皇帝昏庸，宦官专政，结党营私，终被起义军所败，后又清兵入关，政权沦丧。特别是近代中国，由于清政府政治日益腐朽，国防日益虚弱，面对列强入侵屡战屡败，乞降求和，割地赔款，使我国遭受了前所未有的奇耻大辱，将中国人民带进了苦难的深渊。

总之，国防的兴衰，王朝的更替，近代中国的百年国耻，都深刻地告诉我们：政治的昌明，是国防巩固的基础，是国家得以长治久安的根本保证。

（三）国家的统一和民族的团结是国防强大的关键

我国国防史给予我们的另一个重要启示是，在面临外敌入侵、国家危亡的紧要关头，只有国家统一，民族团结，共同抵抗，才能筑起一道坚不可摧的国防长城，取得反侵略战争的胜利。

近代西方列强对我国发动的一系列侵略战争，使中国逐渐沦为半封建半殖民地的国家，山河破碎，有国无防。一个重要的原因是，清朝统治者在侵略者面前，不仅不发动和依靠广大人民进行反侵略的正义战争，反而认为"患不在外而在内"，甚至在义和团奋起抗击八国联军的时候，清朝统治者竟企图借外国侵略者之手消灭义和团。由于统治者害怕人民，采取与人民对立的立场，尽管广大人民奋起反抗侵略者，但由于多数处于自发、分散的状态，缺乏统一指挥，没有形成一致对外的合力，最终都没能改变战争的局面。

相反，在抗日战争时期，中国共产党主张全国军民团结起来，建立广泛的抗日民族统一战线，共同抵抗日军的侵略。同时，坚持人民战争的战略指导方针，放手发动群众，团结一切可以团结的力量共同抗击敌人，开辟了广大的抗日敌后根据地，运用人民战争的战略战术，有效地打击了日本侵略者，最后取得了抗日战争的全面胜利。

历史证明，国家的统一，民族的团结，全国军民一致共同抵抗侵略的精神和意志，才是国防真正的"钢铁长城"。这是把一切侵略者淹没在人民战争的汪洋大海的基础，是让一切侵略者都望而生畏的真正的"铜墙铁壁"，这是民族自强的根本、国防力量的源泉。

（四）科技进步是国防强大的重要保证

回顾历史，自鸦片战争敲开清朝政府的大门后，中华民族就开始了用血泪写成的"百年屈辱史"。由于清朝政府的腐败无能、闭关自守、不注重发展科学技术，致使武器装备发展十分缓慢，西方资本主义国家在产业革命中后来居上，并在我国创造发明的军事科技成果的基础上，进行加工和技术改造，用所谓的洋枪洋炮打败清军的大刀长矛和低劣的火炮等武器装备，造成了交战双方科技水平上的"代差"。"落后就要挨打！"——这就是当年殖民战争给予我们的最深刻的教训，我们应当永远牢记，以史为鉴，我们可以从中看出科技进步对国防强大的重要性。在新的世纪，科技进步和创新，对国防现代化的作用也越来越突出。

第二节 国防法规

国防法规是国家为了加强防务，尤其是加强武装力量建设，用法律形式确定并以国家强制手段保证其实施的行为规范的总称，是国家法律的重要组成部分，是国防建设和国防斗争的重要保障，对人们在国防领域的行为规范起着重要的引导作用。国防法规是一个国家统治阶级的意志在国防建设领域中的法律体现，具有鲜明的阶级性。其主要任务是调整和规范国家在国防领域中的各种关系，把国防建设纳入法制化轨道，确保革命化、现代化、正规化建设总目标的实现。当代大学生应该了解国防法规的内容，从而增强遵守法规的自觉性，提高运用国防法规的能力。

一、国防法规体系

国防法规以国家宪法为基础，由各类法律规范组成，其范围十分广泛，内容十分丰富，构成相互联系、相互制约和协调的有机整体。不同的层次表征着国防法律规范之间的纵向关系，不同方面的内容表征着国防法律规范之间的横向关系。

（一）国防法规体系的层次

国防法规体系的层次，是对国防法律规范的纵向划分。依据我国国防立法权限和法律范围的效力等级，可将法律规范划分为五个层次。

1. 宪法中的国防条款

《宪法》中的国防条款在国防法规体系中居于最高地位，主要包括：武装力量的领导体制、性质、任务、建设方针和活动的根本准则，军队在国家政治制度中的地位，公民在国防方面的权利和义务，国防建设的领导和管理体制，全国总动员、局部动员和宣布战争的制度，国家和社会对伤残军人及军人家属的优抚政策，军事审判机关和军事检察机关的设置等。

2. 基本国防法律

基本国防法律由全国人民代表大会制定，是制定其他国防法规的基本依据。包括以下内容：专门的基本国防法律，即《国防法》和《中华人民共和国兵役法》（以下简称《兵役法》）；其他基本法律中的国防条款，如《中华人民共和国刑法》（以下简称《刑法》）中的第七章和第十章，《中华人民共和国婚姻法》中的第33条等；基本国防法律解释。

3. 国防法律

国防法律由全国人民代表大会常务委员会制定，包括以下内容：专门的国防法律和法律性决定，如《中华人民共和国国防教育法》（以下简称《国防教育法》）、《军事设施保护法》、《人民防空法》、《香港特别行政区驻军法》、《现役军官法》、《军官军衔条例》、《预备役军官法》、《中国人民解放军选举全国人民代表大会和县级以上地方各级人民代表大会代表的办法》、《全国人民代表大会常务委员会关于设立全国国防教育日的决定》等；其他法律中的国防条款，如《中华人民共和国行政诉讼法》第12条"关于人民法院不受理公民、法人或者其他组织对国防行为提起诉讼的规定"等；国防法律解释。

4. 国防法规

国防法规是指由中华人民共和国国务院和中央军事委员会单独或共同制定和颁布的具有在全国一定范围内和在军队中一体遵行的有法律效力的国防法规。包括：由中央军委制定的军事法规，如《中国人民解放军内务条令》、《中国人民解放军纪律条令》、《中国人民解放军警备条令》等；国务院单独制定或与中央军委联合制定的国防行政法规，如《中华人民共和国出境入境边防检查条例》、《中国人民解放军现役士兵服役条例》、《中华人民共和国飞行基本规则》等；其他法规中的国防条款；国防法规解释、国防法规性文件。

5. 国防规章

国防规章是由国家职能机关和军队职能机关为了贯彻执行国防法律和国防法规的有关条款在自己的职权范围内制定和颁布的细则和章程等。包括：中央军委各总部、各军兵种、各军区制定的军事规章，如《兵员管理规定》、《中国人民解放军院校学历证书管理暂行规定》等；国务院各部委单独制定或与军委有关总部联合制定的国防行政规章，如《关于民兵事业费开支范围和管理办法的规定》、《关于企业民兵、预备役工作的规定》等；其他规章中的国防条款；国防规章解释、国防规章性文件；地方性国防法规和规章。

按照法制建设的要求，国防法规体系层次中，下一层次的法必须以宪法或上一层次的法为依据，不得与其相抵触。只有形成等级分明的层次，才能确保各种国防法律规范做到层层节制，一级服从一级，从而避免重叠和矛盾，保证国防法规体系的协调统一。

（二）国防法规体系的内容

在横向关系上，依据国防活动的领域，可以将国防法规体系划分为若干个方面的内容，也就是若干个方面的国防法律制度。主要包括国防领导、武装力量建设、国防建设事业、军事刑事等方面的法律制度。

1. 国防领导方面的法律制度

国防领导方面的法律制度，是关于我国国防领导体制、国家机构在国防活动中的领导职权等方面的法律规范的综合，是国防法律制度中最重要的组织制度。主要包括国家最高军事统帅、国防决策机构、国防行政领导机构、国防指挥机构、国防协调机构、国防咨询机构的设置、职权划分和相互关系等制度。

2. 武装力量建设方面的法律制度

武装力量建设的法律制度，是关于武装力量的性质任务、建设目标、建设原则、体制规模以及兵役制度的法律规范的总和。主要包括武装力量体制、兵役制度、军队体制编制、军事训练制度、军事行政管理制度、军队武器装备管理制度、军队政治工作制度、军队后勤制度、人民武装警察部队方面的制度、优抚与安置制度等。

3. 国防建设事业方面的法律制度

国防建设事业方面的法律制度，是关于国家在调整国防建设活动中各种社会关系的法律规范的总和。主要有国防科研生产法律制度、国防动员法律制度、国防后勤方面的法律制度、国防教育法律制度、军事设施保护法律制度、人民防空法律制度、安全防卫法律制度、对外军事关系方面的法律制度等。

4. 军事刑事方面的法律制度

军事刑事方面的法律制度,是规定军队人员违反职责犯罪和其他公民危害国防利益犯罪的法律规范的总和。它以刑法、军事刑事法规、规章、司法解释等形式,规定了军队人员违反职责犯罪和其他公民危害国防利益犯罪的种类、使用法律及处罚原则、刑事处罚种类、诉讼程序和执行方式等。主要由《刑法》中的第七章(危害国防利益罪)、第十章(军人违反职责罪)及其他法律法规中的有关条款组成。

二、公民的国防义务和权利

公民的国防义务和权利,是我国公民的基本权利和义务的重要内容。我国宪法和各种国防法规都对公民的有关国防义务和权利做出了明确规定。自觉地履行国防义务,正确地行使有关国防权利是每一个公民应当具备的品德和责任。

(一)国防义务

公民的国防义务,是指《宪法》规定的公民在国防活动中对国家必须履行的某种责任,这种责任是根据国家和人民的根本利益确定的,并由国家运用法律的强制力来保证它的实现,它要求负有国防义务的公民,在国防活动中必须依法做出或不做出某种行为。法律要求公民应该做出某种行为,如果公民拒绝做出,则要承担法律责任,将受到相应的法律制裁。如宪法要求公民负有服兵役的义务,如果负有义务的公民拒绝、逃避兵役,就要受到法律的制裁。法律要求有义务的公民不做出某种行为,而公民做出了法律所禁止的行为,同样要承担法律责任。我国国防法规赋予公民的义务主要有以下几项。

1. 维护国家安全和利益的义务

《宪法》第52条规定:"中华人民共和国公民有维护国家统一和全国各族团结的义务。维护国家统一主要是指维护国家领土的完整,任何公民都不能破坏、变更和以其他各种形式分裂肢解国家领土;维护国家政权的统一,不允许任何公民以各种方式分裂国家政权、破坏国家的统一,不允许任何人以任何方式把国家的主权割让给外国。"《宪法》第54条规定:"中华人民共和国公民有维护国家安全、荣誉和利益的义务,不得有危害祖国安全、荣誉和利益的行为。"维护国家的安全主要是指维护国家的领土、主权不受侵犯,国家各项机密得以保守,社会秩序不被破坏。履行这些义务就是要求每一个公民都要有高度的爱国主义精神和行为,以国家利益为最高利益,自觉维护祖国的统一、安全、荣誉和利益,绝不做危害国家安全、民族荣誉、祖国利益的事。

2. 履行兵役的义务

《宪法》第55条规定:"保卫祖国,抵抗侵略是中华人民共和国每一个公民的神圣职责。依照法律服兵役和参加民兵组织是中华人民共和国公民的光荣义务。"根据我国《兵役法》公民履行兵役义务主要有以下四种形式:

第一,服现役,服现役是指公民按照《兵役法》的规定,自入伍之日起到退伍之日止,在人民解放军、人民武装警察部队中所服的兵役,是我国公民依法履行兵役义务的一种主要形式;

第二,服预备役,预备役是区别于现役的一种兵役义务,是公民在没有军籍的情况下依照法律履行兵役义务的一种形式，是国家储备后备兵员的一种主要形式。预备役包括士兵预备役和军官预备役。公民在服预备役期间，应按照有关法律的规定参加军事训练，执行其他军事任务，并随时准备应征入伍服现役；

第三，民兵，民兵是不脱离生产的群众武装组织，是中国人民解放军的助手和后备力量。民兵的任务是积极参加社会主义现代化建设，带头完成生产和各项任务；担负战备执勤、保卫边疆、维护社会治安的任务；随时准备参军参战，抵抗侵略，保卫祖国；

第四，参加军事训练，包括预备役人员的军事训练和高等院校与高中学生的军事训练。预备役士兵的军事训练，在民兵组织中进行或单独进行，未服过现役的基干民兵，在18岁至22岁期间，应参加30天至40天的军事训练。专业技术民兵的训练时间，按照实际需要适当延长，服过现役和受过军事训练的基干民兵要进行复习训练，普通民兵和未编入民兵组织的预备役士兵也要定期或不定期地进行训练。预备役军官在服预备役期间，应参加3个月至6个月的军事训练。高等院校和高中学生在就学期间，必须接受基本军事训练，对适合担任军官职务的学生，还要进行短期集训，经考核合格后服军官预备役。学生军事训练，由有关院校配置的专业机构或配备的专职人员组织实施。

公民依法服兵役和参加民兵组织，是一项光荣的义务，是公民履行保卫祖国、抵抗侵略、捍卫国家的主权、统一、领土完整和安全的神圣职责的具体形式。当代大学生更应该积极履行国防义务，还可以在部队这所大学校中，学习知识，增长才干。

3. 接受国防教育的义务

《国防法》第52条第1款规定："公民应当接受国防教育。"国防教育是国家为防备和抵抗侵略，制止武装颠覆，保卫国家的主权、统一、领土完整和安全，对全体公民所进行的一种具有特定目的和内容的教育活动，是国家整个教育事业的组成部分。具体地说，国防教育就是我国公民有义务接受国防理论、军事知识、军事法制、国防历史、国防精神、国防体育等内容的教育。

国防教育关系到一个国家的兴衰存亡，当今世界各国无不把国防教育摆在十分重要的位置，纳入国家发展战略的大系统，通过各种形式的国防教育，增强全民的国防观念，动员全民投入国防事业。

青年大学生群体是祖国的未来、民族的希望，肩负着建设祖国、保卫祖国的历史重任，更应当自觉接受国防教育，把文化学习和国防教育有机地结合起来。培养大学生热爱社会主义祖国的情感，确立为实现中华民族伟大复兴、加快建设社会主义现代化的报国之志，使其成为中国特色社会主义的有用之才。

4. 保护国防设施的义务

《国防法》第52条第2款规定："公民和组织应当保护国防设施，不得破坏、危害国防设施。"根据国防设施的性质、作用、安全保密的需要和使用效能的特殊要求，可将国防设施分为三类：一是需要划定军事禁区予以保护的国防设施；二是需要划定军事管理区予以保护的国防设施；三是不便于划定保护区域，但同样需要采取有效措施加以保护的国防设施。

5. 保守国防秘密的义务

《国防法》第52条第3款规定："公民和组织应当遵守保密规定，不得泄露国防方面的国家秘密，不得非法持有国防方面的秘密文件、资料和其他秘密物品。"所谓国防秘密，是指关系国家防卫安全与利益，依照法定程序确定，在一定时间内或只限一定范围的人员知悉的军事或与军事有关的政治、经济、外交、科技、文化等方面的事项。一个国家的国防秘密，不仅关系着现实政权的巩固、社会的稳定，而且关系着未来战争的胜败、领土的得失。所以，它影响着整个国家的生存、安全与发展。《宪法》规定："中华人民共和国公民有维护祖国安全、荣誉和利益的义务，不得有危害祖国安全、荣誉和利益的行为。"公民保守国防方面的国家秘密是履行这一义务的具体要求。

6. 协助国防活动的义务

《国防法》第53条规定："公民和组织应当支持国防建设，为武装力量的军事训练、战备勤务、防卫作战等活动提供便利条件或者其他协助。"根据这一规定，我国公民协助国防活动的主要义务有：

第一，支持国防建设的义务。公民应当拥护支持征兵工作，切实履行兵役义务，保证兵员的数量和质量；积极参加军事训练，报考军事院校，从思想上、行动上支持国家国防建设活动。

第二，为武装力量活动提供便利条件的义务。武装力量的活动是国防活动的重要组成部分。宪法规定"中华人民共和国的武装力量属于人民"。公民应当支持武装力量建设，为武装力量的军事训练、战备勤务、防卫作战等活动提供便利条件或者其他协助。根据需要，主动为武装力量使用档案、资料、物资、设备、交通、通信、场地、建筑和人员等提供方便，必要时提供优先、免费使用的便利；为武装力量执行任务的人员，提供必需的饮食、住宿、医疗、卫生等保障；对武装力量从事军事训练、战备勤务、作战防卫活动时使用的武器装备、军用物资等，一律免检、免税；为民兵、预备役人员、高校和高中学生的军事训练，提供必要的时间、场地和物资的保证。

第三，支前参战的义务。支前参战，是我国人民的光荣传统，也是今天我国公民国防义务的最终体现。"保卫祖国、抵抗侵略是中华人民共和国每一个公民的神圣职责。"适龄公民应当积极响应祖国的战时征召，一部分服现役参加战斗，其余的除了随时准备应召服现役外，要在政府的领导下，由当地军事指挥机关组织，积极担负战备勤务，支援前线作战，如输送武器弹药、给养，运送伤员，守护重要军事设施和交通运输线路，参加军警民联防等。

（二）公民的国防权利

公民的国防权利，是指由国家宪法、法律赋予公民在国防活动中所享有的权利或权益。国家从法律和物质上保障公民享有这种权利的可能性。权利有鲜明的阶级性，权利是有限制的，而不是绝对的。权利除了要受法律限制外，它还要受产生它的经济基础的制约和限制。权利永远不能超出社会的经济结构以及由经济结构所制约的社会的文化发展。我国宪法和国防法所规定的公民的国防权利，具有社会主义性质，为人民民主专政和社会主义制度服务。

义务与权利是一致的，上述公民的国防义务，同时也是其国防权利。公民除上述国防义务亦即国防权利外，还有以下三种相对独立的国防权利。

1. 对国防建设提出建议的权利

《国防法》第 54 条规定:"公民和组织有对国防建设提出建议的权利。"这一规定,是公民依宪法享有对国家事务的建议权在国防建设方面的体现。在国防方面,我国公民是国防建设的参加者和支持者,有权对国防建设提出意见和建议,包括提出批评性或者建设性的意见和建议。公民对国防建设的建议权的行使,可以通过报纸、电视、广播以及来信来访、电话等形式和手段。

2. 制止、检举危害国防行为的权利

《国防法》第 54 条规定:"公民和组织有对危害国防的行为进行制止或者检举的权利。"这一规定,是对宪法关于公民有维护国家安全、荣誉和利益的义务以及关于公民检举权规定在国防方面的体现。

国防利益是国家和人民的根本利益。因此,维护国防利益是维护国家安全的直接体现,制止、检举危害国防的行为,不仅是公民的义务,也是公民的权利。这一权利表现为两个方面:一是公民为维护国防利益,依法对危害国防的行为,即对行为人违反国家的有关法律,不履行国防义务,超越国防权利的界限,对国防利益造成破坏或侵害的行为予以制止、检举;二是要求国家对公民和组织为维护国防利益而行使的制止、检举权予以支持和保护,并对检举的危害国防利益的违法犯罪行为,必须查清事实、负责处理,绝不允许对检举人压制和打击报复,否则将承担法律责任。

3. 国防活动中经济损失补偿的权利

《国防法》第 55 条规定:"公民和组织因国防建设和军事活动在经济上受到直接损失的,可以依照国家有关规定取得补偿。"

《国防法》第 48 条规定:"国家根据动员需要,可以依法征用组织和个人的设备设施、交通工具和其他物资。县级以上人民政府对被征用者因征用所造成的直接经济损失,按照国家有关规定给予适当补偿。"

《中华人民共和国戒严法》第 17 条规定:"根据执行戒严任务的需要,戒严地区的县级以上人民政府可以临时征用国家机关、企业事业组织、社会团体以及公民个人的房屋、场所、设施、运输工具、工程机械等。在非常紧急的情况下,执行戒严任务的人民警察、人民武装警察、人民解放军的现场指挥员可以直接决定临时征用,地方人民政府应当给予协助。实施征用应当开具征用单据。前款规定的临时征用物,在使用完毕或者戒严解除后应当及时归还;因征用造成损坏的,由县级以上人民政府按照国家有关规定给予相应补偿。"

《国防交通条例》第 37 条规定:"对被动员和被征用运力的操作人员的抚恤优待,按照国家有关规定执行;运载工具、设备的补偿办法另行规定。"

《国防专利条例》第 30 条规定:"国防专利局设立国防专利补偿费。在颁发国防专利证书时和在该专利首次实施后,由国防专利局向国防专利权人发给补偿费。属于职务发明的,国防专利权人应当将不少于 20% 的补偿费发给发明人。补偿费数额,由国防专利局确定。"

公民依法取得的补偿仅限于经济方面的直接损失,间接损失和经济方面以外的其他损失不在补偿之列。补偿的方式、标准和计算方法由国家有关机关规定。

三、大学生服义务兵相关政策

随着科学技术与新军事变革的迅猛发展，国家对高素质兵员的需求日益增强，为鼓励高校毕业生服义务兵役，国家出台了诸多优惠政策措施。这使同是中华人民共和国公民的大学生，除了共同担负上述国防义务外，其在应征服兵役方面，还享有诸多其他群体所不具有的"特权"，使大学生服兵役在义务与权利上有机地统一起来，大学生服兵役既是一种义务又成为一种光荣的权利。尤其是2009年国家面向社会征召13万大学生义务兵，出台了引人注目的大学生入伍八大优惠政策，内容包括：一是大学应届毕业生入伍服兵役两年，国家按每学年最高限6 000元返还在大学期间的全部学费或者是助学贷款；二是正在就读的高职高专毕业班学生，完成教学课程外仅差实习的，可提前毕业入伍，在部队完成实习；三是入伍后，在选取士官考军校、安排在技术岗位等方面优先；四是退役后，参加政法院校为公检法系统定向岗位招生考试，优先录取；五是高职高专毕业生可免试入读成人本科，也可参加所在省专升本考试入读普通高等教育本科；六是参加硕士研究生考试初试总分加10分，在部队荣立二等功及以上的免试入读硕士研究生；七是退役后由入伍地方政府接收安置；八是自主择业，凭用人单位就业协议，参照应届毕业生办理就业报到证、迁移户口。

而教育部高校学生司则宣布，2009年高校毕业生入伍遵循"两优先原则"，即同等条件下学历高的青年优先；同等学力下，应届毕业生优先。解放军四总部则发出通知，在部队服役的大学毕业生士兵均可纳入提干选拔范围，注重向师级以下作战部队和艰苦偏远地区部队倾斜。

此外，2009年更是首次由过去的推荐报名变为全面面向社会普遍报名征集女兵，征集的女青年为全日制普通高等学校的应届毕业生、在校生和2009年普通高中应届毕业生。年龄也相应放宽，本科以上应届毕业生放宽到24岁。以上政策措施都在预示，未来军队现代化建设将需要更多高素质新型军事人才。

当代大学生是国家的栋梁，应当清楚自身的国防义务与权利，努力学习科学文化知识，多积蓄、厚储备，一旦参军入伍，投身国防活动，这些素质将有助于自身快速成为部队建设和训练的骨干，使自身的高素质能在部队这个广阔的舞台上发挥应有的作用。

第三节　国防建设

旧中国有国无防，国门洞开，受尽了帝国主义列强的侵略欺凌，中国人民为此付出了惨重的代价，经历了一百多年丧权辱国的屈辱历史。新中国的诞生结束了中国封建地主阶级和外国帝国主义统治的历史，标志着中国从此开始了由人民当家做主的新纪元，同时也使我国的国防性质发生了根本的变化。六十多年来，在中国共产党的领导下，新中国国防建设取得了举世瞩目的巨大成就。

一、国防体制

国防体制是国家的国防组织形式、机构设置、领导隶属关系和管理权限划分等方面制度的总称，是国家体制的重要组成部分。它通常受国家政治、经济、军事、外交等方面制度和政策的制约。

（一）国防领导体制

1. 中共中央的国防领导职权

《国防法》第19条规定："中华人民共和国的武装力量受中国共产党领导。"《中国人民解放军政治工作条例》规定："中国人民解放军必须置于中国共产党的绝对领导之下，其最高领导权和指挥权属于中国共产党中央委员会和中央军事委员会。"有关国防建设、武装力量建设和国防动员的重大问题，都由中共中央、中央军事委员会、中央政治局及其常务委员会做出决策，并通过法定程序，作为党和国家的统一决策贯彻执行。

2. 全国人民代表大会及其常务委员会的国防职权

中华人民共和国全国人民代表大会是国家最高的权力机关，其国防职权有：制定国防建设、武装力量建设和国防动员的基本法律；选举中华人民共和国中央军事委员会主席，根据军委主席的提名，决定中央军事委员会其他组成人员；决定战争与和平的问题；审查和批准包括国防建设计划在内的国民经济和社会发展计划及计划执行情况的报告；审查和批准包括国防经费预算在内的国家预算和预算执行情况的报告；改变或者撤销全国人民代表大会常务委员会在国防方面的不适当的决定；应当由全国人民代表大会行使的国防方面的其他职权。

全国人民代表大会常务委员会的国防职权有：制定国防建设、武装力量建设和国防动员的基本法律；在全国人民代表大会闭会期间，根据军委主席的提名，决定中央军事委员会其他组成人员，任免军事法院院长和军事检察院检察长；在全国人民代表大会闭会期间，审查和批准包括国防建设计划在内的国民经济和社会发展计划，包括国防经费预算在内的国家预算在执行过程中所必须作的部分调整方案；监督中央军事委员会的工作；决定同外国缔结的有关国防方面的条约和重要协定的批准和废除；规定和决定授予在国防方面国家的勋章和荣誉称号；决定战争状态的宣布，决定全国总动员或局部总动员；全国人民代表大会授予的国防方面的其他职权。

3. 国家主席的国防职权

国家主席的国防职权是：根据全国人民代表大会的决定和全国人民代表大会常务委员会的决定公布国防建设、武装力量建设和国防动员法律；根据全国人民代表大会的决定和全国人民代表大会常务委员会的决定宣布战争状态，发布动员令；宪法规定的国防方面的其他职权。

4. 国务院的国防职权

国务院的国防职权有：编制国防建设发展规划和计划；制定国防建设方面的方针、政策和行政法规；领导和管理国防科研生产；管理国防经费和国防资产；领导和管理国民经济动员工作和人民武装动员、人民防空、国防交通等方面的有关工作；领导和管理拥军优属工作和退出现役的军人的安置工作；领导国防教育工作；与中央军事委员会共同领导中国人民武装警察部队、民兵的建设和征兵、预备役工作；与中央军事委员会共同领导边防、海防和空防的管理工作；法律规定的国防建设事业方面的其他职权。国务院下设国防部，作为国务院的军事部门，管理国防建设事业。

5. 中央军事委员会的国防职权

中华人民共和国中央军事委员会是国家军事最高领导机关，负责领导全国武装力量。其国防职权主要有：统一指挥全国武装力量；决定军事战略和武装力量的作战方针；领导和管理中国人民解放军的建设，制定规划、计划并组织实施；向全国人民代表大会或者全国人民代表大会常务委员会提出议案；根据宪法和法律，制定军事法规，发布决定和命令；决定中国人民解放军的体制和编制，规定总部以及军区、军兵种和其他军区级单位的任务和职责；依照法律、军事法规的规定，任免、培训、考核和奖惩武装力量成员；批准武装力量的武器装备体制和武器装备发展规划、计划，协同国务院领导和管理国防科研生产；会同国务院管理国防经费和国防资产；法律规定的国防方面的其他职权。

中央军事委员会由军委主席一人、副主席若干人、委员若干人组成，实行主席负责制。

地方各级人民代表大会和县级以上地方各级人民代表大会常务委员会在本行政区域内保证有关国防事务的法律、法规的遵守和执行。地方各级人民政府的国防职权主要是：依照法律规定的权限，管理本行政区域内的征兵、民兵、预备役、国防教育、国民经济动员、人民防空、国防交通、国防设施保护、退出现役的军人的安置和拥军优属等工作。

（二）国防动员体制

建立和完善国防动员体制，对于加强民兵和预备役部队建设，发展高技术条件下人民战争的战略战术具有十分重大的意义。

1. 国务院和中央军委共同领导国防动员工作

由于国防动员涉及军地两个方面，因此，需要政府和军队共同协调、相互配合。国防动员体制应当体现"平战结合、军民结合、寓兵于民"的方针。国务院有关部门要在经济建设中考虑国防需求，增加国防功能；军队有关部门负责提出年度的和中长时期内的军事需求计划，提供落实军事需求的有关技术支持和军事标准。

考虑到国防动员的这些内在要求，《国防法》规定，国务院和中央军委共同领导国防动员准备和国防动员实施工作，它们可以根据情况召开协调会议，解决国防事务的有关问题。国家在和平时期进行国防动员准备，将国防教育、人民武装动员、国民经济动员、人民防空、国防交通等方面的动员准备纳入国家总体发展规划和计划，逐步完善动员体制，建立战略物资储备制度。国家重视开展国防教育，并将国防教育纳入国民经济和社会发展计划。

2. 国防动员委员会

国防动员委员会是国务院和中央军委的议事协调机构，在党中央、国务院、中央军委领导下负责全国国防动员工作。军区和省（自治区、直辖市）、地区、县（市、区）人民政府，设立相应的国防动员委员会，负责主管本区域的动员工作。县级以上各级国防动员委员会，设有综合办公室、国防教育办公室、人民武装动员办公室、经济动员办公室、人民防空办公室、交通战备办公室，负责承办相关国防动员工作。

国家国防动员委员会的主要职责是：贯彻党中央、国务院、中央军事委员会有关国防动员工作的方针、政策和指示；组织拟定国防动员工作的法律、法规和措施；组织编制国防动员规划、计划；检查监督国防动员法律法规的实施和国防动员计划的执行；协调军事、经济、社会等方面的重大国防动员工作；组织领导全国的人民武装动员、国民经济动员、人民防空和国防交通工作；行使党中央、国务院、中央军事委员会赋予的国防方面的其他职权。

（三）国防科研生产体制

1. 国家对国防科研生产实行统一领导和计划调控

国务院负责领导和管理国防科研生产，管理国防经费和国防资产。中央军事委员会批准武装力量的武器装备体制和武器装备发展规划、计划，协同国务院领导和管理国防科研生产，会同国务院管理国防经费和国防资产。国家实行军事订货制度，保障武器装备和其他军用物资的采购供应。国家对国防经费实行财政拨款制度，并根据国防建设和经济建设的需要，确定国防资产的规模、结构和布局，调整和处理国防资产。

2. 国家国防科技工业局

国家国防科技工业局的前身是"国防科学技术工业委员会"。根据第十一届全国人大一次会议2008年3月11日第四次全体会议精神，《国务院机构改革方案》（以下简称《方案》）出台。国务院拟组建国家国防科技工业局，由新组建的工业和信息化部管理，不再保留国防科学技术工业委员会。国家国防科技工业局是工业和信息化部管理的国家局，主要负责组织管理国防科技工业计划、政策、标准及法规的制定与执行情况监督。

国防科技工业局的主要职能：研究拟定国防科技工业和军转民发展的方针、政策和法律、法规；制定国防科技工业及行业管理规章；组织国防科技工业的结构、布局、能力的优化调整工作；组织军工企事业单位实施战略性重组；研究制定国防科技工业的研发、生产、固定资产投资及外资利用的年度计划；组织协调国防科技工业的研发、生产与建设，以确保军备供应的需求；拟订核、航天、航空、船舶、兵器工业的生产和技术政策、发展规划、实施行业管理；负责组织管理国防科技工业的对外交流与国际合作；以中国国家原子能机构（CAEA）及中国国家航天局（CNSA）的名义组织协调政府和国际组织间原子能及航天活动方面的交流与合作。

近几年来，中国一直在努力加快国防科技工业改革创新，推进军工企业战略性结构调整、专业化重组，提高武器装备研制的自主创新能力，努力构建军民结合、寓军于民的国防科技工业新体系。

二、国防建设成就

国防建设是国家为提高国防能力而进行的各方面的建设。主要包括：武装力量建设，边防、海防、空防、人防及战场建设，国防科技与国防工业建设，国防法规与动员体制建设，国防教育，以及与国防相关的交通运输、邮电、能源、水利、气象、航天等方面的建设等。

重视国防和军队建设，是我党领导核心的一贯思想。新中国成立以来，在党中央、中央军委的领导下，我国国防和军队建设取得了巨大成就。具体体现在以下几个方面：

(一)建立了一支正规化的、诸军兵种合成的人民军队

军队是国防力量的主体,我国根据国防的实际需要和国家的基本承受能力,建设了一支诸军兵种相结合的具有现代化作战能力的革命化、现代化、正规化的军队。

我国在陆军的基础上,先后建立了空军、海军和战略导弹部队。陆军在步兵的基础上,相继建立了炮兵、装甲兵、工程兵、通信兵、防化兵等兵种。全军形成了诸军种、兵种统一的合成体系。现在,陆军在加强原有的特种兵的同时,又增加了陆军航空兵、电子对抗兵、气象兵和山地作战部队等兵种。近年来,陆军中特种兵的数量已经超过步兵,实现了建军史上的重大转变,大大加强了陆军的火力、突击力、机动力和快速反应能力,增强了现代化国防的威力。陆军既能独立作战,又能与海军、空军联合协同作战。1985年,陆军改编为合成集团军,使诸兵种合同作战能力和整体作战效能又有了新的增强。

我国海军以舰艇部队为主体,由水面舰艇部队、潜艇部队、海军航空兵部队和海军陆战队等兵种组成。舰艇部队日趋导弹化、电子化、自动化。目前,在海军部队服役的各类主要作战舰艇的数量,比1950年年初创阶段增加了近10倍。舰艇普遍采用了卫星导航技术。过去的小炮舰和鱼雷艇已被国产的导弹驱逐舰、导弹护卫舰、导弹快艇和各类潜艇所代替。训练舰、大型补给船、科研实验船和核动力潜艇等新型舰艇开始服役。整个海军具有在水下、水面、空中和岸上实施作战的立体攻防能力,还可协同其他军种进行海上作战。

我国空军以航空兵为主体,由航空兵和地空导弹兵、高射炮兵、空降兵、雷达兵、通信兵等兵种组成,拥有的作战飞机数量居世界第三位。其中有高空高速重型歼击机,有具有先进水平的轻型歼击机,有具备一定突防攻击轰炸能力的轻型强击机和中程亚声速轰炸机,还有布雷飞机、电子干扰飞机。在全国范围内,构成以航空兵为主体和地面诸兵种合成的完整的防空体系。

我国战略导弹部队,于20世纪60年代中期创建,由周恩来总理亲自命名为第二炮兵,主要由导弹、中程导弹、远程导弹和洲际导弹部队组成。装备多种型号战略导弹,射程从数百千米至一万多千米,威力从几十万吨到数百万吨TNT当量。可实施固定发射,也可机动发射。建有与之相配套的作战、防护工程和各种设施,具有较强的生存能力。由于采用了先进可靠的制导技术,可随时按党中央和中央军委的命令给敌方以摧毁性的还击。2015年12月31日,第二炮兵更名为火箭军,

进入20世纪90年代以来,人民解放军继续向着更高级的阶段迈进。根据高技术战争的特点和影响,人民解放军开始把军事斗争准备的立足点放在打赢现代技术特别是高技术条件下的局部战争上面,军事技术正在逐步实现由数量规模型向质量效能型,由人力密集型向科技密集型的转变;在发展武器装备方面,人民解放军根据现代技术特别是高技术条件下局部战争的需要,努力发展高技术"撒手锏";在改革调整体制编制方面,人民解放军在进一步压缩军队规模的基础上,不断优化诸军兵种比例结构,完善合成体制,使军队体制编制更能适应现代合同作战和联合作战的需要;在改革教育训练方面,为培养掌握现代科技知识和战争知识,精通现代军事科学理论的高层次指挥人才,指挥院校增设了硕士、博士生教育,部队训练加大了实战力度。

21世纪的人民解放军按照江泽民同志提出的"政治合格、军事过硬、作风优良、纪律严明、保障有力"的总要求,继续优化体制编制,更新教育训练内容和手段,改善武器

装备，加强军队的质量建设，提高诸军兵种的合成化水平，朝着"精兵、利器、合成、高效"的方向发展。

（二）形成了综合的国防工业和国防科研体系

国防科技是衡量一个国家综合国防实力的重要标志之一，也是国防现代化建设的一个重要方面。新中国成立以来，在党中央、国务院、中央军委的领导下，经过五十多年的建设和发展，我国的国防科技工业从无到有，从小到大，从落后到先进，逐步建立起了包括电子、船舶、兵器、航空、航天和核能等门类齐全、综合配套的科研实验生产体系，取得了一大批具有国内或国际先进水平的科研成果，为加强我军的现代化建设，增强我国的综合国防实力做出了重要贡献。

（1）在军事电子方面，逐步发展具有相当规模、门类齐全的新兴工业部门，特别是在指挥自动化、情报侦察、预警探测、电子对抗和通信等方面，为我军提供了各种新式装备和产品，进一步增强了部队侦察、通信、指挥和作战能力。

（2）在船舶工业方面，先后自行研制建造了核动力舰艇、常规舰艇、导弹驱逐舰、导弹护卫舰、导弹快艇等作战舰艇，以及各种辅助船舶和新型鱼雷、水雷、反水雷等新装备。

（3）在兵器工业方面，研制生产了一大批具有先进性能的坦克、装甲车辆、火炮、弹药、轻武器、军用光电器材、综合火控和指挥系统等新型武器装备，为我军现代化做出了重要贡献。

（4）在航空工业方面，已能够生产歼击机、轰炸机、直升机、运输机、教练机等，基本满足了海、空军作战和飞行训练的需要。

（5）在航天科技工业方面，已拥有地地、地空、海空和空空导弹武器系统，运载火箭、各种应用卫星的研制和实验能力以及各种应用卫星的发射能力，在世界高技术领域占有自己的一席之地。

（6）在核工业方面，我国不仅可以生产制造原子弹、氢弹、中子弹，还掌握了核潜艇技术，形成了有效的核威慑力量。

（7）在和平利用核能方面，我国已取得了突破性进展。

这些都说明，我国尖端武器技术和航天技术都取得了可喜的成就，标志着我国国防科学技术在某些方面已经达到或接近世界先进水平。

（三）进一步完善了国防动员体制

完善国防动员体制，其主要目的就是要建立一支雄厚的国防后备力量。为使战时有效而迅速地展开动员，我国在完善国防动员体制方面做了大量工作。

1. 建立了国防动员机构

1994年11月，国务院、中央军委决定成立国家国防动员委员会，负责指导协调全国的后备力量建设和动员工作。平时本着"平战结合"的原则，积极做好人力、物力、财力、资源的开发和储备；战时按照"军民结合"的原则，采取有效措施，将各种资源的潜力迅速转变为实力。军队从总部机关到各军区、集团军、师（旅）均设有动员机构或动员军官。省军区、军分区、人武部，既是同级党委的军事部门，又是政府的兵役机关，是兼后备力量建设与动员工作于一体的机构。所有这些动员机构的建立，为战时动员的顺利开展奠定了良好的基础。

2. 建立了雄厚的国防后备力量

全国实行了民兵制度，明确规定了社会主义革命和建设时期民兵工作的方针和任务，自上而下建立了人民武装的领导机构，加强民兵工作的领导。党的十一届三中全会以来，国家颁布了新的《兵役法》，重新恢复预备役，实行民兵和预备役相结合的制度。这对建立雄厚的国防后备力量，进一步完善动员体制，具有重要的战略意义。现在全国的民兵组织，已由单一的步兵发展成为包括高炮、地炮、通信、工兵、防化、侦察以及海、空军等专业技术在内的强大的群众武装力量。自1985年以来，全国又在普通高校和高级中学开展了学生军训，为国防培养了一批能文能武的后备力量。

3. 依托地方高校培养国防优秀人才

为了进一步适应高新技术在军事领域广泛运用的新形势，拓宽选拔培养高素质军队建设人才的途径，培养和造就大批军政兼优、掌握现代科学文化知识的新型军事人才，2000年5月，国务院与中央军委颁布了《关于建立依托普通高等教育培养军队干部制度的决定》。其主要内容如下：

第一，军队从普通高等学校低年级在校生中确定培养对象，毕业后选拔担任军队干部。

第二，是军队从普通高等学校的应届毕业生（含研究生）中，择优挑选热爱国防事业，全面素质高的学生，直接接收入伍担任军队干部。

第三，普通高等学校按照国家和军队有关部门下达的招生计划，招收品学兼优的高中生，毕业后定向分配到军队工作。

第四，采取军地院校联合培养人才，选送现役干部到普通高等学校学习深造。军队在普通高等学校设立国防奖学金，享受国防奖学金的学生，毕业后应到军队工作。

三、国防建设目标

我国国防建设的目标是，到中华人民共和国成立100周年时，达到或接近世界先进水平，与国家的国际地位相适应。国防建设的重点是：抓好常备军建设，提高军队的战斗力；加强国防科技的研究，发展高技术和信息技术武器装备；完善国防潜力转化为国防实力的机制。国防现代化是我国国防建设的总目标。

（一）国防现代化的基本含义

国防现代化是指国防建设达到现代先进水平的目标。国防现代化是一个与世界各国相联系、相比较的相对概念。它与一定的社会历史条件相联系而存在，是对于特定的时间而言的历史发展过程，是一个发展的概念，具有鲜明的时代性。

国防现代化建设是国家以高技术和信息技术为基础的综合国力的体现，国家经济能力的强弱将直接影响着国防现代化的建设。因此，国防现代化建设必须以国家经济建设为基础，与国家经济建设协调发展。国防现代化建设依赖于经济建设，同时对经济建设具有促进与保证作用。建设现代化的国防，是中华人民共和国家建设的宏伟目标之一。保卫国家安全、维护国家权益、反对霸权主义、维护世界和平是我国国防建设的根本目的。

建设巩固的现代化国防,是我国现代化建设的战略任务,是维护国家安全统一和全面建设和谐小康社会的重要保障。

(二)国防现代化建设的主要内容

1. 军事思想的现代化

先进的军事思想,对国防现代化建设具有强大的指导作用。学习和实践创新先进的军事思想,是实现国防现代化的重要保证。

2. 军队的现代化

军队的现代化是国防现代化的核心,包括武器装备现代化、人才现代化和军队体制编制现代化。武器装备现代化是军队现代化的基础;人才现代化是实现军队现代化的核心;体制编制现代化是使先进的武器装备与高素质人才紧密结合,发挥最佳效能的重要保证。

3. 国防科研和国防工业体系的现代化

这是保证实现国防现代化不可或缺的物质技术基础。它包括:国防科研的基础研究和应用研究要达到世界先进水平;具有现代化的科研体制、研究手段和科学管理;国防工业要达到高效率集约型现代化生产体系。

4. 国防法规体系和国防动员体系的现代化

建立完善的国防法规体系和国防动员体系,保证国防实力的建设、积累和发展,以确保在战时使国防潜力迅速转化为战斗力。

5. 国防基础设施和战场建设的现代化

这是使具有先进的武器装备和高素质的军队紧密结合,充分发挥效能的必要条件。它包括国防基础工程、战场实施、预警系统、战场监视系统、自动化指挥系统、电子干扰和反电子干扰系统等。

四、国防政策

我国始终把维护国家的主权统一、领土完整和安全放在第一位。保卫祖国、抵抗侵略、维护统一、反对分裂,是我国国防政策的出发点和立足点。

我国正处于社会主义初级阶段,国家的根本任务是集中力量进行社会主义现代化建设。目前,我国面临着极为繁重的经济建设任务,国防建设必须服从和服务于国家经济建设的大局。

我国的发展需要有一个长期的国际和平环境,特别是良好的周边环境。我国始终不渝地奉行独立自主的和平外交政策,主张从中国人民和世界人民的根本利益出发来处理国际事务,不同任何大国或国家集团结盟;主张通过协商和平解决国家间的纠纷和争端,反对诉诸武力或以武力相威胁,反对霸权主义和强权政治;主张在和平共处五项原则的基础上,建立公正合理的国际政治经济新秩序,同所有国家发展友好合作关系。中国永远是维护世界和平以及地区稳定的重要力量。中国即使将来强大了,也绝不走对外侵略扩张的道路。永远不称霸,是中国人民对世界的庄严承诺。

归纳起来,我国的国防政策主要包括以下内容:

（一）巩固国防，抵抗侵略，制止武装颠覆，保卫国家的主权统一、领土完整和安全

我国的国防现代化建设完全是为了自卫，是保障国家现代化建设和安全的需要。这是中国国防政策的基本目标，也是我国宪法赋予中国武装力量的主要职责。我国始终奉行用和平的方式解决国际争端和历史遗留问题。然而，在霸权主义和强权政治依然存在的情况下，国家必须具有运用军事手段捍卫主权统一、领土完整和国家安全的能力。我国武装力量的规模是与保卫国家安全和利益的需要相适应的。我国独立自主、自力更生地建设和巩固国防。

（二）国防建设服从和服务于国家经济建设大局，国防建设与经济建设协调发展

国防现代化需要国家的经济力量和技术力量的支持，国防现代化水平只能随着国家经济实力的增强而逐步提高。国家坚持以经济建设为中心，国防建设必须服从和服务于这个大局，军队应当积极参加和支援国家的经济建设。国家在集中力量进行经济建设的同时，也应重视加强国防建设，以促进国防建设与经济建设协调发展。

（三）走有中国特色的精兵之路

在新的历史时期，军队努力加强质量建设，走有中国特色的精兵之路，目标是建设一支有中国特色的革命化、现代化、正规化的人民军队。军队现代化建设的基本方针是减少数量，提高质量，依靠科技强军，实现军队由数量规模型向质量效能型、由人力密集型向科技密集型的转变；按照现代战争的特点，努力提高武器装备现代化建设的水平，改革和完善军队的体制编制，改进部队的训练和院校教育的内容与方法，培养高素质的优秀军事人才，全面提高部队的战斗力。

（四）维护世界和平，反对侵略扩张行为

我国坚持和平共处五项原则，独立自主地处理对外军事关系，开展军事交流与合作，不搞霸权主义，不搞军事集团，不进行军事扩张，不在国外驻军或建立军事基地。我国反对军备竞赛，主张根据公正、合理、全面、均衡的原则，实行有效的军备控制和裁军。我国支持国际社会采取的有利于维护世界和地区和平、安全、稳定的活动，支持国际社会为公正合理地解决国际争端，军备控制和裁军问题所做的努力。

解决台湾问题，实现中国完全统一，是中华民族的根本利益之所在。中国政府坚决反对任何国家向台湾地区出售武器或与台湾地区进行任何形式的军事结盟，反对任何形式的外来干涉。中国政府将尽一切可能争取和平统一，主张通过在一个中国原则基础上的对话与谈判来解决分歧。但是，如果出现台湾地区被以任何名义从我国分割出去的重大事变；如果外国侵占台湾地区；如果台湾当局无限期地拒绝通过谈判和平解决两岸统一问题，中国政府只能被迫采取一切可能的断然措施，包括使用武力来维护我国的主权和领土完整，实现国家的统一大业。

第四节　国防动员

动员是国防活动的一个重要组成部分。动员准备的完善程度是国防强弱的标志之一。

因此，加强动员准备，已成为各国普遍重视的战略问题。

一、国防动员的意义

国防动员也称战争动员，简称动员，是指国家或政治集团由平时状态转入战时状态，统一调动人力、物力、财力为战争服务所采取的措施。通常包括武装力量动员、国民经济动员、科学技术动员、人民防空动员和政治动员等。

（一）国防动员是增强国防实力的一项重要措施

国防实力是指国家防御外来侵略的力量，是国家军事、政治、经济、科学技术等力量的总和。在和平时期，国家把国防动员纳入经济建设和社会发展的总体规划，贯彻"军民结合、平战结合"的方针，以增强战争潜力。同时通过动员准备，激发全国人民的强烈的爱国热情和牢固的国防观念，从而确保国家政局稳定、经济发达、科技进步，综合国力迅速增强。

再者，如果平时注重动员，牢固树立国防观念，一旦战争爆发，通过战时动员，就能迅速地把战争潜力转变为战争实力。例如，就武装力量建设而言，为了对付敌人的突然袭击和入侵，保持一定数量的常备军是必要的。然而，要在平时保持一支满足战争需要的庞大军队，任何国家即使是经济发达国家也无法做到，这是因为巨额的军费开支必然加重国家的经济负担，影响国民经济的发展，同时也影响部队武器装备的研制和更新。因此，要解决"平时养兵少、战时用兵多"的矛盾，采用常备军和后备力量相结合的原则，平时保持精干的常备军作为战时动员扩建部队的骨干力量，同时积极训练、储备后备力量，以便战时根据需要组编参战。这样既可以加速国民经济的发展，又可以从根本上增强国防实力。

（二）国防动员是增强国防威慑力的一种有效手段

一个国家的国防威慑力，不仅取决于常备军的数量和质量，而且还取决于军队后备力量和其他动员潜力，取决于常备军与后备力量动员准备的有机结合，以及动员机制的完善程度和运行效率。平时充分做好战时动员的准备工作，建立强大的后备力量和健全的动员体制，可以使敌人望而生畏，不敢轻举妄动，贸然发动进攻，以达到"不战而屈人之兵"的战略目的。特别是处于防御地位、反对侵略的国家，应该采取积极的对策，以充分有效的动员，显示应付战争的能力和拼死抵抗的决心，迫使敌人延缓或放弃侵略战争。

（三）国防动员是夺取战争主动权的一个可靠保障

决定战争胜负的因素是多方面的，其中后备力量的强弱、兵员质量的优劣以及战时动员准备和实施的好坏，是一个重要的因素。

随着现代科学技术的飞速发展及其在军事领域的广泛应用，使现代战争的突发性和速决性更加突出明显，发动战争的一方往往先发制人，迫使对方在无戒备或准备不充分的情况下仓促应战，从而取得速战速决的效果。第二次世界大战以来，突然袭击、不宣而战，已成为首先发动战争一方的惯用手法。处于防御地位的国家，如果战时动员工作的准备和实施得不好，在战争初期往往处于被动地位，甚至来不及实施动员和完成战略展开，其武装力量和经济命脉就可能已陷于瘫痪。

历史表明，在现代战争中，谁能保持强大的后备力量，并能以最快的速度动员起来投入战争，谁就能取得战争的主动权。

二、国防动员的内容与要求

（一）国防动员的内容

1. 武装力量动员

武装力量动员是指国家将军队及其他武装组织由平时体制转为战时体制所采取的措施。通常包括解放军现役部队、武装警察部队、预备役部队、民兵和预备役人员以及相应的武器装备和物资等动员。它是战争动员的核心，对战争的进程和结局，特别是对战争初期军队的迅速扩编和战略展开，掩护国家转入战时体制，争取战略主动，具有重要意义。

武装力量动员的具体措施是：

（1）扩编现役部队。临战前使军队迅速转入战时状态，现役军人一律停止转业和退伍，外出人员立即归队；迅速组建、扩建新的作战部队和保障部队，实施战略展开。

（2）征召预备役人员。重点是征召预备役军官和专业技术兵，按战时编制补充现役部队，使之达到齐装满员，随时处于临战状态。

（3）预备役部队调服现役。预备役部队是指区别于现役部队的一种武装组织，主要由少数现役军人为骨干，以预备役军官和士兵为基础进行编组。预备役部队平时寓于民间，需要时一声令下，即可以整师、整团地转为现役部队。

（4）将地方部队升级为野战部队。地方部队是执行地区性军事任务的部队，包括武装警察、生产部队在内。平时主要担负内卫、守护、维护社会治安、生产建设等任务。在需要时，地方部队可迅速升级为野战部队，开赴战区，投入战斗。在我国，地方部队升级为野战部队，民兵升级为地方部队，源源不断，已成为一种独特的、完整的兵员动员体系。

（5）动员和组织民兵参军参战。

（6）征用急需物资。主要是运输工具和工程机械、医疗器械、修理设备等，以满足军队扩编的需要。

（7）健全动员机构，加强组织领导。随着战争的发展，要进行持续动员，以保证军队不断补充和扩大，直至战争结束。

2. 国民经济动员

国民经济动员是指国家将经济部门、经济活动和相应的体制从平时状态转入战时状态所采取的措施。国民经济动员是战争动员的基础，目的是充分调动国家的经济能力，保障战争的需要，通常包括工业、农业、交通运输、财政金融、邮电通信、医疗卫生力量等方面的动员。

国民经济动员的具体措施是：

（1）改组国民经济各部门，集中管理和使用战争潜力。

（2）调整国民经济比例，重新分配人力、物力、财力，统筹安排军需和民用。

（3）调整经济建设布局，搬迁、疏散重要工厂和战略物资。

（4）改组工业结构和产品结构，实施工业转产，扩大军工生产。

（5）调整科研和军工试验部门的任务，加速研制新式武器装备。

（6）调集交通运输、邮电通信、医疗卫生以及财贸、商业等各行各业的力量，为战争服务。

（7）加强能源生产和资源管理；改组农业，提高农业产量，加强粮食生产和储备，保障粮食供给；加强经济资源的开发利用，保障战争的需要。

3. 科学技术动员

科学技术动员是指战时由国家统一组织、调整科学研究部门，组织专家和工程技术人员从事战争所需要的科学技术的开发研究所采取的措施，是战争动员的重要组成部分。

科学技术动员的任务是：开发应用新兴科学技术，利用科研设施和成果，研制先进的武器设备，为军队培养、输送专业技术人才，使军队在战争中保持科学技术和武器装备方面的优势。

科学技术动员的具体措施是：战时，科学技术动员通常根据国家发布的动员令组织实施，按照科学技术动员计划，有组织、有步骤地将全国科技力量转入战时轨道，强化国家对科技领域人力、物力、财力的投入，将科学技术转化为军事实力和战斗力；充分运用先进的科技成果和各种先进的科技手段，迅速改进和更新现有武器装备，使军队的武器和技术装备在整个战争进程中保持领先地位；加速为军队输送各类专业技术人才，保证战时扩编需要，保持参战人员与武器装备的有机结合，使之发挥最大效能；及时总结战争的经验教训，分析敌我双方的战时态势，针对战争的发展趋向，研究提出新的对策，开拓新的研究领域，充分发挥科学技术在战争中的作用。

4. 人民防空动员

人民防空动员是指国家战时发动和组织人民群众防备敌人空袭所采取的措施，也可简称为"人防动员"，有的国家称为"民防动员"。其主要任务是：依据国家有关法律、法令，动员社会力量进行防空设施建设，组建防空专业队伍，普及防空知识教育，组织隐蔽疏散，配合防空作战，消除空袭后果，以保护居民、经济设施及其他重要目标的安全，减少国家及人民群众生命财产的损失，保存战争潜力。

随着现代科学技术的飞速发展，各种新式空袭兵器不断出现，空袭与反空袭已成为现代战争的主要作战形式，在现代战争中占有极为重要的地位。因此，搞好人民防空动员，对于增强国家的总体防御能力具有重要的战略意义。

5. 国防交通动员

国防交通动员是指在全国或部分地区调集交通力量，全力保障战争需要的紧急行动。

国防交通动员通常是在国家动员领导机构的统一领导下，由国防交通主管机构组织，协同政府、军队有关部门共同实施。

国防交通动员准备包括：在平时制定完备的国防交通动员的法规和计划，健全国防交通机构和机制，建立国防交通保障队伍，储备必要的国防交通物资和器材等。

国防交通动员的主要任务是：根据战争规模和作战需要，有计划地将平时国防交通领导机构迅速按方案扩编为战时交通运输指挥机构，政府交通运输部门随即转入战时体制；根据作战保障需要，动员、征用社会运输力量，必要时对交通运输系统实行不同范围、不同形式的军事化管理；动员、组织各交通保障队伍和交通保障物资器材迅速到位，遂行运输、抢修、防护任务；根据统帅部的规定，做好对弃守地区的交通遮断准备，保障及时遮断。

6. 政治动员

政治动员是指国家从政治上、组织上、思想上发动人民和军队参加战争所采取的措施。旨在激发全体军民的爱国热情，动员军队英勇作战，动员人民踊跃参军参战，努力增加生产、厉行节约，全力支援战争。

政治动员可分为国内政治动员和国际政治动员。

（1）国内政治动员。平时，由政府、军队与社会团体等对全国各族人民进行国防教育，增强国防观念。战时，运用各种宣传教育手段，鼓舞人民斗志，增强胜利信心；鼓励参军参战、拥军优属，参加战时勤务工作；动员人民增加生产、厉行节约，积蓄财力、物力支援前线，为夺取战争胜利贡献一切。

（2）国际政治动员。由国家通过各种外交活动和对外宣传，揭露敌人的阴谋和罪行，团结盟友、瓦解敌人，争取国际支援。

未来战争，无论战争形式、规模和武器装备怎样变化，都改变不了战争是政治的继续，决定战争胜负的是人而不是物这些基本原理，因此，政治动员在整个国防动员体系当中仍占有重要的地位。世界许多国家都特别重视政治动员，在平时就对民众和军队加强国防教育和爱国主义教育，培育公民的爱国主义精神，增强公民的国防观念，为战时实施政治动员奠定一个良好的基础。

（二）国防动员的要求

现代国防斗争复杂多样，尖锐激烈，对动员工作提出了更高的要求。因而，在现代条件下，要重点做好应付局部战争和突发事件的动员准备。

从总体上看，现代局部战争和现代国防对国防动员提出了以下五个方面的要求。

1. 速度要快

现代高技术局部战争越来越体现出其突发性、短促性、速决性的特点，从发现战争征兆到实施动员的时间十分短暂，可供动员利用的时间越来越短。

第一次世界大战中，各参战国军队完成动员的时间为 5~21 天；第二次世界大战中，各主要参战军队完成首批动员的时间为 2~9 天。1973 年的第四次中东战争中，以色列在战争爆发后 15 分钟就通过电台向全国发布动员令，1 小时后征用了大批民用汽车投入军事运输，48 小时内动员了 30 万人开赴前线。

由此可见，战争动员所能利用的时间不断缩短，动员的速度比以往要求更高，即使在战争爆发之前进行动员，其时间也是极其有限的。因此，只有快速完成动员任务，才能获得战争的先机，取得战争的主动权。从另一方面来说，高速度的战争动员可在一定时期内弥补兵员数量上的不足，改变作战力量的对比关系，夺取战场主动权。反之，基础再雄厚、力量再强大，也将受到压制、分割而难以发挥作用。

2. 数量要多

所谓数量多，就是动员的兵员和物资要有足够的数量，首先要保障战争初期的需要，同时还要保持持续的动员能力，以保障战争中后期的需要。纵观近期世界所发生的局部战争，尽管规模有限，然而体现出的一个突出特点是——物力、财力消耗增加。海湾战争仅打了 43 天，美军及多国部队却消耗了 611 亿美元，平均每天消耗 11.2 亿美元。从海湾危机到海湾战争,美国动用了3 132艘大型舰船昼夜不停地往返于战区至美国本土和欧亚等地运送作战物资,出动1.1万架次军队和民航飞机向海湾运送武器装备、弹药给养,甚至动用了美国在世界各军事基地的战略储备。

综上分析,在现代高技术战争中,作战物资处于高强度、高速度的消耗状态,这就要求提高持续动员能力,并且在平时就必须打好动员的基础。

3. 质量要高

现代战争,高技术武器装备的大量使用使得一线直接参战的士兵和指挥人员减少,而后方技术保障、设备维修人员成倍增加,这必然导致军队中专业技术兵员比例不断上升。据有关资料记载,第一次世界大战时军队的技术种类仅有20余种,第二次世界大战时发展到160余种。现在世界一些发达国家军队中的专业技术种类已达到几千种。

由此可见,现代战争对专业技术兵的需求量越来越大,例如,在海湾战争中,美军征召的后备役人员,大都是专业技术兵。英军在海湾战争中动员的1 500名后备役人员,全部是专业技术兵。战争的现代化程度越高,参战的军兵种越多,专业技术兵比例就越大,对动员的整体质量要求就越高。质量重于数量,已成为高技术局部战争动员的基本要求。

4. 范围要广

局部战争的实践证明,在高技术条件下,无论是进行小规模的局部战争,还是进行中等规模的局部战争,动员的范围非常广泛。例如,海湾战争中,美国在陆、海、空三军都征召了后备役人员,动员的范围几乎涉及全国各个方面。除兵员动员外,还动员征用了大批民船、车辆和大型民用运输机以及作战和生活物资达数万种。伊拉克为对付以美国为首的多国部队,同样也进行了全国性总动员,动员的范围涉及政治、经济、外交、民防等各个方面。

可见,现代局部战争规模虽有所不同,但动员中却要涉及整个国家的各个方面、各个领域、各种力量,其内容和范围十分广泛,组织工作也极其复杂。任何一个方面发生变化,都会对其他方面带来直接或间接的影响。因此,动员工作必须全面筹划,整体协调,从多方面做好准备,才能适应现代战争中对动员的需要。

5. 隐蔽安全

现代侦察情报手段先进,远程兵器打击精度高,破坏力大。战争初期,敌人必将倚仗其先进的技术装备,采取各种手段,破坏和阻止对方的动员及战争准备。因此,在组织实施动员时,特别是兵力的集结与机动、军用物资的储备与运输,都应当力求隐蔽安全。在平时,要根据战时可能出现的情况进行必要的演练,以适应战时复杂情况下实施的快速动员。

三、国防动员的实施

(一)国防动员实施的时机

准确、及时地把握国防动员的时机,就能掌握战争主动权;反之,则可能处于被动挨打的境地。过早动员会打乱自己的计划,影响国民经济正常发展,还可能成为敌人的借口;过迟动员,军事上被动,并将造成损失。

因此，要依据国际战略环境、敌国战争准备的变化，以及兵员动员工作的特点来确定兵员动员的时机。如应急动员，在战争即将爆发之前，风云变幻莫测，要迅速判断，抓住时机实施动员；临战动员，交战双方已经打响，态势高度紧张，必须全力以赴搞好人力、物力的动员；战争中、后期动员，要纵观全局，掌握节奏，保持后劲。

为尽可能地掌握战争主动权，在准确把握国防动员时机时，应注意以下几点：

（1）加强预测。内容包括：国际战略环境；敌国军事战略思想发展趋势、军事实力、经济能力、武器装备技术水平；本国的军事实力、后备兵员和快速动员状况以及可能得到的援助。

（2）加强战略侦察，做到知己知彼。除了动用现代化手段实行军事情报侦察外，还要通过政治、外交、经济、文化等多种渠道，广泛搜集资料，进行分析判断。

（3）综合分析、果断决策。必须审时度势，从猎取情报、分析情报到动员令的下达，都要快速决断、及时反应。

（二）动员实施的程序

动员实施的程序是指按时间先后和流程次序，对兵员动员的实施过程所安排的工作步骤。通常包括以下四个程序：

1. 发布动员令

动员令是宣布全国或部分地区、某些部门转入战时状态的命令。动员令的发布关系着战争的胜负和国家的前途命运，各国大都由最高权力机关或国家元首、政府首脑发布。

我国根据《宪法》规定，由全国人民代表大会及其人大常委会决定，以国家主席名义发布。发布动员令分公开发布和秘密发布两种。

公开发布一般是战争在即或战争已经爆发的情况下施行，可以运用一切宣传工具和通信手段，不受任何保密限制。这种方式传递速度快，能在短期内家喻户晓，迅速转入战时状态。秘密发布要有严格的保密限制，通常只下达给政府有关部门和军事机构、预备役部队、军工厂和需要转产的民用工厂。秘密发布动员令通常适用于在战争已不可避免但尚未爆发时的情况。

动员令的主要内容包括：敌情，动员实施方式和任务，后备兵员集结、输送和补充，完成时限等。

2. 调整和加强动员机构

和平时期的动员机构，无论是人力还是权限都难以适应战时需要。因此，一旦战争爆发，必须及时调整和加强。

首先，要加强动员机构的力量。各行政区的动员机构要吸收与动员有关的工、商、贸、交通、燃料、公安、司法等部门的领导参加，形成一个科学合理、动员效率高效的机构。

其次，要赋予较高的指挥职权。动员事关国家安危，责任重大，如果权力有限、指挥无力、处处受制，就难以完成繁重的动员任务，最终而影响战争顺利进行。因此各级战争动员机构都应由职务较高且精明强干的人来领导，并赋予较高职权。各行政区的动员机构必须由党政主要负责人担任领导；各部门、各行业的动员机构，必须由部门行业的主要负责人担任领导。

最后，调整扩大动员机构。可在其中建立"指挥决策系统"、"组织计划系统"、"协调系统"、"政治工作系统"、"后勤保障系统"等。

3. 修订战时动员计划

战时情况千变万化，计划的修订是完全必要的。战时计划修订由国家各级动员机构负责实施，吸收有关部门参加。

修订的基本原则是：以平时制订的计划为基础，以国家发布的动员令和最高统帅部的战略战役计划为依据，以满足部队动员需要为目标。

对修订工作的要求是：通盘谋划、抓住重点；内容全面、条文具体；注重效益、具有弹性。

4. 落实动员计划

动员令发布之后，负有动员任务的地区、部门和行业，应根据修订的动员计划，迅速转入战时体制。武装力量、国民经济、科教文化等部门和社会生活，都以保障战争胜利为轴心迅速进行调整。

武装力量要迅速转入战时状态。满编部队应迅速集结到指定地域，补充武器装备；有作战任务的部队要迅速开赴前线；简编部队应迅速补充，满员齐装；预备役部队应根据情况迅速集结、换装、发放武器装备，实施交接，转隶关系，明确任务，并抓紧时间进行整训；民兵应做好应征准备，同时启封民兵武器，成建制地组织起来并进行必要的训练。另外，视情况准备成立新的部（分）队。

地方政府各部门要根据上级下达的动员任务，积极实施动员计划。经济部门要迅速动员民用工厂转产，生产前线急需的武器弹药、服装和食品等；科研机关要抽出人力、物力，研制、开发新型武器装备；教育部门要组织地方大专院校为军队培养和输送人才；宣传文化系统要搞好政治动员，加强爱国主义、革命英雄主义和参军参战的宣传教育；民政部门做好优抚工作；外事、外贸部门应积极争取外国的军事、经济援助，并通过各种途径广交朋友，打击敌人。

总之，各行各业都要动员起来，落实战争动员计划，有组织、有计划地转入战时体制，为战争服务。

第二章 国际战略环境

第一节 战略环境概述

战略环境是一个国家制定和实施国家战略的客观依据，它包括国际战略格局、国际战略形势，尤其是周边安全和国内稳定的基本状况。对国际战略环境的分析和判断，是制定战略决策和战略实施过程中必须特别重视的问题。

一、战略环境及其影响

战略环境是指影响国家安全或战争全局的客观情况和条件，主要包括国际和国内的政治、经济、军事、外交、科技、地理等方面综合而成的客观情况和条件，以及由此而形成的战略态势，特别是战争与和平的总态势，战略环境是动态的，它随着国内外形势的发展而不断变化。

国际战略环境是一个时期内世界各主要国家或政治集团在矛盾、斗争或合作、共处中的全局状况和总体趋势。世界各主要国家和政治集团在一定时期内在战略上相互联系、相互作用、相互斗争所形成的世界全局性的大环境。它包括国际战略格局和国际战略形势两个方面，国际战略格局是国际战略环境的框架结构；国际战略形势是国际战略环境的动态表现。它从本质上反映了世界各主要国家的政治集团建立在一定军事、经济实力基础上的政治关系的基本状况和总体趋势，其核心是世界范围内的战争与和平问题。国际战略环境是在一定的时代背景下形成的，时代的特征对它的基本面貌有决定性的影响。此外，影响国际战略环境的主要因素还有：国际战略利益的矛盾及其发展；政治、军事、经济力量在世界范围内的分布与配置；主要国家之间的战略关系及其斗争、制约、合作的态势；战争的进程和结局，以及战争威胁的性质和程度等。

国际战略环境是国家安全和发展的国际条件，对实现国家的战略目标和战略利益有重大的影响，并决定或制约着一个国家政治、军事、经济斗争的对象和敌友关系以及采取的方针、政策和策略。任何一种战略，都是依据一定的环境条件而提出来的，在实施过程中都要受到这种环境条件的制约，因此，对国际战略环境的分析和判断，是制定战略决策和战略实施过程中必须特别加以重视的一个至关紧要的问题。只有站在时代的高度，从各主要国家或政治集团的战略利益关系入手，系统地考察一个较长时期内国际战略格局的状况和国际战略形势的发展趋势，综合分析影响国家安全和发展的各种国际条件，判明本国遭受威胁的可能、方向、性质和程度，才能提出正确的战略对策。

对于某一个国家或政治集团的战略指导者来说，正确地判断当前国际战略环境的特点和发展趋势，主要从以下几个方面考虑：

第一,时代特征。时代特征反映了世界发展总进程中的矛盾领域和斗争状况。时代特征是世界性的、阶段性的,它所反映的是世界的总貌,是整个世界在一定历史阶段的总的标志。正确认识时代特征,有助于战略指导者从宏观上把握当代世界的主要矛盾和总的发展趋势,从而对国际战略环境做出正确的判断,避免战略指导的重大失误。

第二,世界战略格局。世界战略格局反映了一定时期国际的力量对比、利益矛盾和需求,以及基本的战略关系。分析世界战略格局,有助于从总体上了解世界主要国家在世界全局中的地位以及战略利益方面的矛盾和需求,有助于对世界形势及其可能发展趋向做出基本的估计。

第三,主要国家的战略动向。世界各国之间由于战略利益和政策的异同,可能是对手也可能是朋友。各国的战略动向,既互为条件、相互依存,又相互影响和制约。一定时期内各主要国家的战略及其发展趋向,是国际战略环境的重要部分。了解主要国家的战略动向,有助于从世界各国特别是大国关系上具体地研究国际战略环境,进而对世界形势做出正确的判断。

第四,当代世界战争与和平的趋势。对于一个国家的主权和安全来说,来自外部的战争威胁是最严重的威胁。因此,当代世界战争与和平的趋势在国际战略环境中最引人注目,也是世界各国研究和制定军事战略时关注的中心。

第五,周边安全形势。周边安全形势中最值得注意的是周边国家与本国的利益矛盾、对本国的政策企图、与本国密切相关的军事力量及其部署等直接影响本国安全的情况和因素。以上几个方面,对于洞察国际斗争特别是战争与和平的基本趋势,进而判明对本国战略利益的影响,具有十分重要的意义。

二、当前国际战略环境的主要特征

进入21世纪以来,国际战略环境正发生着"冷战"结束以来最为深刻的变化。一方面,和平与发展仍然是当今世界的时代主题,世界大战在可预见的将来仍打不起来,求和平、谋发展、促合作已经成为不可阻挡的时代潮流。但另一方面,世界总体和平与局部战争、总体缓和与局部紧张、总体稳定与局部动荡相伴,国际安全形势更加错综复杂,全球性挑战日益增多,传统安全问题与非传统安全问题相互交织,世界和平与发展面临着新考验和新挑战。

(一)局部战争成为主要战争形态

尽管发生世界大战的可能性越来越小,世界形势总体趋向缓和,但由民族、宗教、领土、资源等矛盾引发的各种武装冲突和局部战争呈现不断上升趋势,影响和平与发展的不确定因素在增加。各种分裂势力、恐怖势力和极端势力给国际社会不断带来危害,国际军控形势更加严峻,仍在威胁着新世纪的人类安全。据不完全统计,2008年全球局部战争和武装冲突仍然有40多起。2012年的中东汇聚了众多传统安全问题,截至2012年12月3日,叙利亚内战已造成至少43 198人死亡,直接和间接经济损失更是无法估算。此外,目前世界各地仍存在数十个重要的战争潜在热点。"稳而不定"将是构成新世纪之初国际安全形势的最基本特征。

局部战争和武装冲突将呈现新的形态,高技术、高强度、高消耗的特性更加明显。现代科学技术以前所未有的广度和深度向战争诸要素渗透,极大地改变了现代战争的物质基础和战争力量的技术构成。由于大量高新技术的综合运用,现代局部战争的战场已扩展为陆、海、空、天、电多维空间,战争的前线与后方、进攻与防御的界线模糊,战争的相关空间即战争部署和作战行动所涉及的空间大大扩展,战争的强度大大提高,战争的速决性和坚决性更加突出。

(二)军事安全更加突出

"冷战"结束后,一些国家凭借其经济、科技和军事上的优势地位,在处理国际事务中使用武力威胁和直接进行干预的倾向明显加强,霸权主义、强权政治进一步抬头。今后一二十年,由于国际格局特别是国际力量对比难以发生根本性的改变,加之一些国家不会放弃其谋求"单极世界"的战略企图,所以,国际安全形势仍将十分严峻,军事安全因素仍会是各国关注的重点。

(三)世界新军事变革进程加快

随着世界新军事变革不断深化,打赢信息化战争成为各国关注的焦点。当前,在战略需求和技术革命的推动下,世界新军事变革正呈现出在更广范围内、更深层次上加速发展的趋势。当前,世界各主要国家正逐步把建设信息化军队、打赢信息化战争作为军事斗争准备的主攻方向。

第一,将指挥控制、情报侦察、电子对抗和精确打击等系统连为一体,在更高程度上实现实时指挥、实时控制、实时攻击。

第二,高度重视发展"网络中心战"的能力。要基本做到三军作战联合化、信息处理网络化、侦察打击一体化,并使"杀伤链"周期大大缩短,作战能力发生质的变化。

第三,发展信息化武器装备。

第四,大力发展"天基"系统,主要包括"天基"信息支援系统和天基作战平台系统。

(四)国际安全受到多元化威胁

传统安全威胁与非传统安全威胁相互交织,使国际安全面临的不确定因素大大增加。所谓"传统安全",主要是指传统上公认的事关国家生死存亡的核心安全问题,包括维护国家主权独立和领土完整、制止外来侵略、确保相对有利的与别国军事力量对比态势及国际关系的状态等。"冷战"结束后,传统安全威胁并未因两极对抗体制解体而消失,在某些方面甚至还有进一步的发展。

第一,"冷战"结束后频发的局部战争和冲突,严重影响了世界的和平与发展。卷入局部战争与冲突的地区日益增多,连"冷战"时期极少发生战争或武装冲突的欧洲,也几乎不间断地爆发各类局部战争或武装冲突。

第二,"冷战"结束后一度减缓的军备竞赛重新抬头,并向新的领域拓展。一些拥有强大军事力量的国家刻意追求绝对军事优势和绝对安全,不惜违反甚至撕毁国际条约,使军备发展突破限制,拓展到新的领域。

第三,大规模杀伤性武器扩散形势严峻。一些国家一直在努力发展新一代战略力量,力图提高其庞大的核武库实战效能。在美国的刺激下,其他核武器国家也以确保有效威慑为目标,加强新一代核武器的研发与部署。

第四,"新干涉主义"盛行,发展中国家的主权和独立面临严峻挑战。"冷战"结束后,一些国家依据其在国际政治中的优势地位,恣意干涉发展中国家的内政,并为此提出了一整套"新干涉主义"理论,如"人权高于主权"、"人权无国界"、"人道主义干涉无国界"等。

近年来,相对于各种传统安全威胁,非传统安全领域的挑战给人类社会带来的冲击和损失要大得多,影响也更为深远。非传统安全包括以下几个方面。

1. 金融安全

2008年9月15日,以美国第四大投资银行雷曼兄弟公司宣布破产为标志,于2007年8月爆发的美国次级住房抵押贷款危机最终演变成一场巨大的金融海啸,并迅速向世界各国蔓延,导致国际著名投资机构出现严重亏损,并引发全球范围内的信贷紧缩,国际金融信贷市场出现剧烈动荡。受此影响,美国、欧盟和日本等世界主要经济体相继宣布经济陷入衰退,甚至导致阿根廷、冰岛、加蓬、印度尼西亚等国家破产。

国家如果破产,政府负债太多,无法偿还,所有的国民都会背上债务,直到有人接手,或者还清为止。最后全体国民都将活在对内和对外的债务中,本国的经济也将面临崩溃的危险。借贷国如果通过此途径来控制破产国家,那么其国家将会变成附属国或者傀儡国,在经济上和政治上失去独立的性质,后果是十分严重的。

2. 全球气候变化

气候变化致使全球变暖加快、极端天气与重大自然灾害频发,对人类可持续发展乃至生存构成严重威胁,并容易引发与加剧地区冲突,加之"京都议定书"相关安排在2012年已到期,气候变化因而骤然成为国际斗争焦点。西方发达国家不顾气候变化主要是由发达国家历史排放所导致的事实,极力向发展中大国推卸责任,企图抢占应对气候变化新规则的主导权。广大发展中国家坚决捍卫自身发展权益,双方在2000年12月7日至18日召开的哥本哈根联合国气候大会上围绕温室气体减排安排展开激烈较量,最终达成《哥本哈根协议》。

3. 国际恐怖主义

当前,国际恐怖主义活动呈现出一些新的特点和趋势:一是"基地"组织虽遭受重创,但其影响仍呈扩大之势;二是国际恐怖势力的组织结构由垂直统一向分散网络化转变,反恐斗争难度增大;三是国际恐怖势力的活动地域由欧美国家向发展中国家乃至全球蔓延;四是恐怖分子的袭击对象由重要军政"硬"目标扩大至防范薄弱、人员密集的民用"软"目标。恐怖主义正处于新的活跃期,反恐形势依然严峻。

4. 信息安全

信息技术的飞速发展,尤其是国际互联网络的迅猛发展,使国际的信息交流日益便利、迅捷,但同时也带来新的问题与挑战。当今世界各国面临的信息安全问题是普遍的和全方位的,无论是发达国家,还是发展中国家,都在不同程度上感受到信息安全问题带来的严峻挑战。信息安全所涉及的领域是全面的,既包括传统的军事安全、政治安全,也涵盖非传统的经济安全、文化安全等领域。"网络攻击"成为战争的重要手段。

5. 自然灾难

2004年,印尼苏门答腊海底强烈地震引发巨大海啸,周边数国都受到影响,死亡人数超过22万,另有上千万人流离失所。2005年8月至9月,飓风"卡特里娜"和"丽塔"给美国南部造成巨大破坏,数百万人撤离,上千人死亡,经济损失达数千亿美元。2011年3月1日发生的东日本大地震导致了11 000多人死亡,并由此引发了日本福岛核电站发生了严重的核泄漏事故。2013年世界各地又接二连三发生强震等自然灾害,这些严重的自然灾难震惊了世界,它们所造成的严重损失绝不亚于一场战争。

6. 有组织的跨国犯罪活动

近年来,跨国犯罪活动十分猖獗,其中非法移民、毒品犯罪、海盗、洗钱等,对国际经济关系、国际政治关系产生了越来越大的负面影响。其中,海盗活动成为近年来国际社会日益关注的严重问题,特别是2008年以来在亚丁湾和索马里海域频发的海盗活动,对国际海上航运要道地区的安全构成严重威胁。海盗活动成为海上通道安全的公害。

第二节 国际战略格局

国际战略格局是指世界上主要战略力量间在一定历史时期内通过相互联系、相互斗争而形成的相对稳定的结构和态势。国际战略格局的形成,是国际斗争和国际战略运用的必然结果。新的国际战略格局已经产生,就会对国际战略形势产生直接的影响。在国际战略格局中,拥有强大军事实力和政治影响力的国家和地区,在世界事务中扮演着主要角色,起着主导作用,通常被称为"极"或"力量中心"。

一、国际战略格局的演变、现状和特点

(一)国际战略格局的演变

国际战略格局的样式是由力量对比关系所决定的,由于各个历史时期,新力量的形成与变化,使起主导作用的"力量中心"也随之变化,从而形成单极格局、两极格局以及多极格局。真正具有世界意义的国际战略格局是在近代资本主义发展的基础上形成和发展起来的。19世纪以后,欧洲列强统治和影响着世界上的广大地区,从而形成了以欧洲为中心的国际战略格局。这一格局的特点是几个大国都想争夺欧洲和世界霸权,列强内部争夺剧烈发展,导致了20世纪上半叶发生了两次世界大战。

第一次世界大战后,英国、法国、美国、意大利、日本等战胜国于1919年在巴黎召开和会,缔结了《凡尔赛和约》,对战败国德国进行清算。1921—1922年,英国、法国、美国、意大利、日本、比利时、荷兰、葡萄牙九国在华盛顿召开会议,重新划分远东势力范围,建立列强间的势力均衡,构成了"凡尔赛—华盛顿体制"。第二次世界大战后,世界秩序被重新安排,形成了以雅尔塔体系为基础的两极格局,它为战后东西方两大集团的对峙确定了基本的政治框架。两极格局是以美苏两个超级大国争夺世界霸权为基本内容和特征的。美苏的全球较量,贯穿着战后四十多年世界政治的始终,影响着世界政治力量的对比关系,是战后世界政治发展的主要矛盾。1989年11月9日,作为东西方"冷战"和两大阵营对抗象征的"柏林墙"的倒塌,加速了东欧剧变的进程。1991年2月25日,华约解体,使雅尔塔体制瓦解,持续了近半个世纪的东西方两大集团之间激烈对抗的"冷

战"格局彻底终结。

（二）国际战略格局的现状和特点

"冷战"结束以来，国际战略格局"一超多强"的基本态势没有改变，但世界主要力量间的实力对比发生变化，各种战略关系正进行新的分化组合，国际战略格局正处于新旧交替并由单极向多极方向发展过渡的重要历史时期。"一超"是指美国，"多强"包括俄罗斯及英法德为代表的欧洲国家、日本、中国、印度等。

从战略关系上看，世界各主要力量之间的战略关系经历着深刻的变化与调整。国与国之间既有竞争又有合作，既相互矛盾又彼此协调，既存在利益上有冲突也存在安全上有共同需求。纵观当前国际战略格局状况，呈现四大特点：一是国际局势总体趋向缓和，发生世界大战的可能性越来越小。但国际力量对比严重失衡，国家间历史积怨深远，民族和宗教矛盾突出，资源纠纷不断增多，恐怖活动猖獗，大规模杀伤性武器扩散问题更加突出，局部战争和武装冲突时有发生。二是霸权主义依然存在，政治上的新干涉主义、军事上的先发制人和经济上的殖民主义成为霸权主义的主要表现形式。三是大国间在加强对话与合作的同时，仍在进行着较量，但重点已从"冷战"期间以军事力量为主，转向以经济、科技为基础，以军事为后盾的综合国力竞争。四是经济全球化发展进程加快，世界经济联系越来越紧密，经济全球化在给人类巨大发展机会的同时也加深了全球贫富鸿沟，给国际社会带来新的不稳定因素。

二、当前世界主要国家的安全战略选择

随着国际战略环境的变化以及国际战略格局多极化趋势的进一步发展，面对新的安全环境和安全威胁，世界各主要大国为了确保赢得战略主动，纷纷调整国家安全战略，在全球范围内掀起了一股安全战略调整与博弈的热潮，其结果将直接影响甚至决定21世纪初的国际战略格局和历史发展走向。

（一）美国追求绝对安全的"先发制人"战略

该战略主要有以下几个方面的特点：一是在安全威胁判断上，强调恐怖主义及"无赖国家"的威胁，特别是核生化威胁，同时注重潜在威胁。二是在安全战略的重点上，突出本土安全。为此，美国对政府机构做了第二次世界大战结束以来最大的改革，成立了国土安全部。三是在实现安全战略目标的手段上，强调建设任何对手不可超越的军事实力，大力推进军事转型，实行"先发制人"的对外用兵指导方针。四是在安全战略筹划的基点上，由"基于威胁"转向"基于能力"，不管别国是否威胁到其利益，只要有威胁的"能力"，那么美国就要对其进行遏制或打击。美国"先发制人"的安全战略放弃了以往只有在美国受到直接威胁时才使用武力的原则，并首次将"先发制人"原则作为其对外用兵的战略指导思想。从本质上讲，美国提出的"先发制人"战略是一种在全球范围内追求绝对安全的战略理论。

（二）欧盟推进一体化防务建设与强化共同安全相结合的安全战略

进入21世纪，一系列的恐怖袭击事件震惊了整个欧洲，彻底埋葬了"欧洲安全"论调。面对变化了的欧洲安全形势，欧盟加紧对自身的安全战略进行调整。

第一，出台新安全战略理念。与美国不同，欧洲的新安全战略理念强调以人类安全为重，反对战争，认为仅依靠军事力量已难以应对国际社会面临的新的安全威胁与挑战，欧盟在国际事务中应加强人道主义干预和奉行多边主义，同时还赋予军队新的使命，增加其维和的任务，并提出建立1.5万人的混合干预部队。

第二，继续推进一体化防务建设。欧盟大力推行独立的一体化防务建设，寻求更大的军政自主权，决定逐渐建立和完备欧盟独立的军事力量，提高欧盟联合作战、快速部署、后勤保障、战略运输与通信兼容能力。

第三，共同致力于打击恐怖主义。2001年9月，欧盟特别首脑会议审议通过了欧盟打击恐怖主义的"行动计划"。2004年3月25日，欧盟首脑布鲁塞尔会议又通过一项反恐声明。欧盟各成员国都表示将依据欧盟的基本原则、《联合国宪章》和联合国安理会1 373号决议规定的义务，使用一切手段打击恐怖活动。

（三）俄罗斯固本联邻的"现实遏制"战略

面对国家安全形势的深刻变化，俄罗斯对安全战略进行了大幅度的调整，确定了更具主动性和震慑性的"现实遏制"战略。即准备在必要的情况下，在世界的任何地点对恐怖主义或严重威胁俄罗斯安全利益的对象采取先行攻击。实施更趋积极的核遏制战略。俄罗斯国防部在2004年5月提出了核遏制下的机动作战战略。为增强核遏制能力，力保核优势地位，着力开发进攻性战略核武器。为进一步明确战略核力量在维护21世纪国家安全中的突出地位，俄政府宣布将"保留首先使用核武器的权利"，强调"先发制人"的核打击原则。大幅改组政府强力部门，坚决打击恐怖主义。2004年9月3日，普京宣布对政府的强力部门进行改革，不断加大对恐怖主义势力的打击力度。

（四）日本变"专守防卫"战略为"主动先制"战略，加速向军事大国迈进

随着国际战略格局和日本国内政局的深刻变化，日本倚重于美日军事同盟和自身军事实力，其安全战略也在发生着转变。日本争当世界军事强国的欲望明显膨胀。一是正在由单纯的"专守防卫"战略转变为极具进攻性的"主动先制"战略。二是强调日美安全保障体制的重要作用。日美安全保障体制既是日本防卫和安全战略的基石，又是日本发挥多边安全作用的基础。今后日美安保体制将朝着机制化、规范化、大范围、深层次的新合作体制方向发展。今后几年，日本将以参与战区导弹防御系统的研制为中心，深化与美国在亚太地区的军事合作。

（五）印度立足于全面赶超的军事战略调整

近年来，印度积极进行军事战略调整，并对其国防体制、武器装备和核打击能力等方面进行了全面变革。一是从陆上战略向海洋战略转变。"冷战"结束以后，印度战略重心逐步向印度洋"漂移"。到目前为止，印度海军的总兵力已为其建国初期的3倍多，形成了一支以航空母舰为核心的中等规模的区域性海上力量，取得了在印度洋局部海上优势和对孟加拉湾的制海权。二是从常规战略向核战略转变。1998年以后，印度已成为事实上的核国家，目前仍在大力发展核力量，以求获得稳定的威慑根基。为了进一步增强核威慑，印度目前正在努力构筑以陆基核打击力量为主体、以空中和海基核打击力量为辅的"三位一体"的核打击力量体系，加快核武器实战化的进程和步伐。三是从消极性防御向主动性

进攻转变。印度新军事战略的核心正在由消极防御变为积极防御,强调主动出击,打"有限战争",争取以较小的代价取得最佳的效果。在新形势下,印度的新军事战略特别强调并突出了"攻势防御",就是在战争初期把战火引向敌国领土,在对方国土上歼灭敌方有生力量,而不是坚守国土。

三、国际战略格局的发展趋势

国际战略格局形成、发展和变化的物质基础是各国政治、经济和军事力量间的相互对比。大国实力地位的变化是导致国际战略格局演变的重要因素。两极格局结束后,世界出现了"一超多强"的态势,大国关系在不断变化与调整,世界上各种政治力量在不断分化组合。当前,国际战略格局"多极化"作为现实格局目前尚未形成,但作为一种发展趋势,"世界多极化不可逆转"。

(一)多极化趋势加速发展

近年来,超级大国美国图谋单边主义"单极"格局和世界范围主张多极化的力量持续激烈碰撞,曾经不可一世的美式单边主义越来越失去存在与实施的基础条件,使得国际战略力量对比发生了有利于多强、不利于"独超"的形势转变。

放眼全球,经济全球化、世界多样性发展、世界诸强力量的不断增长,将加快世界格局向多极化方向发展。经济全球化是推动世界多极化的物质基础。经济全球化是不可阻挡的世界潮流,对世界多极化趋势产生了重大而深刻的影响。一是经济全球化导致经济多极化,经济多极化构成了世界多极化的重要内容和物质基础。二是经济全球化使全球性问题日益突出,全球性问题呼唤着"全球治理",这在客观上推动了世界多极化的发展。

世界多样性是多极化发展的社会基础。在多样性的国际背景下,各种不同的文明和文化必然要求国际社会对其进行价值认同,必然采取各种措施,谋求相应的国际地位,使其成为世界多极化的文化载体。在当今世界格局处于两种前途、两种命运选择和斗争的关键时期,多极化是世界大多数国家的政治选择和追求目标。世界大多数国家主张多极化,说明多极化符合历史发展潮流,而主张多极的国家或国家集团力量的不断增长,将逐渐改变目前国际力量对比严重失衡的状况,进而奠定世界多极化向前发展的力量基础。

(二)未来国际战略格局中各方关系将日趋复杂

大国间相互制约关系明显增强,日趋复杂。在多极格局中,各大战略力量之间将形成交叉多边关系,各国政策变化取向不确定。政治与军事集团内部关系相对松散,各国对外政策独立性增强,因各自利益关系同盟国之间和非同盟国之间的距离逐渐缩小。多边机构和组织的作用突出,双边关系受多边事务和多边关系的制约日益增大,各国政策将由双边政策为主转向多边与双边政策并重。

(三)全球化深入发展影响国际安全

建立在高度发达的信息技术和交通、通信技术基础之上的全球化已经突破了时空限制,把不同国家和地区的不同种族和文化的人类在空前的范围和程度上紧密、广泛和深入地联系在一起了,并进而使人类社会之间的相互影响空前强大起来。然而,全球化深入发展的矛盾凸显,我们正面临着前所未有的激烈的国际竞争,这是一场全球范围的大竞争,任何国家、任何政党都回避不了。

进入 21 世纪，全球化迎来了它的第二个深化期，全球化已深入社会、政治、安全和环境等各个重要领域，它已经不仅仅限于经济进程，而发展成为一种政治和社会进程。首先，围绕着全球治理的矛盾加剧。这几年气候异常、生态灾难、恶性传染病暴发的频率、集中程度和破坏规模都是前所未有的。安全已不仅是一个社会范畴，它同时已成为一个自然—社会概念，反映了人类全球化的一种过度开发趋势。全球化所造成的一国内部和国与国之间贫富悬殊加大，正在并会继续引发一国内部动荡和国际动荡的相互传导和相互激荡。民族分裂势力、宗教极端势力和国际恐怖势力会利用这种动荡继续扩大影响、借机闹事，更严重、危害更大的恐怖袭击事件还有发生的可能。

（四）新军事变革对国际军事形势影响深刻

目前在世界范围内展开的新军事变革，不仅使战争的面貌焕然一新，也对国际军事形势带来了广泛深远的影响。

第一，新军事变革极大地冲击了传统战争理念，改变了现代战争面貌，促使各国重新审视安全环境和战略策略，依据客观环境和主观需求积极主动地进行战略调整。可以预见，随着新军事变革的深入发展，各国还会进行新的战略调整，并促进国际战略格局进行新的整合。

第二，新军事变革有可能加剧战略力量对比的失衡，使各国已经存在的差距不仅不容易缩小，反而有可能扩大。可能会诱发新一轮军备竞赛，甚至导致发达国家和发展中国家军事系统特别是武器装备的新的更大的"时代差"，从而对世界和平、发展和安全构成新的威胁。

第三，新军事变革不仅使军事手段的地位和作用明显上升，而且会刺激新干涉主义进一步抬头，给世界和平与地区安全带来新的威胁。新军事变革为运用军事手段达成政治目的，提供了低风险、高效能、多样化的可能选择。现在，高新技术使战争的可控性显著增强，也使军事手段的运用空间进一步拓展。

第四，发展中国家战略选择的难度进一步增大。新军事变革对发展中国家的国防建设也有一定的促进作用。但是，世界军事发展的强劲势头是一把双刃剑，发展中国家在战略选择上面临两难困境。如果不顺应世界潮流，积极推进本国的军事变革，大力提高国防实力，与发达国家军队存在的差距就会越来越大，国家安全就没有保障。如果把主要力量用在军事发展上，就会影响国家经济建设，从根本上削弱国家的综合竞争能力。面对世界新军事变革的挑战，发展中国家何去何从，怎样决断，是一个关系重大、非常复杂的战略难题。

第三节　我国周边安全环境

周边安全环境，是指在一定时期内，国家周边地区对国家安全产生影响的外部及内部条件的总和。周边安全环境是周边地区各种力量长期作用的产物。周边安全环境对国防建设具有直接的影响，同时，国防建设对周边安全环境具有反作用。随着全球化进程的加快以及地区力量的急剧变化,中国周边地区形势将继续处于快速变化之中,各种不确定和不稳定因素将时有显现,对我国的安全利益和发展利益提出了新的挑战。

一、我国地缘环境的基本特点

一个国家的安全与发展必然要受到外部世界的影响,周边地区又是其中的关键。同世界其他大国相比,中国的周边地缘环境最为复杂,中国地缘环境的特殊性又使得周边地区的影响尤为突出。

(一)邻国众多,强邻环伺

我国是世界上拥有邻国最多的国家,陆上直接接壤邻国就有朝鲜、俄罗斯、蒙古、哈萨克斯坦、吉尔吉斯斯坦、塔吉克斯坦、阿富汗、巴基斯坦、印度、尼泊尔、不丹、缅甸、老挝、越南。海上邻国有日本、朝鲜、韩国、菲律宾、文莱、马来西亚、印度尼西亚、越南。

中国周边地区也是世界上大国最集中的地区,且多为军事强国。世界上 5 个军队在 100 万以上的国家,除中国外还有美国、俄罗斯、印度、朝鲜。公开宣称拥有核武器的 8 个国家中的 4 个在中国周边,即印度、巴基斯坦、朝鲜、俄罗斯。世界主要战略力量除了欧盟外,美国、日本、俄罗斯、印度、东盟,都在中国周边。俄罗斯、日本和印度是中国的海陆强邻,它们在军事和经济方面均拥有较强的实力或潜力,且在过去一个多世纪里先后与中国发生过战争或武装冲突。此外,从地缘政治的角度看,美国也是中国的邻国,因为它在中国周边有强大的力量存在和战略影响。一个国家邻国多少和强弱对其安全的影响是截然不同的,邻国多其现实和潜在安全隐患就多,强邻多其面临的现实与潜在的安全挑战就大。

(二)战略区位重要,大国利益交会

中国位于欧亚大陆东部和太平洋西岸,地处东亚的中心位置,四周分别邻接东北亚、东南亚、南亚、中亚四大次区域,为广阔的周边地区所环绕。东北亚、东南亚、南亚均位于欧亚大陆边缘地带,扼控海上交通要道,是陆权与海权势力竞逐的前沿;中亚是欧亚大陆心脏地带,且油气资源丰富,四周分别与俄罗斯、中国和南亚、西亚相连。周边地带汇聚着诸多重要海域与战略通道,像处于东南亚中心的南中国海常年海运量仅次于欧洲地中海,居世界第二,每年往返船舶超过 4 万艘,全球一半以上的大型油轮及商船和 2/3 的液化天然气运输须途经该水域。而马六甲海峡更是连接太平洋和印度洋的海上交通咽喉,扼控两洋航线的枢纽,是亚太各国经贸发展的"生命阀"。由于拥有重要的战略位置和战略资源,中国周边地区自近代以来一直是大国利益的交会区和大国力量的角逐场。

(三)多样性突出,热点矛盾集中

我国周边的多样性突出,各国社会制度不同,发展水平各异,各种文化、民族和宗教聚集在我国周围。从政治上看,国体和政体的多样性在周边各国体现无余,周边既有资本主义性质的国家,也有社会主义性质的国家,既有共和制、总统制、议会制的国家,也有君主制的国家。

长时间的历史整合导致众多的种群与民族散布生存于环中国周边地带。伴随着"冷战"终结,原先被意识形态分歧所掩盖的民族主体意识与本位观念正逐步觉醒,并在全球民主化浪潮推动下,以现实民族问题为突破口,滋生衍变为剧烈的民族分立与分离运动。从巴尔干到外高加索,沿着中西亚蔓延到我国西部边陲,并一直延伸到南亚、东南亚,极端民族主义分裂逆流正挑起一轮又一轮的动荡与骚乱。

佛教、基督教、伊斯兰教、印度教等具有世界性或区域性影响的宗教在中国周边地区不同程度地传播和发展,且逐渐与不同的民族实体相结合,形成了足以改变世俗政治与地区秩序的巨大社会能量。而在各民族不同的理想抱负与宗教价值追求迥异的交互作用下,我国周边国际矛盾已呈现出令人担忧的复合化、尖锐化的新动向。

二、我国国家安全政策

我国国家安全政策,是随着国际安全形势和国内形势的发展变化而不断调整变化的,是国家需求观、价值观、利益观的体现。中国坚持走和平发展道路,统筹国内国际两个大局,妥善应对纷繁复杂的国际安全形势。中国依据发展与安全相统一的安全战略思想,对内努力构建社会主义和谐社会,对外积极推动建设和谐世界,谋求国家综合安全和世界持久和平;统筹发展与安全、内部安全与外部安全、传统安全与非传统安全,维护国家主权、统一和领土完整,维护国家发展利益,维护国家发展的重要战略机遇期;努力构建互利共赢的合作关系,促进与其他国家的共同安全。为了实现国家安全目标、有效应对各种安全威胁,中国所实行的国家安全政策包括以下五点。

(1) 中国主张摒弃冷战思维,倡导互信、互利、平等、协作的新安全观。中国以新安全观为指导,加强国际安全交流与合作,为国家安全争取良好的外部环境。中国于1997年提出树立"互信、互利、平等、协作"的"新安全观"的主张。摒弃意识形态偏见,摒弃冷战思维和强权心态,增加互信,互相尊重对方的安全利益,达到共同安全。国家不分大小、贫富、强弱,都是国际社会平等的一员,反对霸权主义和强权政治,反对干涉别国内政。就共同关心的问题进行广泛深入的合作,消除隐患,防止战争和冲突发生。在"新安全观"的指导下,中国与有关国家倡导的新型安全模式走上了机制化轨道。上海合作组织就是这种观念的实践,树立了新时期区域合作的典范。中国与东盟的对话合作机制也日益成熟,在维护地区稳定、促进共同发展方面发挥了重要作用。

(2) 以科学发展观为指导,构建社会主义和谐社会,大力增强综合国力。当前,中国正在经历着一场前所未有的社会转型,新旧体制的衔接和转换,必然带来一系列问题。在经济发展方面,经济结构不合理,市场经济体制不够完善,经济增长方式仍然呈现明显的粗放型特征,地区之间和部分社会成员收入差距扩大,经济对外依存度过大,能源安全面临巨大挑战。在社会稳定方面,国民收入分配格局不合理,社会保障体系比较脆弱,下岗职工再就业问题没有彻底解决,进城务工农民生活没有得到有效保障。中国党和政府对此高度重视,正以科学发展观统领国家经济社会发展全局,妥善解决存在的各种问题,实现经济社会协调发展,努力建设社会主义和谐社会,推动建设持久和平、共同繁荣的和谐世界。

(3) 高度重视非传统安全问题,追求综合安全。随着发展水平的不断提高和更深地融入国际社会,经济安全、信息安全等问题日益突出,对国家安全的影响日益增大。同时,民族分裂势力、宗教极端势力和恐怖势力兴风作浪，对我国安全构成威胁。中国针对市场经济条件下经济风险增大的实际，已经采取了相应的措施，保证经济平衡、快速发展。与有关国家合作，坚决打击"三股势力"，打击贩毒、走私、拐卖人口等跨国犯罪行为。

（4）奉行防御性国防政策，走和平发展道路。中国始终奉行防御性国防政策，坚决维护国家的主权和统一，构建和谐世界，和平解决争端。继续贯彻"和平统一、一国两制"的基本方针，促进祖国统一大业的实现。

（5）在维护现有国际体系的基础上，推动现有体系向更加公正、合理的方向演变，做一个"负责任的大国"。

第四节 非传统安全威胁

非传统安全威胁，是相对于传统安全威胁因素而言的，是指除军事、政治和外交冲突以外的其他对主权国家及人类整体生存与发展构成威胁的因素。非传统安全问题主要包括：经济安全、金融安全、生态环境安全、信息安全、资源安全、恐怖主义、武器扩散、疾病蔓延、自然灾害、跨国犯罪、走私贩毒、非法移民、海盗、洗钱等。

一、非传统安全威胁的提出

（一）非传统安全威胁的凸显及其原因

"冷战"结束后，特别是进入21世纪以来，在传统安全依然突出并有新表现的同时，非传统安全威胁日益凸显成为国际形势的一个突出特点。东南亚金融危机、"9·11"事件、"非典"、印度洋海啸、禽流感、"5·12"汶川大地震及2008年爆发的全球性金融危机、2011年东日本大地震以及由此引发的海啸及核泄漏等一系列事件，使得金融危机、恐怖主义、传染性疾病、自然灾害、核泄漏等非传统安全领域的威胁凸显出来，成为既是中国也是世界上许多国家和地区安全面临的突出问题。

非传统安全威胁凸显的原因分析如下：

（1）"冷战"的结束和两极对抗格局的终结，使国际社会遭受全面军事对抗和整体毁灭的可能性大大降低，但是，过去被两极对抗所掩盖的种种矛盾在"冷战"后迅速露出水面，其中相当一部分就是非传统安全问题，如难民潮、人口爆炸、资源短缺、环境污染、宗教极端主义、恐怖主义、民族分裂主义、艾滋病等。这些问题已经成为国际社会新的安全威胁。

（2）经济全球化对整个世界的效应实际上是一个硬币的两面。经济全球化的确可以"以最有利的条件生产，在最有利的市场销售"这一世界经济发展的最优状态，实现资源的最优配置，进而给世界各国都带来好处。但是，经济全球化进程的加速，也扩大了世界性的不平等和两极分化，增加了世界各国发展的脆弱性，以及引发了一些国家内部的危机和动乱，促使了一些犯罪活动的国际化与恐怖主义的全球网络化等全球性问题。

（3）非传统安全问题的凸显也与工业文明时代人类过度崇尚经济主义有关。工业文明时代是人类走向现代化的关键阶段，但工业文明的发展观把经济的基础作用与经济至上、经济第一混同起来，从而在国际社会中形成了一种过度的经济主义增长观。于是，现代化的内涵被缩至非常小的范围内，甚至只是指狂热经济增长的经济主义与征服自然、主宰自然的人类中心主义。正当人类为征服自然、主宰自然而沾沾自喜的时候，殊不知人与自然的关系已经全面紧张，并且自然开始反过来对人类进行报复，气候变化、生态恶化、土地荒漠化以及海啸等严重威胁到人类的生存和发展。

（4）国际社会转型过程中某些领域内的秩序失范也导致了非传统安全问题的兴起。国际社会转型是一个不断分化又不断重新整合的动态过程，"冷战"结束意味着旧的全球整合机制或者说旧的全球治理机制的崩溃，国际社会正处于加速分化时期，新的国际整合机制在短期内无法建立起来，所以，国际社会某些领域内的秩序处于失范和失控状态，而各种非传统安全问题就是这种失范和失控的具体表现。

（5）进入信息社会后，先进的信息技术与滞后的社会控制机制的矛盾，发达国家的信息优势与发展中国家的信息贫困，以及由此所导致的"数字鸿沟"等，也会引发前所未有的新的安全威胁，如日益显现的网络战争、广泛盛行的网络犯罪、无处不在的网络黑客、防不胜防的网络病毒、越来越猖獗的网络恐怖以及逐渐抬头的网络霸权等。也就是说，技术的"异化"也会在信息社会中产生相应的非传统安全问题。

（二）非传统安全威胁的主要特点

根据目前各种非传统安全威胁的现象以及人们对这些现象的理解，非传统安全威胁有以下几个主要特点。

1. 非传统安全威胁的跨国性

传统安全威胁通常以国家为界限，而非传统安全威胁从产生到解决都具有明显的跨国性特征。首先，非传统安全威胁不仅是某个国家存在的个别问题，而且是关系到其他国家或整个人类利益的问题，是"全球性问题"，如地球臭氧层的破坏、生物多样性的丧失、严重传染性疾病的传播等，都不是针对某个国家或某个国家集团的安全威胁，而是关系到全人类的整体利益。其次，非传统安全威胁不仅会对某个国家构成安全威胁，而且可能会对别国的国家安全造成不同程度的危害。2008年9月，美国次贷危机所引发的国际"金融风暴"，已经发展成为"百年一遇"的世界经济金融危机。最后，非传统安全威胁不一定来自某一主权国家，往往由非国家行为体的个人、组织或集团所为。

2. 非传统安全威胁的多元性

非传统安全威胁的多元性包含三方面的含义。首先是非传统安全威胁领域的多元性。非传统安全不再是纯粹的军事现象，而是政治、经济、社会、文化、思想、科技和军事等因素的综合产物。人类生活的方方面面，如能源、资源、粮食、环境、人口、海洋、生态、毒品、传染病、文化垃圾、跨国犯罪、国际恐怖主义等，无不纳入非传统安全的范畴。其次是非传统安全威胁主体的多元性。非传统安全威胁一般不是来自某个主权国家，而是来自非国家行为体，如个人、组织或集团等。最后，非传统安全威胁的多元性还体现在应对和治理非传统安全威胁的手段上。当前，仅靠军事手段已经不能解决各式各样的非传统安全问题，必须采取经济、科技、社会、政治等综合手段才能更好地应对非传统安全威胁。

3. 非传统安全威胁的突发性

战争虽然也具有突发性，但总有一些征兆，通常有一个由矛盾积聚、危机升级到冲突爆发的过程，而非传统安全威胁缺少明显的预先征兆，其发生的时间、地点、样式具有很大的不确定性。许多非传统安全威胁经常会以突如其来的形式迅速爆发。有关资料显示，1990年以来全球有一百多起影响较大的恐怖事件，都是在人们毫无防范的情况下发生的。从20世纪80年代出现的艾滋病，到近年来的疯牛病、口蹄疫、"非典"、禽流感等，当人们意识到其严重性时，已经造成了很大危害。人类对客观事物发展变化规律的认识还有局限性，例如，地震、海啸、飓风等自然灾害，其发生前并非没有征兆，但由于人类在探索自然方面还有许多未解之谜，再加上全球经济、科技发展的不平衡，所以许多发展中国家缺乏对灾害的早期预警能力。有些非传统安全威胁并非源于某个确定的行为体，例如，金融危机、传染性疾病等非传统安全威胁的形成过程就带有很大的随机性，使防范的难度明显增大。

4. 非传统安全威胁的互动性

非传统安全威胁与传统安全威胁之间并不存在一个绝对的、一成不变的界限，两者往往相互交织、相互影响，并在一定条件下可能相互转化。许多非传统安全问题是传统安全问题直接引发的后果。例如，战争造成的难民问题、环境破坏与污染问题等。对一些传统安全威胁处置不当，很可能演变为非传统安全威胁。

二、我国面临的非传统安全形势

21世纪初期，非传统安全威胁对中国的安全挑战明显加大，出现新的不确定因素，经济问题、环境恶化、有组织犯罪、恐怖活动、艾滋病等将上升为对国家安全构成威胁的战略问题。非传统安全对中国社会经济发展的侵害和威胁是现实的、严峻的。

（一）生态环境安全

就生态环境而言，我国主要面临以下几个方面的威胁：

第一，森林覆盖率低，土地荒漠化加剧，土壤质量变差，耕地面积减少。我国是世界上荒漠面积较大、分布地区较广、危害程度较为严重的国家之一。

第二，空气污染严重。中国被认为是世界上空气污染最严重的地区，以煤为主的能源结构和落后的煤炭利用方式、急剧增长的机动车尾气排放和局部地区工业废气大量超标排放，是造成污染的主要原因。同时，我国酸雨也呈蔓延之势，已成为欧洲、北美之后的世界第三大重酸雨区。

第三，水资源安全问题日益突出。表现为人均水资源量极少，中国人均拥有的水资源量约为世界人均水资源量的四分之一，而北方地区的人均水资源量就更少；水资源分布严重失衡。中国水资源的分布是南多北少、东多西少，同时，降雨量极不均匀，南方洪涝灾害频繁，北方干旱缺水；水资源污染严重，七大水系普遍受到污染，水质令人担忧。

造成这些现象的原因主要有：全球生态环境系统的破坏和污染给中国造成了极大的影响；中国庞大的人口对生态环境造成了重大持久的压力；先发展后治理的传统经济发展模式也使生态环境遭受了巨大的冲击和破坏。

（二）经济安全

所谓经济安全，其含义是保障国家经济（科技）发展战略诸要素的安全，在参与国际竞争和合作中维护国家利益和争取优势地位，特别是保护本国市场和开拓国际市场。1997年席卷整个东南亚的金融危机表明，在经济全球化时代，经济安全往往更加危险，它可能在很短的时间里，把一国经过数十年积累下来的财富，通过货币贬值和股市动荡等经济手段掠夺一空。因此，在很大程度上，经济安全已成为国家安全的决定因素。

我国经济安全的威胁主要来自三个方面：

第一，市场安全。主要是指经济摩擦增多和由此引起的贸易制裁以及国际垄断势力对我国的产业安全构成威胁。

第二，金融风险。我国的金融风险主要表现为以国有企业银行贷款为主的不良贷款比例过高和庞大的银行坏账、呆账问题，证券市场上存在欺诈事件增多、投机气氛较浓、资本外逃、汇率震荡等问题。

第三，能源安全。能源安全是国家经济安全的重要领域，我国的能源种类不均衡，能源发展后劲不足，利用率低，开发难度大，供需矛盾日益突出，石油短缺将是我国未来一段时期能源安全的主要矛盾。

（三）信息安全

关于信息安全，狭义的理解主要指信息技术领域的安全，包括网络安全；广义的理解指综合性的信息安全，包括经济、政治、科技、军事、思想文化、社会稳定和生态环境等各个领域。后者是人们通常讨论信息安全问题的主要内容。在信息社会里，一个国家或地区信息网络的安全运行和信息畅通与否，直接影响着国家安全的维护。一旦信息系统遭受进攻和破坏，信息流动被锁定或中断，就会导致整个国家的财政金融瓦解，能源供应中断，交通运输混乱，社会秩序失控，生态系统破坏，国防能力下降，国家陷入瘫痪，民众陷入困境，从而直接危及国家的安全和民族的生存。由此看出，在信息时代，哪一种安全都离不开信息安全。信息安全是一切安全的重中之重和先中之先。

鉴于信息安全涉及政治、经济、军事等诸多领域，需要对它们之间的互动关系进行梳理，从而对信息安全的重要性以及信息领域可能受到的威胁有更为清醒的认识。

（1）信息安全与经济。以信息网络为手段的经济活动已深入到经济生活的各个方面，随着货币电子化和网上银行业务的开展，企业之间、银行之间、国家之间每天都有巨额资金通过网络流通，在这种情况下，经济安全完全依赖于计算机系统。我国的基础信息技术严重依赖国外，计算机芯片、操作系统和数据库管理系统以及大量的应用软件等核心技术的缺乏，都是我国信息安全的最大隐患。

（2）信息安全与政治。政治活动与政治较量特别是意识形态的斗争，越来越集中地体现在信息网络系统中。各种敌对势力利用网络对我进行制度渗透和反动宣传，极力制造网络恐怖主义活动、发布煽动性和破坏性言论、鼓吹动乱等，严重威胁我执政合法性。同时，由于我们对互联网在国际意识形态斗争中的作用认识不够，信息安全意识淡薄，投入不足，现有的信息平台没有充分利用，技术设备相对落后，因此还很不适应网上斗争的需要，受到的威胁也日渐增大。

(3) 信息安全与军事。信息技术的飞速发展和新军事变革的发生，引发了战争形态由机械化战争向信息化战争的质的飞跃。信息战是信息时代军事安全的最大威胁，信息安全对军事活动的核心作用和决定意义前所未有地凸显出来，而直接影响军事活动与安全的信息问题是军事泄密。

（四）人口安全

人口安全指的是一个国家或地区的人口规模适度、结构合理以及流动有序的一种状态。这种状态不但可以充分满足该国或该地区经济、社会可持续发展对人才资源的需要，而且也有利于实现该国或该地区的社会、政治稳定。当前，我国面临的人口安全问题主要涉及以下几个主要方面。

（1）人口膨胀给资源和环境带来沉重的压力。目前制约中国社会经济发展的核心问题是人口与资源问题，人口过多和自然资源相对短缺将直接制约中国经济的长期发展。中国需要在占世界7%的土地上养育世界20%以上的人口，这使中国在经济上承受很大压力。人口膨胀也给我国的生态环境带来了很大的压力。

（2）人口老龄化问题日益突出。我国的老龄化问题具有两个显著特点：一是老龄人口基数大、增长速度快；二是老龄化问题出现时面临的是经济底子薄、养老负担重。发达国家的人口老龄化是在人均国民收入较高并建立了较健全的养老保险体系的情况下出现的，而我国的老龄化是在人均国民收入较低的情况下出现的，这迫使我国在经济欠发达的时期解决比发达国家还严重的老龄化问题。

（3）人口素质仍有待提高，人才安全问题突出。一方面，现有教育和在职培训还不能满足国民经济和社会发展对各类合格人才的大量需求；另一方面，很多行业还存在着人才浪费和人才流失问题。如果任凭这种趋势蔓延，将严重威胁到我国的人才安全。

（4）人口国内流动带来的问题和隐患。我国人口国内流动在促进人力资源合理配置的同时，也给交通、城市管理、社会治安等工作增加了难度。

（五）恐怖主义威胁

国际恐怖主义对国家安全和地区稳定的影响日益严重，我国也不同程度地受到境内外民族分裂势力、宗教极端势力、暴力恐怖势力的侵害和威胁。"冷战"结束后，宗教极端主义、民族分裂主义和国际恐怖主义这三股恶势力在世界上许多地方泛滥，往往带有很强的政治企图，成为影响国家安全和地区稳定的重大威胁。

（六）流行性传染病的传播与蔓延

在全球化国际环境下，某些新型流行疾病的传播和蔓延，将造成严重的社会恐慌以及巨大的经济损失和人员伤亡，对国家安全和国际安全构成严重威胁和危害。

我国自1985年首次报告艾滋病病例以来，艾滋病的流行呈快速上升趋势。中国现有艾滋病病毒感染者约84万人；其中，艾滋病病人约10万例。从全国范围看，某些地区的某些特定群体的感染率较高。中国报告的艾滋病病毒感染者感染途径仍以吸毒传播为主，占61.6%，但经性传播及母婴传播的比例呈上升趋势。作为世界第一人口大国，中国防治艾滋病的任务极其重大，需要投入的政治资源和经济资源远远超过大部分发展中国家。

2003年春季在全球特别是亚太地区肆虐的非典型肺炎，引起全球各国的高度关注。非典型肺炎本身作为21世纪新出现的第一种严重传染性疾病，其传染能力过于强大，不可避免地引起国内民众和国际社会的严重恐慌，从而导致社会、经济、政治、外交等诸多方面不易处理的危机。

三、我国安全观的新发展

安全观是一个国家对其自身安全利益及其在国际上所应承担的义务和所应享受的权利的认识，是对其所处安全环境的判断，同时也是对其准备应对威胁与挑战所要采取的措施的政策宣示。中国新安全观的提出反映了"冷战"后中国对国际安全形势的总体判断，以及中国政府对国家安全和国际关系准则全新的理论思考。

（一）中国新安全观的提出

中国是新安全观的积极倡导者和实践者，也是世界上最早抛弃冷战思维的国家。"冷战"后非传统安全威胁的大量涌现成为推动中国建立新安全观的重要因素，特别是1997年亚洲金融危机后，中国开始重视经济安全和金融安全。随着国际形势的变化和中国改革开放的不断深入，"综合安全"的安全战略思想逐步进入中国的安全观念之中。国家安全不仅是军事上的安全，还应是包括经济、科技、政治、军事等在内的综合安全，形成了必须发展包括经济、科技、政治、军事在内的综合国力的新安全观。

1997年3月，中国政府在同菲律宾共同主办的东盟地区论坛信任措施会议上，首次正式提出了适合"冷战"后亚太地区各国维护安全的新安全观。此后，中国政府又在不同场合对这种新的国家安全观做出了比较全面的阐述。1997年4月，《中俄关于世界多极化和建立国际新秩序的联合声明》中说，双方主张确立新的具有普遍意义的安全观，认为必须摒弃"冷战思维"，反对集团政治，必须以和平方式解决国家之间的分歧和争端，不诉诸武力或以武力相威胁，以对话协商促进相互了解和信任的建立，通过双边、多边协调合作寻求和平与安全。1999年3月26日，江泽民在日内瓦裁军谈判会议上第一次指出，新安全观的核心是"互信、互利、平等、合作"八个字。2001年7月1日，江泽民在纪念中国共产党成立80周年大会的讲话中，对新安全观的表述做了调整，将八个字当中的"合作"改为"协作"，即"国际社会应该树立以互信、互利、平等、协作为核心的新安全观，努力营造长期稳定、安全可靠的国际和平环境"。

"9·11"事件发生后，中国政府和学术界对恐怖主义等非传统安全威胁的认识进一步加深，多次指出现在是传统安全与非传统安全交织的时代，并强调非传统安全因素上升对中国安全和世界和平的影响，提出要积极应对这种新安全威胁的挑战，以新的方式谋求和维护安全。2002年7月31日，在斯里巴加湾市举行的东盟地区论坛外长会议上，中国代表团向大会提交了《中国关于新安全观的立场文件》，系统地阐述了中国在新形势下的安全观念和政策主张，中国政府认为新安全观实质是超越单方面安全范畴，以互利合作寻求共同安全。2003年，"非典"疫情发生后，中国政府又加强了对社会安全的关注，将传染病的蔓延提高到了国家安全的高度，充分体现了中国的新安全观对社会安全的重视。

（二）中国新安全观的主要内涵及影响

中国新安全观认为综合安全是当前安全问题的基本特征，共同安全是维护国际安全的最终目标，合作安全是维护国际安全的有效途径，并正式提出了以"互信、互利、平等、协作"为核心内容的新安全观，通过建立互信机制以争取共同安全，通过友好协商和平解决争端。新安全观的宗旨就是通过对话增进相互信任，通过合作促进共同安全。

中国新安全观追求共同安全的目标。共同安全是维护国际安全的最终目标，事实证明，和平只能建立在相互的、共赢的安全利益之上，单方面的、"零和"的安全诉求不能保障真正和持久的和平。各国在实现自身安全的同时，必须尊重别国利益，为对方的安全创造条件。中国不把本国安全利益凌驾于他国之上，更不为维护本国的利益而损害世界人民的共同利益，而是在维护共同利益基础上争取共同安全。

中国新安全观是综合安全观。在注重国家主权、领土完整和安全的同时，也注重政治和社会稳定、经济安全、网络安全、能源环保等新型安全问题。把国内政治、社会稳定和经济发展，国与国之间政治、经济和外交关系的改善作为实现国家安全利益、促进地区和全球安全稳定的主要途径。

中国新安全观反映了合作安全的主张。认为合作安全是维护国际安全的有效途径，各国应摒弃以实力抗衡谋求安全优势的旧式思维，通过加强各领域合作扩大共同利益，安全不能依靠增加军备，也不能依靠军事同盟，安全应当依靠相互之间信任和共同利益的联系。中国支持在平等参与、协商一致、求同存异、循序渐进的基础上开展多形式、多层次、多渠道的地区安全对话与合作。

中国新安全观是在改革开放的历史条件下，在与国际接轨、融入国际社会的大背景中，吸收国际上流行的综合安全、共同安全、相互安全、合作安全、集体安全等各种安全观的合理因素而形成的，体现了中国建立公正合理国际政治经济新秩序的基本理念和新型国家关系准则，已成为中国对外政策的重要组成部分。随着形势的发展，中国的安全观念将更加开放，安全政策将更加透明，参与的安全合作将更加广泛，新安全观的内容也将得到进一步丰富和深化。新安全观必将对区域和全球的稳定发展、国际关系民主化和世界政治经济新秩序的建立起到巨大的推动作用。

第三章 军事思想

第一节 军事思想概述

战争是社会和历史的一个毒瘤,造成的人员伤亡数以亿计,带来的财产损失更没有办法详细统计。仅在 20 世纪,就发生了近 150 次战争,其中包括两次世界大战,有 1.5 亿人惨遭杀戮。为什么人类文明史总是与战争相生相伴呢?怎样认识战争?如何才能打赢战争?这些问题,恐怕是我们每个关心个人安危、社会发展的人,需要认真思考的问题。这就必须从我们先辈们的"大思维"与"大智慧"中去寻根溯源。事实上,每个国家、每个民族,都有自己的战争思维和战争智慧,就是关于战争和军事问题的系统性、总体性、理性化的认识。

一、军事思想的概念

军事思想是关于军事领域基本问题的理性认识,通常表现为国防与军队建设、战争准备与实施的指导理论和基本原则。它揭示战争的本质、基本规律,以及进行战争的指导规律,阐明军队建设的基本理论和原则,属于社会意识形态,受世界观和方法论的制约,具有鲜明的政治性。军事思想从总体上反映研究战争和军事问题的成果。通常包括战争观、军事问题的方法论、战争指导思想、建军思想及国防建设思想等基本内容。军事思想来源于军事实践,又给军事实践以理论指导并随着战争和军事实践的发展而发展。

不同阶级、国家或政治集团有不同的军事思想。同一阶级、国家或政治集团的军事思想,在不同历史时期或发展阶段也有区别。军事思想可以按社会历史发展阶段、阶级、国家、不同历史时期主导性兵器或代表性人物等分类。军事思想按照时代区分,有古代军事思想、近代军事思想和现代军事思想;按照阶级性质区分,有奴隶主阶级军事思想、封建地主阶级军事思想、资产阶级军事思想和无产阶级军事思想;按照地域和国家区分,有外国军事思想和中国军事思想;按照人物区分,有孙子军事思想、克劳塞维茨军事思想、拿破仑军事思想、毛泽东军事思想等。在和平时期军事思想的发展则应适应社会生产力和科学技术的发展,积极探索军事领域出现的新情况和新问题,努力使军事思想适应新的历史条件,以保证它对未来战争发挥正确的理论指导作用。

二、军事思想的特征

1. 鲜明的阶级性

军事思想来源于社会实践。在阶级社会中,人们为了各自阶级的利益奉行和推崇的军事思想必然要反映各个阶级对战争和军队建设的认识和立场。因此,不同的阶级、国家和政治集团必然有不同的军事思想。

2. 强烈的时代性

军事思想来源于军事实践。不同历史时期的战争及其他军事实践有着不同的形态和战略战术，有不同的军队组织原则和编制。这种不同时代的军事思想特征往往最能体现当时的生产力水平，并打下了深深的烙印。

3. 明显的继承性

每一种军事思想都是某一历史时期、某一民族或某一地区之内军事实践经验的总结，都有一定的客观性和科学性。在不同的军事思想中都包含着共同的规律和原理。所以，历史上所有形成的具有规律的军事原则、概念和范畴流传下来为后人所用，并不断得以丰富和发展。

4. 广泛的通用性

军事思想和军事领域所揭示的一些事物的普遍规律，所形成的原则、概念和范畴，常常被用于政治、经济、外交及商业竞争和体育比赛方面。

三、军事思想的形成与发展

人类对战争和军事问题的认识，有一个历史发展的过程。从社会发展阶段角度看，军事思想可以划分为古代、近代和现代三个发展阶段。

（一）古代军事思想

军事思想作为独立的意识形态出现，始于奴隶社会。随着社会的进步，战争成为阶级斗争的最高形式，与此同时，人类的思维能力达到了新的水平。日渐丰富的军事经验与逐步提高的认识能力相结合，使人类对战争问题的认识向客观实际越来越靠近，渐渐形成了一些对战争和军事问题的观点和看法。古代军事思想的产生、发展主要集中在两个相对立的区域，即作为古代文明的发源地的中国和地中海沿岸国家，内容包括奴隶社会和封建社会两个时期的军事思想。

中国古代军事思想，发端于夏、商、周三代以前，而产生于三代之时。由于当时没有著书之风和受到诸多条件的限制，并没有多少军事理论著作。春秋战国时期，是中国社会由奴隶制向封建制急剧转变时期，中国古代军事思想步入了发展成熟时期。秦朝统一中国后，建立了封建制王朝，但由于暴政苛民，短命而亡。刘邦建立了汉朝，"汉承秦制"，中国封建社会进入发展时期。汉朝后，经过魏晋南北朝长期分裂割据，隋唐经过长期战争，国家统一。秦汉隋唐时期，吸取了先秦军事思想理论，结合战争实践丰富了军事思想内容，是中国古代军事思想丰富提高时期。宋元明清时期，中国社会步入封建社会后期，中国古代军事思想步入总结深化时期，军事思想呈现出综合性、总体性、丰富性等特点。到了晚清和近代，封建社会已经进入腐朽衰落时期，在继承中国古代传统军事思想的同时，一些思想先进的中国人开始向西方学习，吸取了西方先进的军事理论，以求"师夷长技以制夷"，中国军事思想进入了革新前进时期。

与中国古代军事思想相比，外国军事思想起步晚，缺乏系统的论述。主要包括公元前8世纪至公元5世纪古希腊、古罗马以及中世纪的军事思想。

古希腊时期军事思想的代表性观点概括起来主要有：战争是由根本利害矛盾引起的；战争的目的是为了征服，谋求城邦的霸主地位；战争的胜负取决于政治、经济、军事、精神等条件；作战双方必须对双方的军力、财力、人力等方面的长处和短处进行认真的分析对比；注意激励军队的士气，立足以优势力量建立己方胜利的信心；采取出乎敌人意料的行动，使之惊慌失措。古罗马时期的军事思想源于此又有所发展，主要表现在：战争有正义与非正义之分；把军事作为实现政治目的的工具，而政治又是配合军事行动达到军事目的的手段；通过外交广泛联盟，孤立对手，恩威并举，实现目的；主张以进攻为主，防御为辅；在被迫处于防御地位时，总是通过向敌后等薄弱处进攻，力求改变攻防态势，变防御为进攻；主张建立一支忠于自己的部队，以金钱、土地、建筑等物质利益保证部队的忠诚，以精神鼓励、严格的纪律保持部队的战斗力。

而在随后的中世纪，欧洲军事思想发展缓慢，军事著作很少。主要有拜占庭帝国佚名作者著的《战略》，主要论述战术问题，稍后还有里欧的《战术》。意大利文艺复兴时期，马基雅维利的《战争艺术》等著作，在欧洲军事学术史上起了承前启后的作用。后来，法国的沃邦、萨克斯，奥地利的蒙特库科利等军事理论家的著作，都为资产阶级军事思想的形成创造了条件。

（二）近代军事思想

从1640年英国资产阶级革命到1917年俄国十月革命，为世界近代史时期。世界大多数国家尝试资本主义发展道路，在封建与反封建、资本主义与反资本主义、殖民与反殖民的斗争中，各种性质的战争交织在一起，为近代军事思想的发展提供了土壤。同时，热兵器的广泛应用，使得军事装备较之以前发生了翻天覆地的变化，从而催生出与之相适应的近代军事思想。近代军事思想可以分为两大体系：资产阶级军事思想和无产阶级军事思想。

资产阶级军事思想形成于17世纪中叶到19世纪中叶，这一时期代表性的著作主要有：俄国苏沃洛夫的《制胜的科学》、瑞士若米尼的《战争艺术概论》和《战略学原理》、普鲁士克劳塞维茨的《战争论》、美国马汉的《海权对历史的影响》和《海军战略》等。这一时期主要的军事思想有：反对战争认识问题上的不可知论，提出军事科学的概念；把军事科学区分为战略和战术两个部分；主张探讨战争的本质、规律，研究军队、装备、地理、政治和士气等因素在战争中的作用；重视对战史的研究；认为战争是政治通过另一手段的继续，是迫使敌人服从己方意志的一种暴力行为，具有偶然性，是实现政治目的的工具；认识到民众武装在战争中的重要作用，但民众武装的使用要有条件；重视建立一支反映资产阶级利益的军队；重视和平时期军队建设和战争准备；认识到新发明对于军队的组织、武器装备和战术的影响，装备的变化必然引起战术的变化；认识到作战中士气的作用，因而把思想教育训练放在重要位置；认为海权是推动国家以至历史发展的决定因素，控制了海洋就控制了整个世界；树立歼灭战思想，军事行动的目的是在不设防的野战中消灭敌人的军队，而不是占领敌人的领土和要塞；与歼灭战相适应，大多数军事家都强调进攻，认为只有进攻才能消灭敌人；防御不能是单纯的防御，而是由巧妙的打击组成的盾牌；要在主要方向和重要时刻集中兵力，快速机动是集中兵力的重要途径；认为作战应确立打击重心、保持预备队等原则。

无产阶级军事思想,作为一种崭新的思想体系,在近代确立。19世纪中后期,为适应当时工人运动发展的需要和迎接即将到来的无产阶级的暴力革命,马克思和恩格斯共同创立了马克思主义军事理论。列宁、斯大林处于帝国主义和无产阶级革命的时代。20世纪初期,列宁在领导俄国十月社会主义革命和保卫苏维埃政权的国内战争,斯大林在领导苏联国防建设和夺取苏联卫国战争伟大胜利的实践中,创造性地发展了马克思主义军事理论。这一时期的军事思想主要包括:认为战争和军事是一个历史范畴,随着私有制和阶级的产生而产生、消亡而消亡;要拥护正义战争,反对非正义战争;帝国主义是战争的根源;无产阶级必须用暴力推翻资产阶级建立自己的统治;应组织城市工人武装起义,夺取国家政权;无产阶级夺取政权、巩固政权都必须要有自己的新型军队;无产阶级代表人民利益,有能力有条件把人民武装起来实行人民战争,并强调军队与人民群众相结合;认识到科学技术的进步必然引起战略战术的变革;主张积极防御、主动进攻,慎重决战,灵活机动。

近代中国自1840年鸦片战争后逐步沦为半殖民地半封建社会,当时清政府许多有识之士看到武器装备对于战争胜负的重要性,开始从西方引进先进技术,开办工厂,制造机械。因此,当时军事学术主要是介绍西方武器装备性能和操作的。甲午战争后,清政府意识到仅靠坚船利炮而作战思想落后亦不能赢得战争,于是翻译西方重要军事著作,自行撰写的代表作有《兵学新书》、《军事常识》、《兵镜类编》等。主要军事观点包括:师夷长技,重整军备;依靠民众积极备战;避敌之长,击敌之短;以弃为守,诱敌入险。总之,虽然中国近代晚清政府军事思想成就突出,但晚清的军事变革是在外敌入侵的情况下被迫进行的,缺乏主动性,认识不深刻,有照搬照抄之嫌,因而中国近代晚清的军事思想良莠并存,复杂异常。1905年孙中山建立了同盟会,是国民党的前身,1911年辛亥革命胜利,1919年孙中山恢复国民党组织,后来在共产国际和中国共产党的帮助下,提出了新三民主义,建立黄埔军校,提出了建立革命军的思想。孙中山的军事思想属于资产阶级范畴,由于时代局限性,其军事理论缺乏系统性,未能解决中国革命战争的一系列根本性问题。而中国近代社会资产阶级的代表蒋介石,其军事思想核心是以封建伦理道德为基础的唯心主义战争观,否认战争的阶级属性,战略战术主要是曾国藩和胡林翼的战法和德、日、美等国教范的杂烩,严重落后于近代战争的要求,不但政治上是反动的,军事上也是落后的。

(三)现代军事思想

俄国十月革命及第一次世界大战后,世界进入现代史。这一历史时期,军事技术突飞猛进,武器装备较之从前发生了翻天覆地的变化。雷达、坦克、飞机、航空母舰、远程导弹、精确制导武器层出不穷,热兵器能量的运用从火药转为炸药,进而是原子能量释放,武器破坏力大大增加,作战效能成倍增长,对战争的进程乃至结局影响越来越大。尤其是20世纪90年代以来,人类社会进入信息化战争时代,现代军事思想内容丰富,异彩纷呈。

西方现代军事思想,带有明显的"技术决定论"倾向,虽然提出了一系列重要的军事理论,反映了科学技术所引起的军事变革及引起的军事观念和战略战术变化,但它们都陷入了把战争的制胜因素完全归结为先进的武器装备的误区,这在根本上是错误的。西方代表性的现代军事思想主要有:①空军制胜理论。空军制胜理论又称"空中战争"理论。意大利的杜黑、美国的米切尔、英国的特伦查德被认为是这一理论的先驱,特别是杜黑在其著作《制空权》中认为，飞机的广泛应用，将出现空中战争，空中战争的胜负决定战争结局，为此要建立与陆军、海军相并列的空军。②坦克制胜理论。坦克制胜理论又称"机械化战争"理论。英国的富勒、奥地利的艾曼贝格尔、法国的戴高乐、德国的古德里安等人是这一理论的倡导者，他们认为，装甲坦克是战争的决定性力量，是陆军的主体。大量集中使用坦克和航空兵实施突击，可以迅速突破对方主要集团的防线，深入敌纵深，摧毁战备不足的国家。主张军队改革，建立少而精的机械化部队。③"总体战"理论。德国的鲁登道夫在其著作《总体战》中提到的理论，其主要观点是：现代战争是总体战，它既针对军队，也针对平民，战争具有全民性，强调民族的团结在战争中的重要性。主张实行国民经济军事化。建设一支平时就准备好的军队。重视统帅在总体战中的作用。战争的突然性意义重大，力求闪击对方。"总体战"理论为希特勒在第二次世界大战中的侵略战争提供了理论支持，但由于世界人民的反对及其战争的非正义性，终究没有逃脱失败的命运。④"核武器制胜"理论。第二次世界大战后至1991年苏联解体的"冷战"时期，军事理论的研究往往围绕核武器及高技术的发展，如英国，就以核实力确定军事战略，在杜鲁门时期，美国核力量处于绝对优势，提出核遏制战略，对苏联及其他社会主义国家实施核讹诈。朝鲜战争后，为以最小的军事代价取得最大的威慑力量，美国采取大规模核报复战略。在苏联打破核垄断及越南战争后，美国又分别推行灵活现实威慑、新灵活反应等战略。处于核优势时期，美认为自己能打赢全面核战争，主张削减常规武器，重点发展核武器和战略空军。而苏联打破其核优势、局部战争不断时，美在确保核威慑的前提下，不断发展常规力量，认为核战争会造成灾难性后果，核时代的战争必然是有限战争。

"冷战"结束后，西方各国军事思想呈现不同的特点。美国军事思想的特点是：建立导弹防御系统，确保自身安全；重视质量建军，加强数字化、信息化建设；重视非对称作战、非接触作战，确保自身绝对安全；实施远距离精确打击，力求零伤亡；"9·11"事件后，进一步发展了"空地一体战"思想，强调建设信息化军队，运用联合作战手段，打赢信息化战争。英、法、日、德等国家军事思想的共同点是：采取以维护自身利益为出发点的战略方针；增强军事实力，逐步摆脱对美军事依赖（英国除外），或以其他联盟的方式挑战美国的军事地位；重视发展高技术以带动军事技术的进步；依据各自国情、军队现状，走质量建军的道路，确立与国家和军事战略相适应的军队规模。俄罗斯认为，核战争的可能性大大降低，主要威胁是局部战争和武装冲突；在经济、军事力量弱于美国的情况下，提出了"纯防御"、"积极防御"和"现实遏制"战略；走质量建军之路，明确建军原则、目标，发展太空技术，确保合理够用的核攻击力量等。进入21世纪后，信息化战争成为人类社会的主要战争形态，世界各国的军事变革进一步深化，军事思想理论发展主要围绕建设信息化军队、研究信息化战争特点规律、探索信息化战争的战略战术而展开。

中国共产党在长期的革命战争和国防建设实践中，借鉴古今中外军事思想的有益成果，逐渐形成了毛泽东军事思想、邓小平军队建设思想、江泽民国防和军队建设思想、胡锦涛国防和军队建设思想，实现了中国现代军事思想的不断飞跃。在新世纪新阶段，深化研究和探讨中国共产党的军事理论，跟踪世界主要军事强国军事理论的发展，借鉴其中有益的成分，丰富和发展中国特色的军事理论，是中国军事思想发展的紧迫任务。

四、军事思想的作用

马克思辩证唯物主义和历史唯物主义认为，物质决定意识，意识对物质具有能动作用。就军事领域而言，军事实践决定军事思想，军事思想又对军事实践具有能动的反作用。军事思想指导着一个国家的军备和战斗力量的发展，军事思想的正确性决定了一个国家在未来的战争中的胜负。没有先进军事思想的国家，在未来的战争中就不可能取胜。

（一）军事思想是军事实践的根本指南

军事思想是军事实践的能动反映、理论概括，揭示了军事领域的一般规律，是军事实践的行动指南。军事思想对军事领域的规律反映得愈深刻、愈正确，它对军事实践的指导作用也就愈大，人们就可以在战争中掌握主动，少犯错误，多打胜仗。在战争史上，每一次取得伟大胜利的战争，都有正确的军事思想作指导。没有正确的军事思想作指导，即使具备取得战争胜利的物质条件，也难以赢得战争胜利。人类一系列伟大的战争实践证明，在客观物质条件许可的范围内，军事思想正确与否决定着战争的胜败。

（二）军事思想是研究各门具体军事学科的理论基础和根本方法

在军事理论科学研究领域中，基础理论研究和应用理论研究是它的两个基本组成部分。与此相对应，大体分为军事思想和军事学术两个门类。军事思想作为军事科学的基础理论，为应用理论研究指明方向，确定基本的原则和方法，使其具备坚实的理论基础。而应用理论研究则是基础理论研究的深化，是军事思想的具体应用。研究军事学术，如果没有正确的军事思想为指导，就不可能有正确的方向和道路，就不能对现实问题及其发展趋势做出正确的分析和判断，就找不到解决问题的正确途径和方法。

军事思想对其他学科的指导，首先体现在提供基本的军事观，或者说揭示一般规律上。毛泽东揭示了战争的军事本质是"保存自己，消灭敌人"，这是战争的基本规律，它贯彻于战略战役战术的始终。其次体现在提供正确的方法论上。毛泽东强调战略、战术计划的制定，要遵循用力省而成功多，强调要立足于最困难情况往最好处努力等。这些方法原则，是我军指挥员战略、战役和战术决策的基本方法。

（三）军事思想对其他社会实践有着重要的借鉴意义

军事思想是战争和军事规律的总结，而战争和军事活动，都是社会实践活动，因此军事思想本质上也是社会实践活动规律的反映，因而对政治、经济、外交等各个领域的社会实践都有借鉴指导作用。例如，孙子兵法应用到了商战和体育竞争等各个领域；毛泽东的"战略上藐视敌人，战术上重视敌人"，这在各个领域中也是适用的。因为做任何工作，既要有成功的信心，同时又要有成功的办法。藐视和重视的辩证法，是敢想敢干的精神和实事求是的科学态度的基本规律的高度概括。军事思想中关于战略和战役的关系，要求人们也必须正确处理全局和局部的关系。"战略"概念的运用，早已跨出军事范围，出现了政治战略、外交战略、经济发展战略、农业发展战略、城市发展战略等，体育比赛中重视对进攻和防御战术的研究和运用，市场竞争中借鉴军事思想提出的许多巧妙的策略和艺术等，都说明军事思想对其他领域具有广泛的借鉴意义。

总之，军事思想既是军事斗争规律的科学反映，又是人类社会实践和竞争、对抗的大智慧,是人类生存与发展的总体线索,也是各国和各民族战略文化传统及思维方式的传承。因此,不管做什么工作,不管研究什么问题,都应该自觉地从军事思想中吸取营养,增强我们工作的原则性、系统性、预见性和创造性。

第二节 中国古代军事思想

中国古代军事思想,指我国奴隶社会、封建社会历史时期,各阶级、各政治集团及军事家、论兵者对战争和军事问题的理性认识。是中国军事思想的重要组成部分,它与一般意义上的军事思想有着共同的本质属性,其内容已经涉及战争观、战争指导思想和建军思想等一些带有根本性的问题。

一、中国古代军事思想的形成与发展

中国古代军事思想是随着社会的进步、武器装备的更新、战争的发展而不断成熟的。概括起来可以划分为以下几个主要历史阶段。

（一）我国古代军事思想的初步形成阶段

人类战争起源于原始社会,是萌芽形态的战争,还不是具有阶级性质的战争。中国古代军事思想最早出现在公元前21世纪至公元前8世纪的奴隶制时期,出现了军队和真正意义上的战争,军事思想开始萌芽并逐渐成为专门学科。当时专门研究军事的著作有《军政》、《军志》等,已经失传。成书于战国时代的《司马法》,是夏、商、周三代战争经验的总结,其中也包括春秋和战国前期的军事理论成果。奴隶社会时期的军事思想,已经把军事视为维护奴隶主阶级统治的特殊手段。战争观方面,到西周时期虽然已经提出了"敬天保民"的观点,但以宗教迷信为基础的"天命观"仍是战争观的核心。作战指导思想方面,强调以车战为主体,强调严格纪律约束下的密集队形作战,强调稳扎稳打,发挥整体威力。作战指导的灵活性增强,主张因敌、因地、因势而战。

（二）中国古代军事思想趋向成熟

从公元前8世纪初到公元前3世纪末,历时500年左右,是我国历史上的春秋战国时代。这一时期,我国从奴隶制向封建制过渡,是我国古代政治、经济、文化、科技大发展的时期,也是中国古代军事思想大繁荣的时期。由于阶级矛盾的不断深化,使战争连绵不断,战争规模扩大,战争频繁而形式多样,涌现出许多杰出的军事家和军事著作,其中最著名的是春秋末期孙武的《孙子兵法》。它是现存最早、影响最大的中国古代兵书,是新兴地主阶级军事理论的奠基作,标志着中国古代军事思想的成熟,成为后世兵书的典范。到了战国时期,又出现了《吴子》、《司马法》、《孙膑兵法》、《六韬》、《尉缭子》等兵书。春秋战国时期,已经形成了较为完整的朴素唯物论战争观,认为战争的起因是社会矛盾激化的产物,而不是"皇天降灾",已经看到战争的胜负是由政治、经济、军事、外交等基本因素综合决定的。对待战争的性质、对待战争的态度更加明确,强调支持正义战争,反对非正义战争。在战争指导上,提出了知彼知己、未战先算、伐谋伐交、以智使力

等原则。在治军方面，提出治兵以教诫为先等。

（三）中国古代军事思想的丰富和发展

公元前3世纪初至公元10世纪中叶，是中国封建社会发展的上升阶段。这期间主要经历了秦、汉、晋、隋、唐等几个大的统一封建王朝，虽然也有过短暂的分裂，但总的趋势是统一与发展。其中汉、唐两代是中国封建社会发展的盛世。秦自公元前230年至前221年，经过10年统一战争先后兼并六国，建立了第一个中央集权的封建国家，标志着中国封建社会进入了一个新的历史阶段。这一时期的军事思想，是对先秦军事思想的全面继承，并结合时代特点又进一步地丰富和发展，是中国古代军事思想史上承前启后的历史阶段。这一时期比较有代表性的兵书有《黄石公三略》、《李卫公问对》、《淮南子·兵略训》、《太白阴经》、《长短经》等。西汉时期把兵书分为兵权谋、兵形势、兵阴阳、兵技巧四大门类，初步形成了古代的军事学术体系；战略思想日臻成熟。先秦兵书已经提出了若干战略思想，但战前明确提出战略方针还没有先例。从秦统一六国战争开始，已经提出了明确的战略指导方针。如秦提出的"远交近攻，各个击破"，楚汉战争中提出的"就国汉中，还定三秦，以图天下"，及诸葛亮的《隆中对》等。这一时期，战略防御思想更加完善，除了修整长城，筑墙设守，把"筑城置戍"与战略进攻相结合外，还采取了固边与睦邻并用的防御思想；深化了先秦的用兵原则。如兵书《李卫公问对》，开创了结合战例研究兵法的先例，对战略持久问题提得更加明确，对先秦军事思想中有关奇正、虚实、攻守、主客、分合等重大问题，做出了新的探索，对这些军事辩证法范畴的理解更加科学；秦以后进入了以铁兵器为主的时代，东汉则完全淘汰了铜兵器，骑兵成为战争力量的主角，舟师水军参战更多，这就要求作战指挥必须加强步、骑、水军的配合作战，在多兵种配合的作战中，战争谋略和指挥艺术达到了前所未有的高度。

（四）中国古代军事思想的体系化

从公元960年到1840年，历经宋、元、明、清（前期）四个朝代。这一时期，中国封建社会已进入阶级矛盾激化、统治阶级内部矛盾深化的时期，当政者为了维护其统治，确立武学在整个社会的正统地位，开办武学，设立武举，发展军事教育。据《中国兵书总目》统计，这一时期兵书共计1815种，占中国古代兵书的四分之三，涵盖了军事思想的方方面面，形成了比较系统的军事思想体系。

武学开始纳入国家教育体系。宋仁宗时期就已经开办了"武学"，但未能坚持。宋神宗时期，把《孙子兵法》、《六韬》、《三略》、《尉缭子》、《司马法》、《李卫公问对》、《孙膑兵法》等七部兵书作为武学必修课程，统称"武经七书"。军事思想研究向体系化发展。这一时期，逐渐形成了由不同的兵书组成的军事学术体系，如第一部军制史专著《历代兵制》、第一部名将传记《百将传》、第一部专门军事类书《武经总要》、第一部军事地理学专著《读史方舆纪要》等。在积极防御与消极防御两种军事思想的长期斗争中，在沉痛的战争教训面前，对积极防御思想有了更加深入的认识，积极进攻、远程奔袭的战略思想进一步发展，而且由于热兵器逐步广泛应用于战争，冷热兵器并用的军事思想开始形成。在作战方法上，逐步出现了火力准备、火力突袭和拦阻射击等战法。总体上来看，明清时期从军事思想高度认识火器在战争中的作用是不够的，一些兵书不太注意从军事思想的高度总结火器条件下的作战经验，过分看重冷兵器时代的军事原则。

二、中国古代军事思想的主要内容

中国古代军事思想博大精深，内容繁多，可以从战争论、战备论、治军论、用兵论、将帅论等方面进行概括。

（一）战争论

古人认识战争现象，以当时战争本质暴露的程度为基础，从各自的立场出发，对战争的起源、起因、性质、作用，对待战争的态度，战争与政治、经济等条件等因素的关系中，从总体上提出和形成了初步的看法，这就是古代朴素的战争观。可以大致分为四个方面。

（1）战争本质观。战争本质观是古人对战争究竟是何物，它起源于什么时候，引起战争的动因是什么等问题的总体性的认识。关于战争本质的观点主要有："兵者，凶器也，战者危事；兵者，国之大事也；兵者，诡道也；兵者，文武也；兵者，权也；兵者，刑也；兵者，拨乱之神物也；兵者，礼义忠信也。"关于战争起源的观点主要有："与民皆生论"，认为战争是人类与时俱来的，有了人类时就有了战争，战争的根源在于人的本性，起源于"生存竞争"；太古无兵论，认为战争并不是自有人类以来就有的，战争是人类发展到一定历史阶段的产物。关于战争起因的观点主要有"天命论"、"本性论"、"人口论"。"天命论"认为战争是"皇天降灾"、"天讨有罪"，发动战争是为了"奉行天之罚"；"本性论"认为"人生而有欲"，如果欲望不能满足，则必然引起战争；"人口论"认为，古时候人少、财物多，所以没有争斗和战争，后来人口不断增多，社会财富相对减少，人们为了争夺生存条件就发生了战争。

（2）战争和平观。即古人关于战争与和平的认识，关于战争性质、对待战争的态度。关于战争与和平的认识主要有："安不忘战，忘战必危；兵凶战危，好战必亡。"关于战争性质的认识认为战争有"义"与"不义"之分；关于对待战争的态度主要有：偃兵废武论、穷兵黩武论、义兵慎战论。"偃兵废武论"是一种"忘战"的理论，这种观点认为兵是凶器，争是逆德，因而主张"去武行文"，"偃武修文"；"穷兵黩武论"是一种"好战"的理论，这种理论的信奉者将战争带来的好处推向极端，他们只见战争的"利"而看不见战争的"害"；"义兵慎战论"认为，战争并不是绝对的坏事，对战争要具体分析，明确表明要支持正义战争，反对非正义战争。

（3）战争经济观。即关于战争与经济关系的认识。首先，战争依赖于经济。战争无不受经济条件的制约，孙子以形象、直观的语言表达为"兴师十万，日费千金"。其次，经济是基础。经济是进行战争的基础，《孙膑兵法》明确指出："富国是强兵之急"，认为富国才是强兵之根本。最后，重视经济斗争。古人揭示了经济对军事的基础作用和战争对经济的依赖关系，因此在战争指导上不仅重视军事实力的较量，而且重视经济斗争，以经济实力的消长，转换敌我态势，直至战胜敌人，这就是古人所谓的"以战养战，战胜而益强"。

（4）战争政治观。即关于战争与政治的关系方面的认识，提出了军事从属于政治，文事武备不能偏废，重士爱民是胜利的基础等一些基本观点。如《淮南子》继承了先秦诸子的思想，精辟地指出："兵之胜败，本在于政。"以"政"表述政治，概念更加明确，而且高度概括了中国古代军事思想中关于政治是战争胜负的决定性因素这一根本观点。中国古代把文、武称为左辅右弼，作为治国的两大支柱，强调搞政治斗争，必须有军事作为后盾，搞军事斗争，必须以政治为基础。

（二）战备论

中国古代军事思想中关于战备论的观点，既唯物，又辩证，其主要内容有以下两方面。

（1）战备的内容。从我国古代兵学典籍中可以看出战备工作的主要内容：

第一，政治上备战。古人认为一个国家的战守存亡，政治状况如何，具有决定性意义，因此古人主张战备工作首先要从政治开始。

第二，经济上备战。国富才能强兵，国贫必然兵弱，因此兵家都把"富国"提到战略地位上来考虑。

第三，思想上备战。《吴子》指出："安国之道，先戒为宝"，反映了中国古代兵家历来十分重视思想上的战备工作。

第四，军事上备战。一个国家要在战争中取胜，必须建立一支强大的军队，有一个巩固的国防，因此军事上搞好战备就成了战备的核心。

第五，外交上备战。外交活动，可以说是战争爆发前的政治前哨战，在战争过程中，外交活动也是一种重要的斗争形式和手段。

（2）战备的基本原则。古代兵家提出的关于战备的基本原则，主要内容有：

第一，超前性原则。强调立足现实，见微知著，能未雨绸缪，防患于未然，超前做好准备。

第二，超盖性原则。我国古代的军事家、政治家认为战备的最高标准和目标，就是在政治、经济、军事、技术等各有关决定战争胜负的诸因素方面，都要占有绝对优势，全面地超过敌人，盖过敌人。

第三，相称性原则。强调战备规模与水平必须同国力相适应。

第四，求己性原则。即要取得战争胜利，不能靠别人，只能依靠自己加强战争准备。

第五，隐蔽性原则。强调要注意备战的隐蔽性。

第六，平战结合原则。把战争行动同平时的生产活动相结合，耕战并重，平战结合。

第七，整体性原则。强调战备必须从各个方面同时进行，全面地进行备战。

（三）治军论

治军论是中国古代军事家和军事论著者对军队建设问题的理性认识，是我国古代军事思想的重要组成部分。

（1）国以军为辅。自从有国家出现以后，任何一个政权的建立和巩固，都要依靠军队，古人很早就认识到军队是国家政权的主要组成部分，是维护国家统治的工具。因此，古代军事思想中形成了国以军为辅，辅强则国安的传统军事思想。

（2）军以民为本。军队来自人民群众，群众是军队的力量源泉和靠山。这种认识，无论是古代还是当代，都是一脉相承、完全相同的。如明代沈炼提出："有民则有兵，无民而兵不可为也。"

（3）凡兵，制必先定。古人从战争实践过程中，从军队建设实践中认识到，健全军制是治军的一个重要问题。早在春秋末期，孙武就指出："治众如治寡，分数是也。"即是讲治理军队靠的是组织编制。

（4）凡胜，备必先具。古人从战争实践中认识到，武器是战争的重要物质力量，特别是一些新兵器的出现，对战争往往产生重大的影响，因此古人治军非常强调武器的生产及改进提高。戚继光的《纪效新书》中明确指出："有精器而无精兵以用之，是谓徒费；有精兵而无精器，是谓徒强。"这是古人对人和武器关系最古朴的认识，已反映出"精兵"与"利器"不可偏废的思想。

（5）兵不在众，以治为胜。战争是力量的竞赛，强者战胜弱者，这是不言而喻的。然而力量强弱不完全取决于军队数量多少，还取决于质量。古人是通过强调加强训练、加强道德教育、严明法令等手段来达到治军目的。

（四）用兵论

用兵理论是中国古代军事思想的重要组成部分，古人通称为"用兵之法"、"兵道"等。

（1）用兵之道，先谋为本。这是一个千古不变的军事规律。几千年来，中国历代兵家将这个原则作为自己的优良传统，如《孙子兵法》开篇就强调"庙算"，《鹖冠子》中强调"备必预具，虑必先定"，诸葛亮强调"夫用兵之道，先定其谋"，岳飞讲"勇不足恃，用兵在先定谋"，等等，这些都反映出古人用兵注重先定谋略、战略、策略的特点。

（2）先胜而后求战。古人非常强调在了解彼此双方情况的基础之上，做好充分准备工作，有胜利的把握才去和敌人交战，从而把胜利的可能变成现实。

（3）兵之情主速。进攻速胜是古今中外兵家用兵的共同法则，也是中国古代兵家用兵的一个鲜明特点。孙武指出："兵贵胜，不贵久，久则顿兵挫锐，屈力殚货，兵闻拙速，未睹巧之久也。"《兵品三十六字·迅》强调："时不再来，机不可失，则速攻之，速围之，速逐之，速持之，靡有不胜。"

（4）致人而不致于人。在战争指导上，古代兵家认识到战争主动权的重要性，强调要能调动和左右敌人，而不被敌人调动和左右。孙武提出"致人而不致于人"的重要原则，把战争主动权看成是最重要最核心的内容。

（5）因机立胜。所谓因机立胜，是指要根据战争多变的客观实际，制定和运用主观指导原则，要按照不断变化的情况，适时地捕捉战机，正确使用兵力和灵活地变换战法。孙子强调："兵形象水，水因地而制流，兵因敌而制胜。"

（6）攻是守之机，守是攻之策。用兵打仗不外乎进攻和防御两种基本类型。古代兵家非常重视进攻，如《尉缭子》中认为："权先加人者，兵不力交；武先加人者，敌无威接"，即认为进攻是兵家之上策。但是古代兵家也不轻视防御。如《草庐经略》中强调："既以守以待攻，复以战而乘敌。"

（7）激人之心，励士之气。战争胜负，取决于物质因素，同时也取决于精神因素。《太白阴经》指出："激人之心，励士之气"，即所谓的治心治气。

（五）将帅论

战争的胜负，从根本上说取决于民心的向背，兵民是胜利之本。那么将帅在战争中处于什么地位，起到什么作用呢？将帅又应当具备哪些条件及如何合理使用呢？这是古代军事思想中将帅论思想要研究的问题。主要包括以下几方面。

（1）将帅的地位作用。首先，古人认为"将者，国家安危之主也"，充分肯定了将帅在战争中的重要作用。如古人认为"将者，心也"，在军队这一有机系统中，将帅好比一个人的"心"，士兵好比人的"四肢身体"。"心"、"体"相连，不能分割，但又相互区别、相互制约。但将帅处于"心"的地位，是军队的大脑和指挥中心，所以在战争中起着关键性作用。其次，古人认为"将者，成败之所系也"，高度强调了将帅的地位。如《孙子兵法》中指出："知兵之将，民之司命，国家安危之主也。"

（2）将帅应具备的条件。由于战争本身的特殊性，将帅在战争中所处的关键位置，战争的胜负直接关系到国家的生存，因此，历代兵家都十分重视研究将帅应具备的条件，从不同的角度提出了要求和标准。如《孙子兵法》开篇就提出将帅必须具备的五个条件："将者，智、信、仁、勇、严也"，后人把它称为"五德"。

（3）将帅选拔任用。主要有以下原则：

第一，全面性原则。司马光等人主张"才者，德之资也；德者，才之帅也"。强调在选将时要德才兼备，以德为先。

第二，实践性原则。历代兵家在任用将帅上，都强调一定要选拔有实践经验、有实际指挥能力的人担任将帅。

第三，优化性原则。坚持人才使用上用其所长，不用其短，量才而用，优化组合。

第四，专任性原则。强调对经过考验确信其忠诚和具备统兵作战能力的人才要大胆使用，并赋予机断指挥的全权，不能轻易地过多地干预其行使权力。

第五，开放性原则。政治家和兵家都提出"不论贵贱，唯才是举"、"不论亲疏，唯能是用"，甚至打破国家界限，"不拘一国，唯才是用"。

第六，辩证性原则。《吕氏春秋》指出："以人之小恶，亡人之大美，此人主之所以失天下之士也。"《汉书·陈汤传》中也强调："论大功者不录小过，举大美者不庇细瑕。"

三、《孙子兵法》简介

《孙子兵法》一书，是孙武根据春秋时代中国社会由奴隶制开始向封建制转变，奴隶起义、平民暴动、诸侯争霸、兼并战争频繁的现实，总结概括而撰著的。孙武字长卿，为春秋末期齐国乐安人（今山东惠民县）。据考证，1972年山东临沂银雀山汉墓出土的《孙子》竹简，和1978年7月青海大通县上孙家寨西汉木简《孙子》的出土，进一步肯定了春秋末期的孙武著有兵法。《孙子兵法》共计十三篇，6 000余字，篇次有序，立论有体，就其内容而言，是一部独立完整的兵书，标志着独立的军事理论著作从此诞生，在世界军事史上具有划时代的意义。

（一）《孙子兵法》的影响

《孙子兵法》对后世产生了巨大影响，中国历代军事家无不重视对其的研究与应用。

我国历史上曾有许多兵家和文人注释《孙子兵法》，明代茅元仪曾经说过："前孙子者，孙子不遗；后孙子者，不能遗孙子。"中国现代革命的先驱孙中山先生对《孙子兵法》评价极高："就中国历史来考究，两千多年的兵书有十三篇，那十三篇兵书，便成为中国的军事哲学。"我党老一辈革命家毛泽东、朱德、刘伯承和叶剑英等都十分重视对《孙子兵法》的学习和研究。

《孙子兵法》在国外也是久负盛名。在唐朝初期，《孙子兵法》就已传入日本，18世纪下半叶传入欧美等国。目前世界上已经有20多种语言的《孙子兵法》译本。越南战争后，以美国为首的西方国家由对武器装备的追求转而逐步重视对战略等军事理论的研究，美国非常重视《孙子兵法》中的军事原则，如"知己知彼，百战不殆"，"攻其不备，出其不意"等，被列入《美军作战纲要》中，以指导美军的作战和训练。

《孙子兵法》在许多社会领域同样有着广泛影响。在哲学界，《孙子兵法》被公认为是一部有价值的著作，因为它全文充满了朴素的唯物观和辩证法。近年来，对《孙子兵法》的研究与应用几乎遍及各个领域。它极大地吸引着政治家、哲学家、文学家、历史学家、企业家甚至商人争相拜读。军事家称之为"兵学圣典"；文学家评之为"不朽不灭的大艺术品"；哲学家颂之为"人生的哲学"；政治家视之为"政治秘诀"、"外交教科书"；医学家赞之为"治病之法尽之矣"；商人称《孙子兵法》提供了商战的"全赢战略"和智慧。

总之，《孙子兵法》是人类军事思想史上的一座丰碑，不但在古代和近现代深刻影响了中外军事思想的发展，而且深刻影响了人类对战争的认识和实践。今天，《孙子兵法》依然是值得认真学习和研究的军事教科书，对于我们驾驭信息化战争，指导和谐世界的构建，都具有重要的指导价值。

（二）《孙子兵法》的军事思想

《孙子兵法》共十三篇，分为四个部分。第一部分包括《计篇》、《作战篇》、《谋攻篇》，内容大体都属于现代所谓的大战略，或国家战略的层次，不过还是把军事战略包括在内，并以此为主题，可以称之为战略通论，代表了孙子战略思想的最高境界。第二部分包括《形篇》、《势篇》、《虚实篇》，内容大体可以代表孙子对于所谓战争艺术的全部思想体系，我国古代把它称为"用兵"，现代西方则称为作战，这一段也可称为将道，也的确具有高度的艺术风味。第三部分包括《军争篇》、《九变篇》、《行军篇》、《地形篇》、《九地篇》、《火攻篇》，这一部分跨越不同的层次，但讨论的多为层次较低的问题，诸如战术、后勤、技术、地理等。对于研究战略的重要性相对较低，但其中也有许多发人深思的名言，特别值得注意。第四部分为《用间篇》，其讨论的主题为情报。把情报提升到战略层次，实为孙子思想体系中的最大特点。而其全书在结构上是以计划为起点，以情报为终点，而情报是计划的基础。于是全书前后连贯，有头有尾，形成完整的思想体系。

关于《孙子兵法》的军事思想体系，有不同的概括，主要包括以下几个方面。

（1）战争论。主要包括重战、慎战、备战思想，以及对战争与诸因素的关系的论述。

（2）治军论。主要包括将帅的选用和军队管理两方面的问题。一是将帅的选用。孙子把将作为"五事"和"七计"的内容之一，强调将帅的作用。把选拔将帅的标准定为"智、信、仁、勇、严"五德。强调将帅要有不计名利、不避责任的道德品质，有足智多谋的智慧头脑，有冷静和严谨的作风，有唯"道"而不唯"上"的精神品格，以及将帅应该克服"五危"加强自身品格修养等。二是军队管理。孙子关于军队管理的思想主要是强调政治建军（"令民与上同意"），强调"令之以文，齐之以武"，宽严相济，以法治军，重视"分数"、"形名"，强调军队的组织编制和作战指挥。

（3）用兵论。孙子的用兵思想主要包括战略思想和战术思想两部分。孙子的战略思想主要包括：重视和强调知彼知己，先计先算，全局筹划。强调充分准备，未战先胜；强调以"全"争胜，不战而屈人之兵；强调进攻速胜，反对持久作战；强调因粮于敌，战胜而益强。孙子的战术理论主要包括：致人而不致于人，争取战争主动权。因敌制胜，灵活用兵；出奇制胜；击敌之虚；以利动敌；攻其无备，出其不意；攻其必救；以众击寡；诡道制敌；避其锐气，击其惰归；半济而击；以火佐攻；齐勇若一，首尾相顾等。

（4）军事哲学思想。孙子的军事哲学思想主要包括朴素的唯物论思想和原始的辩证法思想。孙子的唯物论思想主要体现在：反对天命，注重人事，提出"先知者不可取于鬼神"，"必取于人"；在认识外界"知"的基础上，谋划战争和预测胜负；把战争胜负建立在"经之以五事，校之以计"，即双方力量强弱对比的物质基础上。孙子的辩证法思想主要体现在：孙子认识到战争制胜因素是普遍联系的，"道、天、地、将、法"相互依存相互补充；战争有规律可循，一切都应按"战道"行事；战争是彼己、胜负、众寡、分合、奇正、虚实等的对立统一；孙子看到矛盾的普遍性，又看到矛盾的特殊性，强调用不同的方法解决不同的矛盾；强调要分清主要矛盾和次要矛盾，抓住主要矛盾解决战争问题；强调"杂于利害"，即全面看问题，兼顾矛盾的各个方面；认识到战争矛盾是不断发展变化的，强调要做到"战胜不复，而应形于无穷"；认识到事物的发展是迂回曲折的运动，强调指导战争要善于"知迂直之计"，"以迂为直，以患为利"；认识到战争矛盾在一定条件下相互转化，强调发挥人的主观能动作用等。

《孙子兵法》不但有完整的军事思想体系，而且各篇亦独立成章，各有主题。其各篇内容为：

第一篇《计篇》是全书之纲，总论制胜之道，包括决定战争胜负的基本因素和战争中的制胜方法两个方面，主张对战争进行综合运筹和总体谋划，机动灵活地作战用兵，提出了以"五事"、"七计"为主的战略谋划内容和"兵者诡道"的战争指导原则。中心思想是：审己量敌，料胜决策。

第二篇《作战篇》论述战争准备问题，强调了战争旷日持久给国家带来的危害，在此基础上提出了速战速决、"因粮于敌"等思想。中心思想是：兵贵胜，不贵久。

第三篇《谋攻篇》论述以计谋攻敌的问题，提出了"不战而屈人之兵"的全胜战略思想，揭示了"知彼知己，百战不殆"等战争指导规律。中心思想是：以智谋胜敌。

第四篇《形篇》论述实力对比决定战争胜负的问题，提出了"修道保法"、"立于不败之地"、"先胜而后求战"等思想。中心思想是：积蓄军队的作战力量，使自己立于不败之地，然后寻机战胜敌人。

第五篇《势篇》论述战势变化和造势用势问题，提出了"奇正相生"、"势险节短"、"择人而任势"等思想。中心思想是：充分发挥军队的作战力量，有效地打击敌人。

第六篇《虚实篇》论述作战用兵的主动性和灵活性问题，提出了"致人而不致于人"、"形人而我无形"、"避实而击虚"、"兵无常势"、"因敌变化而取胜"等思想。中心思想是：避实击虚。

第七篇《军争篇》论述作战中争取先机之利的问题，提出了"以迂为直，以患为利"、"避其锐气，击其惰归"、"夺气"、"夺心"等指导原则和方法。中心思想是：争取先机之利。

第八篇《九变篇》论述作战指挥的机动变化问题，主张将帅应根据客观情况实施灵活的指挥，同时对将帅提出了"五危"的警告。中心思想是：随机应变，灵活用兵。

第九篇《行军篇》论述不同地形条件下军队行动（包括作战、机动、宿营等）的原则和方法，总结了观察判断敌情的"相敌"之法，同时提出了"兵非益多"、"令文齐武"等治军思想。中心思想是：因地处军，视情相敌。

第十篇《地形篇》具体论述了六种地形条件下用兵的方法，以及军队的六种失败情况及其原因，特别强调了将帅的责任，提出将帅要具有"进不求名，退不避罪，唯人是保，而利合于主"的品质。中心思想是：利地便势，因地制胜。

第十一篇《九地篇》论述进攻作战中九种地理环境对军队心理的不同影响，据此提出了相应的作战原则和处置方法。中心思想是：进攻要掌握九地之变、人情之理和决胜之法。

第十二篇《火攻篇》论述以火攻敌的问题，包括火攻的种类、条件、方法等，同时强调了慎战思想。中心思想是：以火佐攻。

第十三篇《用间篇》从战略上强调了掌握敌情的重要性，具体论述了掌握敌情的重要方法——使用间谍问题，包括间谍的类别、用间的原则和方法等。中心思想是：使用间谍了解敌情。

当然，《孙子兵法》作为2 500多年前诞生的兵书，虽然具有博大精深的军事思想体系，但也难免有其局限性。如战争观方面未能区分战争的性质；治军方面有愚兵政策；军队补给方面有抢掠政策；作战指导方面片面强调一些作战原则等。但不能否认《孙子兵法》具有穿越时空和国界的独特魅力及科学价值，它是我国乃至世界军事理论宝库中最宝贵的军事文化遗产，我们应当很好地挖掘《孙子兵法》的思想精华与智慧启迪，指导人类科学地驾驭信息化战争，为构建和谐世界服务。

第三节 毛泽东军事思想

毛泽东是一位伟大的无产阶级革命家、战略家、军事家和理论家，是中国共产党、中国人民解放军和中华人民共和国的主要缔造者和领导者。在长达半个世纪的军事实践活动中，以毛泽东为代表的中国共产党人，不断探索中国革命战争的规律，全面总结我军建设和作战的丰富经验，并运用马克思主义的原理将其系统化、理论化，形成了一个完整的军事思想体系——毛泽东军事思想。毛泽东军事思想是我军的建军之魂、立军之本、制胜之道，是我国国防和军队建设及军事斗争的根本指导思想。不仅过去是指导我军战胜强大敌人的锐利武器，而且现在和将来仍然是指导我国国防和军队建设的理论指南。因此，在新的历史条件下，学习和研究毛泽东军事思想，完整准确地掌握其科学体系，并用其指导当前和今后的军事斗争，具有极其重要的意义。

一、毛泽东军事思想的科学含义

毛泽东军事思想这一科学概念，有其特定的内涵，即："毛泽东关于中国革命战争、人民军队和国防建设以及军事领域一般规律问题的科学理论体系。它是毛泽东思想的重要组成部分。它是马克思列宁主义普遍原理与中国革命战争和国防建设实际相结合的产物，是中国共产党领导中国人民及其军队长期军事实践经验的科学总结和集体智慧的结晶，同时也多方面汲取了古今中外军事思想的精华，是中国共产党领导中国革命战争、军队建设、国防建设和反侵略战争的指导思想。"

（一）毛泽东军事思想是马克思列宁主义军事理论与中国革命战争实践相结合的产物

旧中国是一个半殖民地半封建国家，革命的主要斗争形式是战争，主要组织形式是军队。无产阶级政党要组织军队，进行革命战争，并取得胜利，需要解决许多特殊而复杂的问题，在马列著作中找不到现成的答案，照抄照搬别国的经验，也是不能获得成功的。以毛泽东为代表的中国共产党人，适应中国革命战争的需要，在长期革命战争实践中，创造性地运用马列主义科学原理，正确解决了这些问题，因而形成了具有中国特色、发展了的马列主义军事理论——毛泽东军事思想。

（二）毛泽东军事思想是中国人民革命战争和国防、军队建设实践经验总结

中国革命武装斗争的伟大实践，是毛泽东军事思想赖以产生、形成、发展的源泉和基础。中国共产党在领导中国革命武装斗争中，经历了国共合作的北伐战争、独立领导的土地革命战争、抗日战争和解放战争，推翻了帝国主义、封建主义和官僚资本主义的反动统治，建立了中华人民共和国。这场革命武装斗争，其时间之长，规模之大，情况之复杂，道路之曲折，内容之丰富，形式之多样，取得胜利之辉煌，在中外战争史上都是罕见的。新中国成立后，又进行了抗美援朝战争，抗击苏联、印度、越南等国侵犯我国边境的自卫还击作战，并从多方面进行了以现代化为中心的国防、军队建设。毛泽东军事思想就是在以上中国革命武装斗争、国防与军队建设实践经验基础之上的科学概括。中国革命武装斗争实践，是毛泽东军事思想产生和发展的客观基础，毛泽东既具有丰富的历史知识，又是集军事统帅和军事理论家于一身的党和国家领导人，因此他不仅可以从长期亲身参加和领导的战争实践中总结经验上升为理论，而且有条件运用这些理论去指导战争实践，并在实践中反复检验这些理论，丰富发展理论，成为科学的理论体系。

（三）毛泽东军事思想是中国共产党人集体智慧的结晶

毛泽东军事思想这一科学思想体系，有主要代表人物，但又不仅仅是哪一个人的思想。毛泽东作为中国无产阶级军事理论的奠基人和集大成者，对这一思想体系的创立和发展起了主要作用，我党、我军的军事思想以他的名字命名是恰当的，他也是当之无愧的。但毛泽东只是这一思想的主要代表，这一思想从整体上来说，是群众智慧的结晶。因为毛泽东军事思想是中国革命战争实践经验的总结，进行这个实践的，是老一辈无产阶级革命家和广大人民群众这一群体。探索规律、发现真理的，不仅仅是毛泽东一个人。一方面，

伟大的中国革命战争造就了一大批卓越的无产阶级军事家，如朱德、周恩来、叶挺、彭德怀、刘伯承、贺龙、陈毅、邓小平等，他们在创建人民军队和领导历次革命战争中，都建立了不朽的功绩，也为中国革命军事思想的建立和发展做出了卓越的贡献。另一方面，中国共产党实行的是集体领导，党和军队关于战争问题的许多重大决策和重要理论观念的形成，都可以说是领袖集团集体智慧的体现，是人民群众的共同创造。

（四）毛泽东军事思想是毛泽东思想的重要组成部分

毛泽东军事思想在整个毛泽东思想体系中占有极为重要的地位。党中央《关于建国以来党的若干历史问题的决议》，在对毛泽东的历史地位和毛泽东思想的评价中，高度赞扬了毛泽东对马克思主义军事理论的杰出贡献，并指出，毛泽东军事思想是对马克思列宁主义军事理论的极为杰出的贡献，特别是他论述中国革命战争问题的重要著作，提供了在实践中运用和发展马克思主义认识论和辩证法的最光辉的范例。我党在新中国成立以前的历史，实际上就是一部武装斗争史，夺取军事斗争胜利成了突出的问题，这要求以毛泽东为代表的中国共产党人，必须以主要的精力去研究军事。毛泽东的军事实践活动，是他一生中最光辉、最成功的部分，因而在他的全部理论研究中，军事理论的创造和论著占有重要的地位。

二、毛泽东军事思想的主要内容

毛泽东军事思想产生于中国革命战争的实践，反过来能动地指导革命战争的实践，并随着战争实践的发展而不断受到检验和发展。毛泽东军事思想的形成和发展，是同中国革命战争的发生、发展和胜利以及同党内"左"、右倾错误的斗争紧密联系在一起的。新中国成立之后，毛泽东军事思想又适应国防建设和军事斗争的需要，继续得到丰富和发展，形成了一个成熟的思想体系。其基本内容包括以下五个方面。

（一）战争观和方法论

以毛泽东为代表的中国共产党人，在指导中国革命战争的伟大实践中，创造性地运用马列主义的辩证唯物论和历史唯物论，观察和分析战争的基本问题，认识和运用军事领域的辩证规律，阐明了无产阶级的战争观和方法论，主要包括：对战争的起源、战争的本质、战争的目的、现代战争的根源的认识及对待战争的态度；对战争与政治、经济，战争与革命，战争与和平等诸因素相互关联的看法；从研究战争规律入手，运用规律于自己的行动；从战争全局出发，关照全局，掌握关节；掌握认识战争情况的辩证过程，使主观指导始终同战争客观实际相一致；着眼其特点，着眼其发展，实现作战指导上的主动性、灵活性和计划性等。

（二）人民军队思想

以毛泽东为代表的老一辈无产阶级革命家、军事家，把人民军队建设问题作为进行武装革命的首要问题提出来。毛泽东把马列主义的建军学说和中国实际相结合，创造性地提出了一整套建军理论和原则。主要包括：人民军队是执行革命的政治任务的武装集团；全心全意为人民服务是人民军队的唯一宗旨；人民军队必须置于中国共产党的绝对领导之下；建立健全政治工作制度，开展强有力的政治工作；执行战斗队、工作队、生产队三大任务；坚持官兵一致、军民一致、瓦解敌军的三大原则；贯彻群众路线，实行政治、经济、军事三大民主；遵守三大纪律八项注意，实行自觉基础上的严格纪律；加强军队革命化、现代化、正规化建设；严格训练，严格要求，不断提高战斗力；发扬勇敢战斗、不怕牺牲和艰苦奋斗的优良作风；努力提高军事、政治、科学文化水平，加强战备，增强作战能力，随时抵御外敌入侵，维护国家安全。

（三）人民战争思想

人民战争是我党历来坚持的指导战争的根本路线，是我党唯一正确的战争指导思想，是毛泽东军事思想的核心内容，是我军战略战术的基础。基本内容是：革命战争是群众的战争，人民群众是战争威力之最深厚的根源；兵民是胜利之本；人是战争胜负的决定因素，只有依靠、动员、武装人民群众，才能实行全面、彻底的人民战争；坚持党的绝对领导，是实行人民战争的根本保证；依靠、动员人民群众，是实行人民战争的坚实基础；强大的人民军队，是实行人民战争的骨干力量；坚持"三结合"、"一配合"是实行人民战争的正确组织形式和斗争形式；建立巩固的革命根据地，是实行人民战争的战略目的；运用灵活机动的战略战术，是实行人民战争的正确战争指导。

（四）人民战争的战略战术思想

人民战争的战略战术，体现了毛泽东人民战争思想的战略指导原则和作战方法，是毛泽东高超的战争指导艺术的总结，它揭示了中国革命战争的指导规律，是毛泽东军事思想中最精彩的部分，内容十分丰富。人民战争的战略战术思想，是建立在人民战争的基础之上，立足于以劣势装备战胜优势装备之敌的灵活机动的战略战术。主要内容有：把唯物辩证法运用于作战指导，从实际出发，不拘一格；有什么枪打什么仗，对什么敌人打什么仗，在什么时间、地点打什么时间、地点的仗；你打你的，我打我的，打得赢就打，打不赢就走；消灭敌人，保存自己；实行积极防御，反对消极防御；在战略上藐视敌人，在战术上重视敌人；集中优势兵力，各个歼灭敌人；运动战、阵地战、游击战三种作战形式紧密结合；执行有利决战，避免不利决战；进攻时防止冒险主义，防御时防止保守主义，退却时防止逃跑主义；每战力求有准备，不打无准备无把握之仗；慎重出战，不打则已，打则必胜；灵活运用兵力和变换战术；适时地实行战略转变；重视后勤保障和军队的适时休整等。

（五）国防建设思想

新中国成立后，毛泽东等老一辈无产阶级革命家，创立了国防现代化建设理论。主要内容是：动员全国人民，保卫、建设新中国；国防不可没有，国防必须现代化；要建设一支现代化国防军；加强国防建设，首先是一定要加强国家经济建设；国防建设要根据国家安全利益的需要，以积极防御的战略方针为指导；国防建设必须坚持独立自主的方针；在世界大战可能避免的相对和平的时期，要坚持精干的常备军与强大的后备力量相结合；要充分发挥我们自己的优势与国防威慑的重大作用等。

毛泽东军事思想，是一个完整的科学体系，各个组成部分相互联系、互相制约。在这个体系中，无产阶级的战争观和方法论是整个科学理论体系的理论基础，人民战争思想是毛泽东军事思想的核心，人民军队思想是建设人民军队的理论指南，灵活机动的战略战术是进行人民战争的方式和方法，国防现代化建设理论是进行国防建设、保卫国家安全、防止外敌入侵的指导方针和原则。

三、毛泽东军事思想的历史地位和现实意义

毛泽东军事思想是具有中国特色的无产阶级军事理论。它创造性地发展了马克思主义军事理论，指导中国革命取得了彻底的胜利。新中国成立之后又继续指导了中国的国防建设、抗美援朝战争和边境自卫反击战，是国防现代化建设和未来反侵略战争的指南。它不仅在中国军事思想发展史上占有极为重要的地位，而且在世界军事史上也占有一席之地。

（一）毛泽东军事思想是当代最先进的无产阶级军事理论

毛泽东、朱德、周恩来和邓小平等老一辈无产阶级革命家，在领导中国人民进行长期革命战争和国防建设的实践中，创造性地把马列主义普遍原理与中国革命战争和国防、军队建设具体实践相结合，继承发展了古代、近代和现代的中外优秀军事理论，形成了内容极其丰富的毛泽东军事思想。毛泽东军事思想源于实践，指导实践，并接受了中国革命战争和国防、军队建设实践的检验，是迄今最完整、最系统的无产阶级军事理论。毛泽东军事思想不仅是我党我军的宝贵财富，而且在世界军事理论中也占有极其重要地位，其重大作用和影响已经远远超越了时空界限，成为世界军事理论宝库中的璀璨明珠。

（二）毛泽东军事思想是我军克敌制胜的根本法宝

毛泽东军事思想运用辩证唯物主义和历史唯物主义的原理，批判地吸收了古今中外的优秀军事思想遗产，是最科学、最先进、最完整的军事理论。它既揭示了中国革命战争的特殊规律，又反映了现代战争和国防建设的一般规律，是经过实践检验的科学真理。尽管国际形势日新月异，我国综合国力大幅攀升，但对我军未来打赢信息化战争仍然具有普遍适用性，无论过去、现在和将来，毛泽东军事思想始终是我军克敌制胜的法宝。

（三）毛泽东军事思想是国防和军队现代化建设的指南

毛泽东军事思想的基本原理原则，不仅在以往战争年代是指导我们战胜国内外强大敌人的锐利武器，而且在新时期仍是国防、军队建设和夺取未来战争胜利的指南。当前，我国、我军建设的具体环境条件虽然发生了一些变化，但仍然离不开毛泽东军事思想的指导。坚持以毛泽东军事思想为指导，培养国防、军事人才，提高人的素质，立足于以劣势装备战胜优势装备之敌。坚持把毛泽东军事思想的基本原理、我军建设和国防建设的优良传统同现代武器装备、现代军事技术有机结合起来，这是我国现代国防和军队建设所具有的中国特色的体现和根本要求。

（四）毛泽东军事思想创造性地丰富和发展了马列主义军事理论

毛泽东军事思想为马列主义军事理论的丰富和发展做出了重大而独特的贡献，并将其发展到一个崭新的高度，极大地丰富了马列主义军事科学的理论宝库。毛泽东的主要贡献在于：开创了一条农村包围城市、武装夺取政权的革命道路；创建了一支新型的人民军队；丰富和发展了马列主义的人民战争思想；创造了适合中国特点的人民战争的战略战术；科学地阐明了关于研究和指导战争的战争观和方法论。

（五）毛泽东军事思想在世界上有广泛而深远的影响

毛泽东军事思想，从它产生到发展，一直受到世界各国的关注，中国革命取得胜利后，毛泽东军事思想更是受到世界各国各方面人士的重视。许多人对它的研究和学习，已经超越了国界。20世纪六七十年代，毛泽东军事思想在发展中国家广泛传播，成为许多国家被压迫民族和人民争取民族独立和解放的强大思想武器。即使是发达或比较发达的国家，对毛泽东军事思想也很重视。如美国前总统肯尼迪，要求美国陆军都要研究毛泽东有关游击战问题的论著；《纽约时报》称毛泽东是当代的"革命战略家"；基辛格在《核武器与外交政策》一书中指出："毛泽东基于大家熟悉的列宁主义学说，即战争是斗争的最高形式，研究出一套军事理论。""这套军事理论表现出高度的分析能力、罕见的洞察能力"，"善于将列宁主义原理运用于中国的实际情况"。柯林斯在《大战略》中，把毛泽东视为"具有革新思想的战略家之一"，"是民族解放战争和人民战争的主要理论家"。毛泽东军事著作，已被几十个国家翻译出版、学习、研究和运用。不少国家包括美国的一些军事院校，还专门规定了学习毛泽东军事思想的内容，开设了相应的课程。一些国家还专门请我国派专家去讲授或派留学生到我国来学习毛泽东军事思想。总之，毛泽东军事思想在世界军事思想史上占有重要的地位，是当代世界具有重大影响的军事思想。

第四节　新时期党的军事指导理论的创新与发展

中国共产党第十一届三中全会以后，中国社会进入社会主义改革的新的历史时期。在这一新的历史时期，中国共产党在军事领域先后形成了邓小平新时期军队建设思想、江泽民国防和军队建设思想、胡锦涛国防和军队建设思想与十八大关于加快推进国防和军队现代化建设重要论述，共同构成了中国共产党的军事指导理论的核心内容，是中国国防建设、军队建设和军事战略指导的科学理论指南，是党的军事指导理论的最新成果。从整体上科学理解党的军事指导理论的科学内涵，系统学习和研究新时期党的军事指导理论的最新成果，对发展创新中国特色的军事理论、加强国防和军队建设、增强新时期军事战略指导的科学性和灵活性具有重要的意义。

一、邓小平新时期军队建设思想

中国共产党第十一届三中全会以后，中国社会进入了社会主义改革开放的新时期。在这一新的历史时期，以邓小平为核心的中国共产党领导集体，针对中国国防和军队建设新情况，提出了一系列新思想、新观点，从不同侧面揭示了新时期军队建设和军事斗争的规律，形成了邓小平新时期军队建设思想。

（一）邓小平新时期军队建设思想的科学含义

邓小平新时期军队建设思想，是邓小平同志在中国社会主义建设新时期，为指导中国军队建设和国防建设而提出的系统理论，是邓小平建设有中国特色社会主义理论的重要组成部分。是在新的历史条件下对毛泽东军事思想的继承和发展，反映了新时期军事斗争的客观规律,抓住了新时期军队建设的关键,指明了新时期军事工作的方向,回答了新形势下军事实践迫切需要解决的理论问题,是无产阶级军事思想在中国发展的新阶段,对于新时期军队建设和军事斗争准备,具有极其重要的现实意义和深远的历史意义。

(二)邓小平新时期军队建设思想的主要内容

邓小平新时期军队建设思想是一个具有丰富内容的完整的科学体系。它以实事求是为指导原则,以马克思主义战争论与和平理论、社会主义初级阶段理论、国防和军队建设与国家经济建设关系理论为依据,提出建设一支具有中国特色的强大的现代化、正规化、革命化的人民军队,阐明了新的历史条件下国防和军队建设的一系列基本原则,主要内容有:现代条件下的人民战争理论、军队现代化建设理论和国防现代化建设理论。

1. 现代战争与和平理论

邓小平认为,和平与发展是时代的主题,战争的威胁依然存在,但推迟或制止世界战争的爆发已成为可能,世界大战在一定条件下可以避免,但霸权主义仍然是对世界和平的最大威胁,局部战争已成为主要战争形态,反对霸权主义、维护世界和平是世界人民的共同愿望和责任;我国周边安全环境发生了根本性好转,但仍然存在着各种现实的和潜在的威胁。稳定世界局势,实现和平与发展,要有新的途径和新的方法,即用"和平方式"和"共同开发"的办法解决国际争端。邓小平现代战争与和平理论是无产阶级战争观的新拓展。

2. 新时期人民战争理论

邓小平指出,我们仍然要坚持人民战争,新的历史条件下毛泽东人民战争的基本精神和主要原则并没有过时,仍然是我们克敌制胜的法宝。同时,邓小平根据现代战争的特点和规律,结合我国的实际情况,在继承毛泽东人民战争思想的基础上,提出了"现代条件下人民战争"的思想。围绕这一思想,邓小平特别强调人民战争的形式要与时代发展的步伐相适应;人民战争的内容要与现代军事斗争和国防建设的任务相一致;人民战争的形式要与现代战争的特点相吻合;强调现代条件下从事人民战争的人必须具有很高的素质;强调在军队精简的情况下,尤其要搞好民兵和预备役的建设;要研究现代战争条件下人民战争的战略战术;要保持和发扬我党我军的优良传统,发挥人民战争的政治优势。

3. 军队现代化建设理论

邓小平指出,必须把我军建设成一支强大的现代化、正规化的革命军队。现代化、正规化、革命化是相互联系、相互促进、缺一不可的。革命化体现人民军队的本质、军队素质和传统作风;正规化体现军队组织、管理和军制水平;现代化体现军队的武器装备、指挥、作战和协同等方面适应现代高技术战争的能力。军队建设要以革命化为前提、现代化为中心、正规化为重点,全面建设现代化、正规化、革命化的军队;要把教育训练摆到战略地位,努力提高部队战斗力;要搞好体制改革和精简整编,建立科学的体制编制;实现军队正规化,要依法治军,科学管理;要加强和改进新时期军队政治工作,保证党对军队的绝对领导,保证军队高度稳定和集中统一。

4. 国防现代化建设理论

邓小平通过对国际形势的长期观察和深思熟虑,根据战争与和平的新认识,果断地实行了国防建设思想的战略转移,把长期以来立足于"早打、大打、打核战争"的指导思想转变到和平时期建设的轨道上来。要求军队和国防建设要服务于国家经济建设大局，军队和国防建设要以经济建设为基础，与国家经济建设协调发展，实现国防建设与国家经济建设的协调发展。同时，邓小平指出，我国对战争问题的基本原则是"人不犯我，我不犯人，人若犯我，我必犯人"，实行积极防御的军事战略方针。贯彻积极防御的战略方针，是维护国家主权和安全的需要，也是由我国社会制度决定的。实行积极防御的战略方针，要把立足点放在遏制战争的爆发上，注重研究现代战争，把着眼点放在打赢现代高技术条件下的局部战争上，军事战略要从维护国家安全利益出发，用和平方式解决对抗性争端和矛盾，注重发展综合国力，从根本上增强军事实力，提高威慑能力。

（三）邓小平新时期军队建设思想的地位和作用

邓小平对新时期军队建设和军事斗争中许多重大问题的研究和探讨，是以新的认识、新的理论深度总结我军历史经验，探索新的建军经验。邓小平新时期军队建设思想源于实践，高于实践，对于指导新时期我国国防建设、军队建设以及未来作战的实践，都具有十分重要的现实意义和历史意义。

1. 继承和发展了毛泽东军事思想

在新的历史条件下，邓小平新时期军队建设思想为毛泽东军事思想做出了历史性的贡献。邓小平作为我党我军的第二代领导核心和统帅，不仅是毛泽东军事思想的创建者之一，也是毛泽东军事思想在新的历史条件下的主要坚持者和发展者。邓小平继承并发展了毛泽东军事思想，比较系统地回答了在当代中国如何建设一支现代化革命军队的重大问题，提出了新时期军队建设中一系列重大方针和原则，形成了新时期我军军事理论的主体，是具有中国特色的当代马克思主义军事理论。邓小平新时期军队建设思想，是新时期继承和发展毛泽东军事思想的典范，或者说，是新时期发展了的毛泽东军事思想。

2. 揭示了以经济建设为中心的和平时期国防和军队建设的基本规律

邓小平新时期军队建设思想揭示了在以经济建设为中心的相对和平时期国防和军队建设同经济建设相互作用的基本规律，确定了国防和军队建设同经济建设协调发展的原则；揭示了国防和军队建设各要素与各方面工作相互作用与影响的基本规律，确定了要以提高战斗力生成作为国防和军队建设的出发点和落脚点，作为检验各项工作的标准；揭示了军队建设中数量与质量相互制约与转化的基本规律，确定了科技强军、提高质量、走精兵之路的原则；揭示了和平时期军队战斗力生成的基本规律，提出要把教育训练提高到战略地位，把军事训练作为军队工作的中心的原则；揭示了综合国力同军队战斗力之间相互转化与促进的基本规律，提出要在增强综合国力基础上全面提高军队战斗力的思想。

3. 具有鲜明的中国特色和强大的生命力

在新的历史条件下，我军建设和军事斗争出现了许多新情况、新问题，照搬过去的经验是难以解决的，必须有我们自己的军事理论和指导方针。邓小平始终把中国的国情、军情、国际大局和当代军事发展的趋势，作为指导国防和军队建设的基本依据，坚持把当今世界各国国防和军队建设的一般规律和原则，同中国特殊的实际情况紧密结合，把传统的经验或原则同新情况、新问题有机结合，紧紧抓住国防和军队建设的主要矛盾，创造性地回答和解决了中国国防和军队亟待解决的一系列重大理论和实际问题，对于新时期军队建设和军事斗争准备，具有极其重要的现实意义和深远的历史意义。

4. 符合当代和未来战争的客观要求

邓小平确定把建设具有中国特色的现代化、正规化的革命军队作为军队建设的总目标，并强调要以现代化为中心的军队建设指导思想，实际上就把按照现代和未来战争的客观要求、全面加强军队建设作为军队建设的基本着眼点和落脚点。同时，在指导中国国防和军队建设过程中，自始至终贯穿着要全面提高实行现代条件下人民战争能力的重要思想，符合当代和未来战争的客观要求。

二、江泽民国防和军队建设思想

党的十三届四中全会以来，以江泽民同志为主要代表的中国共产党第三代中央领导集体，坚持以毛泽东军事思想、邓小平新时期军队建设思想为指导，高举邓小平理论伟大旗帜，正确把握当代世界和中国的发展变化，按照"三个代表"重要思想的要求，集中全党全军智慧，着眼于解决好"打得赢、不变质"两个历史性课题，科学分析和回答了新的历史条件下建设什么样的军队、怎样建设军队，未来打什么样的仗、怎样打仗的问题，创立了富有时代特色的江泽民国防和军队建设思想，实现了党的军事指导理论新的历史性飞跃。

（一）江泽民国防和军队建设思想的科学含义

江泽民国防和军队建设思想是"三个代表"重要思想科学体系的重要组成部分。它与马克思主义中国化的历史性飞跃相联系，是马克思主义军事理论发展的新成果，是对毛泽东军事思想、邓小平新时期军队建设思想的继承和发展，是时代发展的产物。江泽民国防和军队建设思想反映和体现着"三个代表"重要思想对我国新时期军事工作的要求。针对新形势、新问题提出了一系列新思想、新观点和新论断，是我们党和军队集体智慧的结晶，充分反映和体现了"三个代表"重要思想对我军新时期各项重要工作与时俱进的新要求。江泽民创造性地坚持和运用毛泽东军事思想、邓小平新时期军队建设思想的基本立场、观点和方法，紧密结合新的实践，研究新情况，解决新问题，总结新经验，探索新规律，科学阐明了新的历史条件下国防和军队建设的地位作用、目标任务、指导方针、总体思路、根本途径、战略步骤、发展动力和政治保证等，形成了一个完整的军事理论体系，把我们党的军事指导理论发展到了一个新的阶段。

（二）江泽民国防和军队建设思想的主要内容

江泽民主持中央军委工作期间，继承和发展了毛泽东军事思想、邓小平新时期军队建设思想，形成了独具特色的国防和军队建设思想体系，其精髓主要体现在以下方面。

1. 坚持和发展积极防御的军事战略方针

自20世纪末期以来，世界范围的高技术竞争日趋激烈，各国都在调整自己的发展战略，把发展现代技术尤其是高技术作为增强综合国力和国防实力的关键措施，力争掌握战略主动。1993年，中央军委制定了新时期积极防御的军事战略方针，在战略指导上实行重大调整。把军事斗争准备的基点由应付一般条件下的局部战争转到打赢现代技术特别是高技术条件下的局部战争上来。采取各种形式和办法，努力学习高新科技知识，跟踪研究现代科学技术的发展，特别要研究高新科技运用于军事领域之后，使战争样式、特点和规律发生的重大变化。同时，还要在继承的基础上不断丰富和发展我军传统的作战理论，研究战胜敌人的新战法。当前，应付现代技术特别是高技术条件下的局部战争，我们虽然还存在一定的困难，但我们也有自己的优势，我们真正的优势还是人民战争。我国良好的地理条件、深厚的战争潜力、相当规模的常备军、一定的核反击力量、丰富的人民战争经验，都是我们遏制战争、战胜敌人的基础，也是这么多年来任何强大的敌人都不敢贸然入侵我国的重要因素。江泽民要求全军要树立立足现代装备作战的思想，发扬人民战争的优良传统，研究和演练以劣胜优的战法，增强战胜敌人的信心。

2. 全面贯彻新时期军队建设的要求，加强军队建设

"政治合格、军事过硬、作风优良、纪律严明、保障有力"是江泽民对我军新时期军队建设的总要求。"五句话"总要求，涵盖了新形势下军队建设的基本内容，从认识论和方法论的高度确立了军队全面建设的指导思想，是军队建设总目标的具体化和规范化。政治合格是前提，军事过硬是中心，纪律严明、作风优良是保证，保障有力是基础，五者缺一不可。政治合格，核心是要解决"不变质"的问题，就是要坚持中国共产党的绝对领导，保证我军人民军队的性质和宗旨，确实履行党和人民所赋予的历史使命。坚持党对军队的领导是我们建军的根本原则，是我们的优良传统，是我军特有的政治优势。党对军队的绝对领导是我军永远不变的军魂。在新的历史时刻，这一点更为重要，必须继续保持和发扬。军事过硬，关键是要解决打得赢的问题，必须坚持毛泽东思想和邓小平新时期军队建设思想的科学指导地位，深入研究高科技战争的指导规律，力求军事理论建设的优势地位。大力加强军队质量建设，坚定不移地走中国特色科技强军和精兵之路，在军队建设上逐步实现由数量规模型向质量效能型、由人力密集型向科技密集型转变。作风优良，重点就是要解决永葆我军本色的问题，主要内容是实事求是、言行一致、公道正派、艰苦奋斗、勤俭节约、尊干爱兵、拥政爱民、雷厉风行、英勇顽强等。永葆我军本色必须把思想政治建设摆在全军各项建设的首要位置，思想政治建设是我军革命化的核心，是我军现代化和正规化的灵魂，其根本就是要用科学的理论，特别是"三个代表"重要思想武装全军。通过加大军队思想政治建设改革的力度，使军队精神文明建设走在全社会的前列。纪律严明，重心就是要解决新时期军队指挥到位的问题，依法从严治军。就是必须加强纪律建设为核心内容，依法从严治军。保障有力，就是要解决"供得上"的问题，主要抓好应急综合保障能力的提高。

3. 加强新时期国防现代化建设

建立巩固的国防是我国现代化建设的战略任务。江泽民审时度势，从国际战略环境着眼，从维护国家安全出发，提出一系列国防建设思想。他指出国防和军队建设必须以经济建设为依托，正确处理好国防建设和经济建设的关系，国防建设要服从国家经济建设的大局。江泽民反复强调，经济建设是国防建设的基础，国防建设的发展最终取决于经济发展。

建设具有中国特色社会主义现代化国防，在处理好国防建设与经济建设关系的同时，还必须建立现代化的军事理论。必须根据新时期条件的变化和军队建设、国防建设的现实需要努力发展具有中国特色的军事指导理论，研究现代技术特别是高技术条件下仗怎么打以及对外开放和发展社会主义市场经济条件下怎么治军的问题。

建设现代化的国防还必须大力发展中国特色社会主义现代化国防工业体系，推动国防科技工业体系走"军民结合、平战结合、军品优先、以民养军"的发展道路，实现武器装备的现代化。

4. 加强全民国防教育，增强全民国防观念

国防精神和国防教育是现代化国防教育中的重要内容。在长期的和平环境和发展社会主义市场经济的条件下，人们容易淡化国防意识，产生和平麻痹思想。市场经济的利益主体多元化，容易促使局部利益或个人主义倾向的强化，因此，江泽民提出越是和平时期，越要宣传国防建设的意义，抓好以爱国主义为核心的全民国防教育工作，克服和平麻痹思想，大力增强全民的国防观念。深入持久地开展拥政爱民、拥军优属，巩固发展军政军民团结、相互支持的大好局面，树立常备不懈的观念，建立国家、军队、社会、学校、家庭"五位一体"的国防教育系统工程网络，促进我国社会主义市场经济的健康发展，捍卫我国社会主义建设的伟大成果。

（三）江泽民国防和军队建设思想的地位和作用

江泽民国防和军队建设思想，为新的历史条件下中国军队进行军事斗争准备和现代化建设确定了目标，选择了道路，指明了方向，也为中国军队打赢未来战争、维护国家主权和安全、维护世界和平，提供了强大的理论武器，具有重要的历史地位。

江泽民国防和军队建设思想，系统地继承和发展了毛泽东军事思想和邓小平新时期军队建设思想，在理论体系上，与毛泽东军事思想和邓小平新时期军队建设思想是一脉相承的，是毛泽东军事思想，特别是邓小平新时期军队建设思想同新的历史条件相结合的产物，是对马克思主义军事理论新的开拓、新的创造；大胆开拓解决问题的新路子，提出了一系列新思想、新观点、新论断和重大方针、原则，极大地丰富和发展了毛泽东军事思想和邓小平新时期军队建设思想，为马克思主义的军事理论宝库增添了新的内容，做出了新的贡献。

江泽民国防和军队建设思想，是"三个代表"重要思想在军事领域的充分展开。"三个代表"重要思想是涵盖经济、政治、文化、军事、外交、党的建设等各个方面的完整的科学体系，是加强和改进党的建设、推进我国社会主义自我完善和发展的强大理论武器，是党必须长期坚持的指导思想。江泽民国防和军队建设思想，作为"三个代表"重要思想的"军事篇"，是"三个代表"重要思想科学体系的重要组成部分，是我们党和军队集体智慧的结晶，在国防和军队建设中贯彻"三个代表"重要思想的根本要求，必须以江泽民国防和军队建设思想为指导。

江泽民国防和军队建设思想是我军建设的科学指南。它深刻揭示了新形势下国防和军队建设的基本规律。江泽民根据国际战略格局和世界军事形势的发展变化，立足于我国的国情和军情，运用马克思主义的世界观和方法论，全面、系统地阐述了新形势下战争与和平的关系，国防建设与经济建设的关系，革命化、现代化与正规化建设的关系，军队数量与质量的关系，常备军与国防后备力量的关系，继承优良传统与改革创新的关系，以及学习外军有益经验与保持我军特色的关系等，使我军对治军的特点和规律、军事斗争准备的特点和规律、国防建设的特点和规律的认识达到了一个新的水平。江泽民国防和军队建设思想是新的历史条件下国防和军队建设基本规律的集中体现，具有长远的指导意义。

三、胡锦涛国防和军队建设思想

2004年9月，胡锦涛主持中央军委工作以来，着眼国际国内两个大局，根据时代发展和军事实践的新要求，在新的起点上对新世纪新阶段国防和军队建设做出了一系列重要指示，提出了一系列重要思想，明确了新世纪新阶段国防和军队建设的发展目标、发展模式、发展动力、发展道路和发展保证，进一步回答了建设什么样的军队、怎样建设军队的根本问题。解决了处于时代转型质变期中国国防和军队建设"怎么走"、"怎么走得又好又快"的根本性和全局性问题。

（一）胡锦涛国防和军队建设思想的科学含义

党的十六大特别是党的十六届四中全会以来，面对世情、国情、党情的深刻变化，胡锦涛科学判断我军建设所处历史方位，准确把握国防和军队建设阶段性特征，从国家安全和发展战略全局高度统筹经济建设和国防建设，提出了一系列紧密联系、相互贯通的新思想、新观点、新论断，形成了党关于新形势下国防和军队建设思想。这一重要的军事指导理论，科学回答了在世界大发展大变革大调整、我国全面建设小康社会的历史条件下，推进国防和军队建设科学发展、全面履行新世纪新阶段我军历史使命的重大课题，开辟了党的军事指导理论创新发展新境界。

（二）胡锦涛国防和军队建设思想的主要内容

在新世纪新阶段，胡锦涛以政治家和战略家的远见卓识和战略智慧，着眼时代发展和维护国家利益，提出了关于国防和军队建设的一系列重要论述，指出，开创国防和军队现代化建设新局面，必须站在国家安全和发展战略全局的高度，统筹经济建设和国防建设，在全面建设小康社会进程中实现富国和强军的统一。强调全面履行党和人民赋予的新世纪新阶段军队历史使命，必须坚持以毛泽东军事思想、邓小平新时期军队建设思想、江泽民国防和军队建设思想为指导，把科学发展观作为国防和军队建设的重要指导方针，贯彻新时期军事战略方针，加快中国特色军事变革，做好军事斗争准备，提高军队应对多种安全威胁、完成多样化军事任务的能力，坚决维护国家主权、安全、领土完整，为维护世界和平贡献力量。

1. 转变战斗力生成模式，深化和拓展军事斗争准备

随着国际形势的深刻变化和中国社会的深刻变革，传统安全威胁和非传统安全威胁因素相互交织，国家安全问题综合性、复杂性、多变性进一步增强。胡锦涛强调要从国际国内大局出发，用更加宽广的战略眼光来审视国防和军队建设问题。以军事斗争准备为龙头带动军队现代化的整体发展。强调要把军事斗争准备作为最重要、最现实、最紧迫的战略任务抓得紧而又紧。要在全军大抓军事训练，以提高一体化联合作战能力为目标，围绕推进机械化条件下军事训练向信息化条件下军事训练转变的主题，坚持从难从严从实战需要出发进行训练，要在近似实战的环境和条件下摔打磨炼部队。明确提出以推动国防和军队建设科学发展为主题、以加快转变战斗力生成模式为主线，坚持走科技兴训之路，坚持全面提高官兵素质，坚持以改革创新推动训练转型，为确保我军"打得赢、不变质"服务。

2. 推进军队革命化正规化建设，履行新阶段战略使命

胡锦涛指出，军队革命化、现代化、正规化建设是统一的整体，必须全面加强、协调推进。要始终坚持党对军队绝对领导的根本原则和人民军队的根本宗旨，深入进行军队历史使命、理想信念、战斗精神和社会主义荣辱观教育，大力弘扬听党指挥、服务人民、英勇善战的优良传统。确保军队永远听党的话，永远保持军队的性质和本色，能够有效履行我军新的历史使命。坚持科技强军，按照建设信息化军队、打赢信息化战争的战略目标，加快机械化和信息化复合发展，积极开展信息化条件下军事训练，加紧培养大批高素质新型军事人才。坚持依法治军、从严治军，完善军事法规，加强科学管理。为党巩固执政地位提供重要的力量保证；为维护国家发展的重要战略机遇期提供坚强的安全保障；为国家利益的拓展提供有力的战略支撑；为维护世界和平和促进共同发展发挥重要作用。

3. 加快自主创新，走中国特色军民融合国防发展之路

胡锦涛强调，科学技术是第一生产力，也是推动国防和军队建设又好又快发展的巨大动力。要进一步实施科技强军战略，走自主创新之路，着力推进军事理论创新、军事技术创新、军事组织体制创新和军事管理创新，把军队战斗力生成模式确实转到依靠科技进步特别是以信息技术为主要标志的高新技术进步上来。不断提高官兵的科技素质，充分发挥科技进步和创新对战斗力提高的重大推动作用。胡锦涛强调，要结合中国现阶段的实际情况，走军民融合国防发展之路，坚持军民结合、寓军于民，把国防和军队建设融入经济社会发展体系之中，走军民融合式发展道路，要在全面建设小康社会进程中实现富国和强军的统一。要加强科学筹划和科学管理，走出一条投入较少、效益较高的国防和军队现代化建设路子。

4. 正确处理国防建设与经济建设的关系，协调发展

胡锦涛指出，要在经济发展的基础上，努力建设一支同中国地位相称、同中国安全和发展利益相适应的军事力量，有效维护国家的安全统一，确保全面建设小康社会的顺利推进。这是落实科学发展观的必然要求，也是在新世纪新阶段抓住战略机遇期，全面推进社会主义经济建设、政治建设、文化建设和社会主义和谐社会建设，实现全面建设小康社会宏伟目标的需要。要处理好国防建设与经济建设的关系，依托国家经济社会发展，把国防建设融入现代化建设全局之中，统筹国防资源和经济资源，注重国防经济和社会经济、军用技术和民用技术、军队人才和地方人才的兼容发展，进一步形成国防建设和经济建设相互促进、协调发展的良好局面。

5. 构建具有中国特色的新型军事科学体系

胡锦涛强调，要适应世界军事发展新趋势和我国发展新要求，繁荣和发展军事科学，要以人类科技发展的最新成果——以信息技术为核心的高新技术群体为推动力，推进军事理论、军事技术、军事组织、军事管理创新，促进中国军事的科学发展，构建具有中国特色的新型军事科学体系。调整改革军队体制编制和政策制度，逐步形成一整套既有中国特色又符合现代军队建设规律的科学的组织模式、制度安排和运作方式。调整改革国防科技工业体制和武器装备采购体制，提高武器装备研制的自主创新能力和质量效益。建立和完善军民结合、寓军于民的武器装备科研生产体系、军队人才培养体系和军队保障体系，坚持勤俭建军，走出一条中国特色军民融合式发展路子。深入研究新的历史条件下建军治军特点规律和人民战争战略战术，繁荣和发展军事科学。

胡锦涛指出，要拓展军事战略的视野，善于着眼国家利益全局筹划和指导军事行动，

把战略问题具体化，使军事斗争、军事战略与国家安全融为一体，将传统军事战略"制约战争、准备战争、打赢战争"功能，发展为"应对危机、维护和平，遏制战争、打赢战争"功能。要发展积极防御军事战略方针的战略指导原则，遏制危机、控制战局、打赢战争。要坚持和发展人民战争思想，探索新时期治军和作战的特点及规律。要加强军事科研中的制度建设，建立和完善军事科研的运行模式，培养和造就一支高素质军事科研人才队伍。

（三）胡锦涛国防和军队建设思想的地位和作用

胡锦涛国防和军队建设思想，运用马克思主义军事理论的基本立场、观点和方法，继承中华民族的优秀军事文化传统，坚持我们党领导军队建设发展的重要原则，充分吸纳世界军事理论先进成果，融合现代军事思维方法，与毛泽东军事思想、邓小平新时期军队建设思想、江泽民国防和军队建设思想既一脉相承又有重大发展创新，以其鲜明的时代性、严谨的科学性、丰富的创造性、突出的实践性，为党的军事指导理论赋予了新内涵，为推进国防和军队建设又好又快发展提供了强大思想武器。

胡锦涛国防和军队建设思想是一个科学体系。关于国防和军队建设的指导方针、国防和军队建设的主题主线、国防和军队建设的总基调、国防和军队建设的目标任务、国防和军队建设的发展道路、国防和军队建设的发展理念、国防和军队建设的内在动力、国防和军队的思想政治建设等一系列重要论述，既有军事哲学层次的指导思想，也有军事实践活动的方法原则，丰富和发展了新形势下国防和军队建设的目标、道路、理念、动力、保证等基本内容，形成了一个完整、科学、开放的军事思想体系。这一重要军事指导思想，反映了军队建设继往开来的客观规律，是加强军队建设的基本遵循，是引领、推动国防和军队建设实践不断前进的强大思想武器。

胡锦涛国防和军队建设思想作为科学发展观的重要组成部分，是科学发展观在军事领域的运用和展开，是毛泽东军事思想、邓小平新时期军队建设思想、江泽民国防和军队建设思想的继承和发展，是新形势下推进国防和军队建设的科学指南。胡锦涛国防和军队建设思想，是新世纪新阶段用科学发展观统筹国防和军队现代化建设、打赢信息化战争的军事指导理论，是新世纪新阶段国防和军队建设纲领、路线、方针、政策的集体体现，是毛泽东军事思想、邓小平新时期军队建设思想、江泽民国防和军队建设思想的创造性继承和发展，是科学发展观在国防和军事领域的展开和延伸，是当代中国马克思主义的创新军事理论，是党的军事指导理论的最新创新成果，实现了党的军事指导理论的又一次与时俱进。

胡锦涛国防和军队建设思想，是党的军事指导理论的最新成果，是新世纪新阶段国防和军队建设规律的科学揭示，是国防和军队建设及军事斗争准备的根本依据和科学遵循。当代大学生应该全面准确地把握这一重要思想的基本精神，把学习胡锦涛国防和军队建设思想同学习毛泽东军事思想、邓小平新时期军队建设思想、江泽民国防和军队建设思想结合起来，同学习习近平关于国防和军队建设的一系列重要指示结合起来，努力掌握蕴含其中的马克思主义立场、观点和方法，全面、系统、准确地理解和把握党的军事理论创新成果。

四、习近平关于国防和军队建设的重要论述

党的十八大以来,以习近平同志为总书记的党中央从国内外形势发展变化的新特点新情况出发,提出了一系列关于国防和军队建设的重大战略思想,特别是习近平的一系列重要论述,对国防和军队建设中一些具有方向性和全局性的重大问题进行了深刻阐释。这些重要论述,是对我国国防和军队建设指导思想的丰富和发展,是新形势下实现中国梦、强军梦的行动指南。

(一)中国梦与强军梦:建设一支听党指挥、能打胜仗、作风优良的人民军队

2012 年 11 月 29 日,习近平在国家博物馆参观大型展览《复兴之路》时指出:实现中华民族伟大复兴,就是中华民族近代以来最伟大的梦想。

这个梦想凝聚了近代以来中华民族的时代夙愿,寄托着中国人民振兴中华、强国富民的共同意愿。中国梦是国家的梦、人民的梦,其内涵当然也包括国防和军队建设在内。对军队来说,中国梦的深刻意义在哪里?习近平指出,实现中华民族伟大复兴这个梦想是强国梦,对军队来说也是强军梦。我们要实现中华民族伟大复兴,必须坚持富国和强军相统一,努力建设巩固国防和强大军队。

富国和强军,是坚持和发展中国特色社会主义、实现中华民族伟大复兴中国梦的两大基石。中国梦包含强军梦,强军梦支撑中国梦。这是国防和军队建设在中华民族复兴进程中的战略定位。

党的十八大认为,我国发展仍处于可以大有作为的战略机遇期,但其内涵和条件发生了新的变化。在谈到这些新变化时,习近平指出,这些变化中的一个突出方面,是国际和周边安全环境更趋复杂,维护国家安全面临一些值得高度关注和认真对待的新情况新问题。他在主持中央国家安全委员会第一次会议时,对这些新情况新问题做了精辟的分析:当前我国国家安全内涵和外延比历史上任何时候都要丰富,时空领域比历史上任何时候都要宽广,内外因素比历史上任何时候都要复杂,必须坚持总体国家安全观,以人民安全为宗旨,以政治安全为根本,以经济安全为基础,以军事、文化、社会安全为保障,以促进国际安全为依托,走出一条中国特色国家安全道路。

对于强军梦要达到的目标,党的十八大提出了这样的方向和构想:"建设与我国国际地位相称、与国家安全和发展利益相适应的巩固国防和强大军队,是我国现代化建设的战略任务。""必须坚持以国家核心安全需求为导向,统筹经济建设和国防建设,按照国防和军队现代化建设'三步走'战略构想,加紧完成机械化和信息化建设双重历史任务,力争在基本实现机械化、信息化建设取得重大进展。"

(二)听党指挥是强军之魂:毫不动摇地坚持党对军队的绝对领导

关于听党指挥,习近平指出,我军作为执行党的政治任务的武装集团,必须把听党指挥放在军队建设的首要位置,确保部队绝对忠诚、绝对纯洁、绝对可靠。

我军是党缔造的,从诞生之日起就与党紧紧地联系在一起,始终在党的绝对领导下行动和战斗。自建立以来,我军之所以能够始终保持强大的凝聚力、向心力、战斗力,经受住各种考验,不断从胜利走向胜利,最根本的就是靠党的坚强领导。丢掉了这一条,军队

就会变质。因此，习近平强调："任何时候任何情况下，我军都必须筑牢听党指挥这个强军之魂，坚持党对军队绝对领导的根本原则和人民军队的根本宗旨不动摇，贯彻执行党的理论和路线方针政策不动摇，始终忠于党、忠于社会主义、忠于祖国、忠于人民，做到一切行动听从党中央和中央军委指挥。"他要求，在坚持党对军队绝对领导的根本原则问题上，在事关军队性质、宗旨、本色的重大政治问题上，必须头脑特别清醒，态度特别鲜明，行动特别坚决。

郑重提出这样的要求，绝不是无的放矢，而是根据党和人民军队面临的新形势和新考验得出的必然结论。

我们的人民军队之所以能够无往而不胜，能够战胜一切敌人而不被敌人所压倒，坚决听党指挥是我们的建军之魂、强军之魂。过去我们是这么做的，现在也是这么做的，将来还要这么做，永远都要坚持这个根本原则。这是保证我们党长期执政、国家长治久安的根本法宝，也是一切敌人最惧怕我们的一点。

（三）能打仗、打胜仗是强军之要：全部心思向打仗聚焦，各项工作向打仗用劲

关于能打胜仗，习近平指出，军队首先是一个战斗队，必须坚持一切建设和工作向能打胜仗聚焦。

2012年11月，习近平在中央军委的一次会议上提出了军队的根本职能和衡量军队建设的标准问题。他指出，要强化战斗队思想，强化官兵"当兵打仗、带兵打仗、练兵打仗"的意识，强化部队战斗精神，使全军始终保持常备不懈、"召之即来、来之能战、战之必胜"的战备状态。要坚持把战斗力标准贯彻到全军各项建设和工作之中。要求始终坚持战斗力这个根本标准，全部心思向打仗聚焦，各项工作向打仗用劲，确保部队随时能拉得出、上得去、打得赢。可以说，"能打仗、打胜仗"是习近平担任军委主席后强调得最多的一个要求。

人民解放军有着光辉的历史，素以能征善战著称于世，但是也要看到，毕竟我军已经很多年没有打仗，以前能打胜仗不等于现在和今后还能打胜仗，与世界军事强国相比，我军打现代化战争的能力不够、各级干部指挥现代化战争的能力不够的问题，依然没有得到根本的解决。从军事斗争准备的角度看，要说有短板弱项，能打仗、打胜仗方面存在的问题就是最大的短板弱项。

十八大以来，全军贯彻习近平"能打仗、打胜仗"的要求，大兴学习战争、研究作战问题之风，紧盯战争形态和作战样式演变、紧盯使命任务、紧盯未来战场，深入研究信息化战争的制胜机理，积极探索克敌制胜的招法对策，形成一批创新成果。全军还组织了一系列贴近实战的多兵种实兵对抗演习，对军队战斗力的提高发挥了重要作用。

提高军队实战能力，特别是提高在信息化条件下克敌制胜的能力，对我军来说，还任重道远。只有按照习近平要求的那样，把全部心思向打仗集中、各项工作向打仗用劲，真想打仗的事，真谋打仗的问题，真抓大灾大难准备，才能不断提高打胜仗的能力，才能充分做好军事斗争的准备，才能不辜负党中央、中央军委和全国人民的重托。

（四）依法治军、从严治军是强军之基：培养严守纪律、令行禁止、步调一致的良好作风

关于部队作风建设，习近平指出，作风优良是我军的鲜明特色和政治优势，必须把作

风建设作为军队一项基础性长期性工作抓紧抓实，永葆人民军队政治本色。

我军在长期的斗争历程中培育和形成了一整套的光荣传统和优良作风，这是宝贵的精神财富。但是也不可否认，随着社会环境的变化，一些不好的东西也会传到部队，会腐蚀我们的干部、战士，会有一些意志薄弱的人禁不住考验，如果对此讳疾忌医、视而不见，就会自毁长城。习近平担任中央军委主席以来，高度重视部队的作风建设，他指出：依法治军、从严治军是强军之基，必须保持严明的作风和铁的纪律，确保部队的高度集中统一和安全稳定。要把纪律建设作为核心内容，强化官兵号令意识，培养部队严守纪律、令行禁止、步调一致的良好作风。党的十八大以来国防和军队建设的各项工作，同党和国家的各项事业一样，都是以作风建设为突破口的。

能否始终如一地保持我军的光荣传统和优良作风，是关系军队建设的大问题。必须以踏石留印、抓铁有痕的力度，把作风建设这项基础性长期性工作抓紧抓实，夯实依法治军、从严治军这个强军之基。

治军贵在从严，也难在从严。当前，松、软、庸、懒、散、奢的问题，在一些部队和单位不同程度地存在着。古人说，慈不掌兵，稀稀拉拉、松松垮垮的军队就不称其为军队，就打不了仗，更不用说打胜仗。

党的十八大以来，全军紧紧围绕强军目标正风肃纪，惩治腐败，作风建设取得明显成效，强军兴军正能量不断汇聚，部队向心力、凝聚力不断增强。在成绩面前，习近平提醒全军官兵要看到作风建设的长期性、艰巨性。他形象生动地指出：现在，一年抓几件事的热情和决心都很大，但几年抓一件事的韧劲就不是谁都有了。在实际工作中，这种现象确实具有很大的代表性。一些单位，抓一阵子松一阵子，热一阵子冷一阵子，要是再赶上班子调整，人马换了，不少工作往往最后不了了之。军队作风建设一定要"持之以恒、锲而不舍、善始善终、善做善成"，坚持领导带头、严字当头，坚持在求实、务实、落实上下功夫，着力解决官兵反映强烈的不正之风，着力解决深层次矛盾和问题，着力构建规范化、制度化的长效机制，通过持续不懈的努力，使部队的作风建设不断取得新成效，为实现强军梦提供有力保证。

（五）改革创新是军队发展的强大动力：加快重要领域和关键环节改革步伐

实现强军目标是一项开拓性很强的工作，面临大量新情况新问题，必须勇于探索，大胆创新，锐意改革，否则就难以有大的发展、大的作为。习近平指出：改革创新是我军发展的强大动力。军事领域是竞争和对抗最激烈的领域，也是最具创新活力、最需创新精神的领域。我们要抓住当前世界科技革命、产业革命、军事革命蓬勃发展的历史机遇，紧紧围绕"能打仗、打胜仗"的目标，深入推进中国特色军事变革，把我军建设成为"召之即来、来之能战、战之必胜"的威武之师，努力夺取我军在军事竞争中的主动权。

变则兴，不变则衰。改革创新历来是军队发展进步的根本动力。改革开放以来，党中央、中央军委积极推动中国特色军事变革，国防和军队现代化建设取得了巨大成就，但我们切不可自满自足，而应看到，与世界军事先进国家相比，我们还有很多需要继续努力改进的问题，而且这些问题都是长期积累的体制性障碍、结构性矛盾、政策性问题，比如，领导管理体制不够科学，联合作战指挥体制不够健全，军事力量结构不够合理，政策制度改革相对滞后，等等。这些深层次的矛盾和问题，从根本上制约了军队建设和军事斗争准备，解决起来难度很大。对此，习近平要求，越是难度大，越要坚定意志、勇往直前，决不能畏首畏尾。要注重联系实际，坚持学以致用，切实把党的十八大精神贯彻落实到推进部队建设、遂行军事任务的实践中。要坚持用打仗的标准推进军事斗争准备，不断强化官兵"当兵打仗、带兵打仗、练兵打仗"思想，坚持从实战需要出发从难从严训练部队，坚持以军事斗争准备为龙头带动现代化建设，全面提高部队以打赢信息化条件下局部战争能力为核心的完成多样化军事任务能力。要不折不扣落实依法治军、从严治军方针，培养部队"严守纪律、令行禁止、步调一致"的良好作风。要始终把工作重心放在基层，把部队建设和战斗力的基础打得更加牢固。

党的十八大要求，紧跟世界新军事革命加速发展的潮流，积极稳妥进行国防和军队改革，推动中国特色军事变革深入发展。坚持以创新发展军事理论为先导，着力提高国防科技工业自主创新能力，深入推进军队组织形态现代化，构建中国特色现代军事力量体系。党的十八届三中全会通过的《中共中央关于全面深化改革若干重大问题的决定》，把国防和军队改革纳入国家改革全局，首次作为一个重要部分进行了战略部署，提出要紧紧围绕建设一支听党指挥、能打胜仗、作风优良的人民军队这一党在新形势下的强军目标，着力解决制约国防和军队建设发展的突出矛盾和问题，创新发展军事理论，加强军事战略指导，完善新时期军事战略方针，构建中国特色现代军事力量体系。

党的十八大以来，习近平着眼于坚持和发展中国特色社会主义、实现中华民族伟大复兴，对加强国防和军队建设做出一系列重要论述，立意高远，思想深邃，丰富和发展了党的军事指导理论，为在新的历史起点上加快推进国防和军队现代化建设提供了根本遵循。认真学习贯彻这些重要论述，坚决贯彻党中央、中央军委关于国防和军队改革发展的战略部署，牢固树立进取意识、机遇意识、责任意识，着力解决制约国防和军队发展的突出矛盾和问题，我们就一定能够不断开创国防和军队建设新局面，实现富国强军的民族复兴梦想。

第四章 军事高技术和信息化战争

第一节 军事高技术概述

随着科学技术的迅猛发展,在军事领域引发了一场深刻变革,新军事技术催生新作战装备、新作战方式、新作战理念,乃至新战争观。进入 21 世纪以来,信息化的高速发展,又将科学技术带入了一片广阔天地,并直接将人类战争推向信息化战争的新形态,对信息化战争的认知与需求又反过来带动军事高技术的进一步发展。研究现代国防、军队建设及战争,必须对军事高技术和信息化战争有所了解。

一、军事高技术的概念

军事高技术是高技术的一个重要组成部分,是应用于军事领域或从军事领域直接产生的前沿技术。具体来说,军事高技术是指建立在现代科学技术成就的基础上,处于当代科学技术前沿,将对武器装备、军事理论和作战样式的发展起着巨大推动作用的所有新技术的总称。

军事高技术发展至今,取得了令人瞩目的成就。归纳起来,军事高技术有以下主要特征。

1. 高投入

军事高技术从研究到应用需要大量人力、物力的支撑,研发应用的时间短则数年,长则数十年,故一般而言都需要国家财政支持,属于高投入行业。

2. 高风险

军事高技术一般都是超前研究,有很高的时效性,因而存在着很多不确定因素,开发成功率低。而且,因其研发成本高,一旦研发不成功或者未能适时完成,都将面临巨额的损失。

3. 高效能

虽然成本高、风险高,但军事高技术却拥有极高的效能,也就是高回报率,尤其是对于国防安全和经济而言,一项成功的新技术转换成装备,能够带来巨大的经济效益,一项成功的战略技术研发,能够确保一方平安,带来巨大的战略威慑力。

4. 高智能

进入 21 世纪信息化时代,军事高技术是信息化程度最高的领域,也就是高智能,这是军事高技术的最新发展方向,并且是核心发展要求。

二、军事高技术发展

军事高技术崛起于第二次世界大战的末期,它的发展与科学技术的发展和战争需求紧密联系,并且在发展过程中,还与民用技术相交织,互相促进。从军事高技术与高技术武器装备的关系出发，可把军事高技术划分为两类：

第一，支撑高技术武器装备发展的共性基础技术，也就是军民通用型技术，主要包括微电子技术、光电子技术、电子计算机技术、新材料技术、高性能推进与动力技术、仿真技术、先进制造技术等。

第二，直接应用于武器装备并使之具有某种特定功能的应用技术，按其功能主要分为侦察监视技术、伪装与隐身技术、精确制导技术、电子战与信息战技术、指挥自动化系统技术、军事航天技术、核生化武器技术、新概念武器技术等。

中国军事高技术的发展始于20世纪50年代中期。1955年，党中央做出了发展原子能事业、研制原子弹的决策。1956年，中央军委又做出了发展导弹的决定。此两项研究工作的开展及研制计划的实施，标志着中国以尖端技术为代表的军事高技术的发展已经起步。随着中国国防科工体系的不断完善，经过无数技术人才的几十年努力，中国先后研制出了原子弹、氢弹、人造地球卫星、各种战略战术导弹、核潜艇等高技术武器装备。改革开放以来，中国进一步提高国防投入，调整国防发展战略，采用引进与自我研发相配合的发展方式，促使军事高技术得到全面稳步的发展，不但战略武器和军事航天技术发展跃上新的台阶，而且采用高技术成果的新一代作战飞机、水面（水下）舰艇、坦克、大炮、电子战装备、指挥自动化设备、精确制导武器等相继研发成功并配备部队。为适应未来战争需求，中国在采用高技术改进现有装备的同时，还将继续发展部分高技术武器装备。

三、军事高技术与现代战争

军事高技术的发展及其在军事领域的广泛应用，已经对武器装备和作战行动、作战理念产生了巨大影响。

（一）促进武器装备的信息化发展

军事高技术进入信息化时代，使"信息"成为现代高新技术的核心，也改变了武器装备的发展方向，信息化程度成为装备质量的重要标准。信息技术的应用，促使各类武器向轻量、远程、高速、精确方向发展，大大提升了杀伤效能，武器的信息作战能力大幅提升，并涌现出众多新型武器，成为各国军队战略威慑和出奇制胜的法宝。

（二）促使军事理论变革

军事高技术在军事领域的广泛应用，为军事理论的发展提供了现实物质基础。军事信息化的发展推动人类战争形态从机械化战争向信息化战争转变，越来越多的军事专家将夺取信息权视作现代战争的胜负的关键要素，基于信息化产生的精确打击等新型作战样式成为现代战场的主流，信息化战争理论得到空前发展。

（三）深刻影响军事行动的各个环节

军事高技术已渗透到现代战争军事行动的关键环节中，通过雷达、卫星技术支持，实现情报侦察实时化，大大提升了情报的准确性；通过组建指挥控制自动化系统，大幅提升指挥控制效率，战场反应速度空前提高；通过先进的空气动力学技术、机械动力技术、隐身技术等，不断提升武器装备的速度、机动性和突防能力，作战行动越来越迅速。

军事高技术的发展带给现代战争的新变化远不止这些，随着人类科学技术的不断进步，还将催生出更多的未来战争变化。

第二节 高技术在军事领域的主要运用

一、精确制导技术

精确制导武器已成为现代战争中耀眼的"明星"。

（一）精确制导武器的概念与特征

精确制导武器是指采用精确制导技术，直接命中概率在50%以上的制导武器，也可理解为：命中目标的圆公算偏差小于该武器弹头杀伤半径的有制导的武器。可见，它有两大基本特征：一是采用了精确制导技术；二是直接命中概率高。

现有的精确制导武器包括导弹、制导炸弹、制导炮弹、制导鱼雷等，尤其以导弹为重。

制导武器起源于第二次世界大战，当时德国先后研制了"V-1导弹"和"V-2导弹"，但在战争中未起到大的作用。随着20世纪电子技术的飞速发展，尤其是集成电路在军事领域的广泛应用，制导武器技术取得了长足的进步。制导武器逐步走向成熟，也越来越多地应用在实战中，越南战争、中东战争，制导武器发挥出日益增长的作用，取得了令人瞩目的战果。此后，西方军事界把这些命中概率很高的导弹和制导炸弹统称为"精确制导武器"。

成就精确制导武器扬名的，主要有如下几大原因。

1. 高技术

精确制导武器是以信号探测、高速信号处理和自动控制等高技术部件组成的指导系统，它集中了光电器件、集成电路和计算机等众多现代高技术。整个武器系统的实战运用就是这些高技术的配合协作过程，而越来越高的精确性和稳定性，则来源于更好的高技术的投入。

2. 高精度

精确制导武器名称的由来就是源自它的高精度。目前现役的精确制导武器的命中概率一般都在80%以上，随着技术发展，这一数字还在不断加大。

3. 高效能

精确制导武器之所以受到越来越多的青睐，就是由于它的作战效能远远高于普通武器，根本原因就在于它的精度高。使用精确制导武器，能够有效提升攻击效率，减少耗弹量。

4. 大射程

精确制导武器的应用，尤其是导弹在作战中的应用，大幅度扩展了战场空间。动力推进技术的发展，使得导弹作战半径越来越大，甚至出现了各类洲际导弹，射程超过8 000公里[①]，洲际战争威慑成为可能。空军使用空空导弹配合雷达，直接将遭遇战升级为"超

---

① 1公里=1千米。

视距"作战，将原先几百米的作战距离提升到数百公里。

（二）精确制导武器的基本构成和制导原理

精确制导武器一般由四部分组成：战斗部、动力装置、弹体和制导系统。

制导武器的战斗部通常分为常规战斗部和核、生、化战斗部。常规战斗部即为常规装药的战斗部，包括杀伤爆破弹、聚能穿甲弹、集束式子母弹和燃料空气爆炸弹等多种类型。核、生、化战斗部是核导弹等武器中起战斗作用的组成部分。目前，世界部分国家主要的战略威慑力量就是核战斗部的中、远程乃至洲际导弹。

制导武器的动力装置主要指发动机。导弹使用的发动机分为火箭发动机和空气喷气发动机两大类。火箭发动机的特点是自带燃料和氧化剂，工作时不需要空气中的氧气助燃，它在大气层内外都可工作。空气喷气发动机工作时需要空气中的氧气助燃，只能在大气层内工作。

制导武器的弹体是把战斗部、动力装置、制导系统和各种翼面连接在一起构成的一个结构紧凑、具有良好空气动力外形的整体。

精确制导武器的核心就是它的制导系统。制导系统工作的基本原理是：先通过导引系统测量出武器与目标的相对位置和速度，计算出实际飞行弹道与理论弹道的偏差。而后，通过控制系统发出纠正这种偏差的指令，调整武器的飞行姿态和弹道，直至命中目标。

不同的精确制导武器，其具体的制导方式也不尽相同，大致可分为四种。

1. 自主制导

自主制导是根据武器内部或外部固定参考基准，导引和控制武器飞行的制导。简单地讲，自主制导就是把导弹飞行的路线事先编好程序，储存在导弹内部，发射后导弹自行严格按照这个路线飞行，直到命中目标，中途不需要任何外来的干预，控制完全自主。当然，此种制导方式，对前期数据搜集工作要求较高，并且只能打击固定目标。主要的制导形式有惯性制导、地形匹配制导、全球定位系统制导等。

惯性制导是根据物体的惯性，以测量导弹运动的加速度及角加速度来确定导弹飞行弹道的制导方式，它不易受外界干扰，不受距离限制，可全天候工作，因此，广泛应用在弹道式导弹上。美、俄、中的地地中程导弹、地地洲际导弹和潜地导弹几乎全部采用惯性制导。

地形匹配制导是预先将飞行路线以数字地图的形式存储于导弹计算机内，飞行过程中导弹探测装置实时探测地面形成数字地图，与预存地图比对并修正飞行偏差的制导方式，具有地形越复杂、制导精度越高的特点，主要运用于巡航导弹。近年局部战争中频频出现的美制"战斧"式巡航导弹就是采用以惯性制导为主、用地形匹配制导作定点校正的复合制导方法。

全球定位系统制导是利用全球定位系统播发的信号来修正导弹飞行路线，提高制导精度的制导方式。目前成熟的系统是美国开发的"GPS"系统，故此种制导方式也叫 GPS 制导。美国 BGM-109C "战斧"式巡航导弹通过加装一个 GPS 接收机和天线系统，据说精度可由 9 米提升至 3 米。

2. 寻的制导

寻的制导就是通过弹头上的寻的设备，接收目标辐射或反射的能量，如红外辐射、无线电波、声波等，然后通过这些信息确定目标的位置和速度，自动跟踪目标，直到最后命中。采用这种制导方式的导弹种类主要有毫米波制导、激光制导、红外成像制导等。寻的制导又可分为主动寻的、半主动寻的、被动寻的。寻的制导的优点是精度非常高，多用于末端制导，适合打击运动目标。但其缺点是作用距离短。

主动寻的制导，导弹主动向目标发射能量（雷达波、激光、声波等）并接收从目标反射回来的能量，从而控制导弹跟踪目标。

半主动寻的制导，能量发自设在地面、军舰或飞机上的制导站，导弹感受目标反射的能量，从而跟踪目标。

被动寻的制导，能量发自目标，导弹被动地感受，从而跟踪目标。

3. 遥控制导

遥控制导就是以制导站来测定目标和导弹的相对位置、提供导引信号的制导方式。根据导引信号形成形式，它又分为指令制导和波束制导两大类。遥控制导导弹受控于制导站，其飞行弹道可根据目标运动情况而随时改变。因此，它适合于攻击活动目标，在地空、空地、空空和反坦克导弹上使用较多。

指令制导，它的导引信号由弹外制导站发出，通过传输系统传输到导弹上，控制导弹飞向目标。根据传输设备的不同，主要分为有线指令制导、无线指令制导和电视指令制导。

波束制导又称驾束制导，其导引信号是由弹上测定偏离波束轴偏移量的装置和产生所需控制信号的装置形成。根据波束形式，主要分为雷达波束和激光波束两种制导，常见于反舰导弹和反坦克导弹中，但易受干扰和气候影响，应用量较少。

4. 复合制导

由上述制导系统的分析可知，任何一种制导系统在其单独使用时，都有其明显的优缺点。为使精确制导武器更为完善，各国专家都在努力研究。除了开发新的制导原理形成新的制导系统之外，最常见的方法就是将以上几种制导方式复合使用，形成复合制导系统，可综合利用各种制导方式的优点，同时克服缺点，以确保在实战的较恶劣的气候条件下和复杂的战场环境中，制导武器能正常工作，最大限度地克服电子对抗的影响，提高制导精度。

"战斧"式巡航导弹采用的惯性制导、影像匹配制导方式就是典型的复合制导，从而确保了它的高精度。1991年，在海湾战争中美军共发射288枚"战斧"式巡航导弹，发射成功282枚，78%命中目标。1998年，美国、英国"沙漠之狐"行动中共发射了325枚"战斧"海射巡航导弹、90枚空射巡航导弹，共击中100个目标体中的75个，其中摧毁目标10个，重创近20个，28个中度毁损，17个轻度毁损。由此可见，复合制导方式具有较高的实战价值。

（三）精确制导武器的种类

精确制导武器有很庞大的家族，总体上，可以按是否有自带动力系统，把它们分为导弹和精确制导弹药两大类。

导弹的种类远胜于精确制导弹药，可以按作战任务分为战略导弹、战役战术导弹，可以按发射点与目标位置关系分为空地导弹、空空导弹、地地导弹、地空导弹、岸舰导弹等；也可以按射程分为近程导弹、中程导弹、远程导弹和洲际导弹；也可以按飞行弹道分为巡航导弹和弹道导弹；也可以按攻击任务分为防空导弹、反坦克导弹、反舰（潜）导弹、反导弹导弹和反卫星导弹。

1. 防空导弹

防空导弹包括地对空和舰对空导弹，迄今已发展到第四代。目前，世界上有防空导弹100多种。其中，地空导弹70多种，舰空导弹30多种。较知名的防空导弹有：美国制造的"爱国者"系列导弹，其优点是射击精度高；俄罗斯制造的"萨姆"系列导弹，其优点是攻击距离远；美国制造的肩扛式"毒刺"导弹，其优点是隐蔽性高。

2. 反坦克导弹

反坦克导弹是专门用来对付坦克的导弹，可以从车上、飞机上或者由单兵在地面上发射。目前，世界现役较知名的反坦克导弹有：美国制造的"地狱火"式反坦克导弹，属激光制导；法国和德国联合制造的"霍特"反坦克导弹，属有线制导或红外遥控；美国制造的"小牛"空地导弹，属红外寻的制导。

3. 反辐射导弹

反辐射导弹是现代电子战的锐利武器，其主要作用是捕捉敌方雷达发出的波束，然后沿着雷达波直接攻击对方雷达。在越南战争中，美军就大量使用了"百舌鸟"反辐射导弹。美军每次进行空袭，都把机群混合编组，携带反辐射导弹的飞机或者打头阵，或者在空中盘旋，只要对方雷达一开机，就发射导弹，这样对方的高射炮和防空导弹就无法瞄准，其他飞机就能够肆意攻击地面目标。

4. 空空导弹

空空导弹是指从空中平台发射攻击空中目标的导弹，是现代空战的"撒手锏"。空空导弹按射程可分为近距格斗、中距拦截和远程攻击三种类型。

近距格斗导弹比较有代表性的是美国制造的"响尾蛇"导弹，采用红外被动寻的制导，适用于近距离格斗，也是世界上第一种空空导弹。在1982年英阿马岛战争中，英国制造的"鹞"式飞机发射27枚"响尾蛇"导弹，共击落阿根廷飞机24架。

中距拦截导弹比较有代表性的是美国制造的AIM-120中程空空导弹，最大射程80公里，该导弹具备发射后不管、可同时攻击多个目标的能力。

远程攻击导弹比较有代表性的是美国制造的"不死鸟"空空导弹，射程可达200公里，速度大于5倍音速，是一种全天候、超音速空空导弹。对于远程空空导弹而言，完全是超视距攻击。在空战中，谁拥有先进的预警和雷达设备，谁先发现敌方，就能取得主动权，可先敌开火。

5. 地地弹道导弹

弹道导弹按照作战任务可分为战略弹道导弹和战术弹道导弹。战略弹道导弹一般射程较远，配备威力强大的战斗部，目前较有代表性的有美国制造的"民兵"、俄罗斯制造的"白杨"、中国制造的"东风-31"等，配备了核战斗部，都是作为战略威慑力量部署。战术弹道导弹一般射程较近，配备局部战场所需的各种常规战斗部，目前较有代表性的有俄罗斯制造"飞毛腿"导弹，海湾战争时，伊拉克使用该型导弹频频攻击以色列和沙特阿拉伯，引起世界各国强烈反响。

6. 巡航导弹

巡航导弹又称飞航式导弹。所谓巡航，是指导弹在大气层内的飞行状态，在巡航状态下，导弹以匀速等高飞行。巡航导弹突防能力极强，可分为三种：一是能够实施核打击的战略巡航导弹；二是远程战术巡航导弹；三是飞航式反舰导弹。其中比较知名的就是美国制造"战斧"式多用途巡航导弹系列，该种导弹拥有众多家族成员，既能装核战斗部，也能装常规战斗部；既能在陆地上发射，也能在军舰和潜艇上发射。除了以上导弹家族外，还有一类精确制导武器就是精确制导弹药，也称为"灵巧弹药"，它们的种类没有导弹丰富，但数量也是众多的，成本较低，实用性强。根据不同的作用原理，可分为末制导弹药和末敏弹药：

末制导弹药由寻的器和控制系统组成，在其弹道末端能根据目标和弹药本身的位置自行修正或改变弹道，直至命中目标。其种类主要有制导炮弹、制导炸弹、制导鱼雷等。

末敏弹药不能自动跟踪目标，也不能改变飞行弹道，只能在被动撒布的范围内利用其自身的探测器探测和攻击目标。末敏弹药通常由一些子母弹组成，子弹被抛撒后，立即用自身携带的探测器在小范围内探测目标（约为末制导弹药探测范围的十分之一），当发现目标，即可沿着探测器瞄准的方向发射弹丸，实施攻击。

随着科学技术的发展，世界各国都在大力发展精确制导武器。同时，根据它们在战争中所暴露出来的缺陷和不足，人们正在发展性能更好的精确制导武器。从发展趋势来看，精确制导武器主要向以下六个方向发展：提高智能化水平及命中精度、提高抗干扰能力和全天候作战能力、提高隐身性能及突防能力、向小型化发展、提高模块化和标准化程度，以及提高通用性和系列化水平。

二、军事航天技术

美国前总统肯尼迪在1960年10月竞选总统时说："哪一个国家能控制宇宙，就能够控制地球。"表明了美国人对航天技术发展的重视程度，从而促生了现今世界最强的航天大国。

航天技术又称空间技术，是一门用来探索、开发和利用外层空间及地球以外天体的综合性工程，是举世公认的对人类社会生产和生活具有重大影响的高技术之一。

军事航天技术是指为军事目的而研究和应用的航天技术，它是通过将无人航天器（人造卫星、空间探测器）或载人航天器（载人飞船、航天飞机、空间站）送入太空，借以完成侦察、通信、导航、测地、气象乃至攻击等各项军事任务的一种现代化军事高技术。

军事航天技术的应用十分广泛，它的发展和应用与军事技术现代化关系非常密切。军事航天技术加速了军事现代化的进程，给现代战争带来了深刻的变化，其价值已在近些年的历次局部战争中得到展现，也越来越受到世界各国的关注。

（一）军事航天系统的构成

军事航天系统的构成与一般航天系统一样，主要有航天器、航天运载器、航天器发射场、航天测控网和用户设备等，故它与民用航天系统有很大的共通之处。

1. 航天器的分类

一般把在外层空间而且按照天体力学规律运行的飞行器称为航天器或者空间飞行器。

航天器是航天任务的主要执行者，按是否载人可分为无人航天器和载人航天器。

目前无人航天器的主要成员就是人造地球卫星，简称人造卫星，是数量最多的航天器。按用途可分为用于科学探测和研究的科学卫星、直接为国民经济和军事服务的应用卫星和进行技术试验或应用卫星试验的技术试验卫星。按探测目标可分为月球、行星和星际探测器。

载人航天器按飞行和工作方式可分为：

载人飞船又称"宇宙飞船"、"载人轨道器"。航行于空间的有人航天器，能保证宇航员在空间生活和执行任务，并安全返回地面。目前载人飞船容积较小，一般一次使用，有卫星式载人飞船和登月载人飞船两类。当今世界上有能力进行载人航天飞行的国家有美国、俄罗斯和中国。这三个国家在载人航天方面均是以载人航天飞船为基础，逐步发展起来的。

航天站又称空间站，是一种能载多名宇航员在太空长时间运行的载人航天器。空间站一般由生活舱、工作舱、服务舱及对接舱组成。大型的空间站由多次发射的运载火箭或由航天飞机将其部件送入空间组装而成。空间站目前在向大型、永久性方向发展。另外，空间站的组建、维持、开发投资巨大，目前尚无任何一国能独立建设，现唯一一座在轨飞行的空间站即国际空间站，又名"阿尔法"空间站，由美国、俄罗斯、日本、加拿大、巴西和欧洲航天局的 11 个成员国共 16 个国家联手筹建。

航天飞机是一种有人驾驶、可部分重复使用的地空运输系统。它的发射像火箭，在轨运行似飞船，返回着陆同飞机。一般由轨道器、运载火箭（或推进剂箱）及助推器组成。使用航天飞机可在轨道上释放、回收及维修各种空间飞行器，输送人员和物资到空间站等，也可用作侦察、轰炸及反卫星等军事用途。到目前为止，世界上真正让航天飞机实用化的国家只有美国，曾经使用的航天飞机有"哥伦比亚"号、"挑战者"号、"发现者"号、"阿特兰蒂斯"号和"奋进"号，其技术并不完善，其中"挑战者"号和"哥伦比亚"号分别于 1986 年 1 月及 2003 年 2 月失事，共有 14 名宇航员遇难。而且现有的航天飞机研发和维护成本过高，令很多国家望而却步。

空天飞机是一种利用新型空气发动机作动力，能像普通飞机一样水平起落，并能进入空间轨道运行的地空运输系统，是一种代表未来航天发展方向的装备，现正处于研制阶段。

2. 航天器运行基础

航天器在轨运行必须满足两个基本条件：第一个是速度。航天器要围绕地球作圆周运动，必须达到常说的"第一宇宙速度"，也叫"环绕速度"，即 7.9 公里/秒；如果要摆脱地心引力绕太阳运行，则必须达到"第二宇宙速度"，即 11.2 公里/秒；若要脱离太阳引力飞向太空，则需达到"第三宇宙速度"，即 16.7 公里/秒。第二个是高度。上述速度是在未考虑空气阻力的情况下计算的。实际上，地球大气对航天器的影响相当大，如果飞行高度低了，航天器与大气的摩擦会产生巨热而烧毁，或者因减速而逐渐陨落。因此，为确保航天器的正常运行，必须把它的运行轨道选在稠密的大气层以外，一般是离地面 120 公里以上。

航天器有几种常见的运行轨道：

（1）近地轨道。能保持航天器在空间绕地球自由飞行的最低轨道高度，称为临界轨道高度，而从临界轨道高度至 1 000 公里的空间低高轨道我们称为近地轨道，对于军事有重要意义，如近地轨道的照相侦察卫星可拍摄到高分辨率的照片和图像。

（2）地球静止轨道。地球静止轨道是运行周期与地球自转周期（23 小时 56 分 4 秒）相同的轨道，航天器飞行在距赤道地面高度 35 786 公里的空间中，相对地面静止，故此轨道的卫星也称为静止卫星。此轨道上的卫星探测范围可覆盖地球表面 40%，故许多通信、气象卫星采用这种轨道。

（3）太阳同步轨道。太阳同步轨道是逆行倾斜轨道，是一种近极地轨道，其特点是太阳光和轨道平面的夹角保持不变，在此轨道上运行的卫星，每次从同一纬度地面上经过，都保持同一地点、同一运行方向，具有相同的光照条件，所以可在同样的条件下重复观测地球。

（4）极地轨道。只有在极地轨道上运行的航天器，才能每圈都经过地球两极上空。在轨道设计中，选用这种轨道往往是为了达到覆盖整个地球的目的。如 GPS 导航卫星系统为覆盖两极地区的导航需求，就需投放此种轨道的卫星。

3. 航天运载器

航天运载器（现今主要是运载火箭）是将各种人造地球卫星、飞船、空间站等航天器送入太空的运输工具，通常由多级火箭组成。

运载火箭由有效载荷、箭体、发动机和控制系统组成。上一级火箭就是下一级火箭的有效载荷。航天器作为末级火箭（最上面一级）的有效载荷而位于火箭的最前端，外面有整流罩保护。由于运载火箭是目前相对稳定、性价比高的航天运载器，为加速航天事业的发展，今后相当长的时期内，世界各国仍然会重视运载火箭，尤其是大型运载火箭的发展，并以提高可靠性与降低运输成本为主要目标。

目前世界上有代表性的运载火箭主要有：俄罗斯的"联盟号"、"质子号"、"能源号"等，美国的"雷神"系列、"宇宙"系列、"大力神"系列、"土星号"系列，欧空局的"阿里安"系列，日本的"H"系列、"M"系列和中国的"长征"系列。

4. 航天发射场

发射场是航天活动的出发地。发射架是发射场上最引人注目的设施。在发射架周围，设置有准备厂房、发射控制中心、跟踪站、通信中心、保障发射设备以及安全设施等。航天运载器执行任务就需运送到指定发射场。中国的"西昌"、"酒泉"、"太原"都是著名的航天发射场。

5. 航天测控和数据采集网

航天测控和数据采集网就是对航天器进行跟踪测量并控制其运动和功能的专用地面系统，由航天测控中心和若干航天测控站组成，简称测控网。测控网通过对航天器跟踪测量、监视、控制和接收航天器发回的数据，检测和控制航天器上各种装置和系统的工作，接收来自航天器的专用信息，与载人航天器上的乘员进行通信联络。

6. 用户设备

用户设备是接收航天器各种应用信息的装置，由接收终端、信息处理、信息存储等设备组成。用户设备小到一台移动电话机，大到一个地面站，它们都是航天器应用系统的组成部分。

(二)军事航天技术的应用

目前,军事航天技术在实践中的应用主要集中在军事卫星上,以及逐步成形并不断发展的航天作战系统。军事卫星是专门用于各种军事目的的人造地球卫星的统称,它是目前军事航天技术发挥实战效能的主要载体。按其功能可分为军事侦察卫星、军事通信卫星、军事导航卫星、军事气象卫星和军事测地卫星等。

军事侦察卫星是获取军事情报的人造地球卫星。它发展最早、应用最广,具有侦察效率高、收集和传递情报速度快、效果好、生存力强和不受国界与自然地理条件限制等特点。侦察卫星按不同的侦察设备和任务,可分为照相侦察卫星、电子侦察卫星、海洋侦察卫星、导弹预警卫星等。其主要用途有详细侦察对方各种战略目标,对敌方领土进行准确测图,侦察敌方战略导弹系统的数量、质量情况,侦察敌方地面部队的调动部署情况,侦察对方的战场情报等。

军事通信卫星包括战略通信卫星和战术通信卫星。战略通信卫星提供全球性的战略通信。战术通信卫星提供地区性战术通信以及军用飞机、舰船和车辆乃至单人背负终端的机动通信。其主要特点是通信距离远、通信容量大、传输质量高、机动性能好、生存能力强。军事通信卫星能够为陆、海、空军等各类用户提供迅速、准确、保密、稳定的通信保障,能够为建立三军通用的指挥、控制、通信和情报系统创造条件。

军事导航卫星是为航天、航空、航海、各类导弹、地面部队及民用等方面提供导航信号和数据的航天器。军事导航卫星通常装有指令接收机、多普勒发射机、相位控制编码器和原子钟等,与地面控制站和接收导航设备共同组成卫星导航系统。根据用户是否向卫星发射信号,导航卫星可分为主动式和被动式。军事导航卫星均采用被动式,按规定时间、固定频率,全天候向地面发送精确导航数据。地面接收站接收信息并处理后,确定所在准确地理位置。导航卫星网络的建立是基于军事目的的,但现今民用导航技术已深入大众生活,如车载 GPS 导航装置,为大众生活提供了便利,不过这只是军事导航卫星系统的副产品,军用导航的精度要远远高于民用精度。

目前,世界上只有少数几个国家能够自主研制生产卫星导航系统。美国的"全球定位系统"(GPS)已是第二代导航卫星系统,它由 24 颗卫星(包括 3 颗备用星)组成,覆盖全球,能够确保每个用户上空至少有 4 颗卫星服务,它的定位精度大约为 10 米。俄罗斯的"全球导航卫星系统"格罗纳斯(GLONASS)是与美国 GPS 相类似的卫星定位系统,但定位精度略差,范围是 30~100 米。欧洲正在建设的"伽利略"系统,是世界上第一个基于民用的全球卫星导航定位系统,使用卫星数将超过 GPS,并且精度和稳定性也要高于 GPS。中国从 2000 年开始试验并组建"北斗"卫星导航系统,迄今已发射 5 颗"北斗"系列导航卫星,成为世界上继美国和俄罗斯之后第三个能自行研制发射导航卫星的国家。

军事气象卫星实质上是一个高悬在太空的自动化高级气象站,是空间、遥感、计算机、通信和控制等高技术相结合的产物。由于轨道的不同,可分为两大类,即太阳同步轨道气象卫星和地球同步轨道气象卫星。军事气象卫星是为军事需要提供气象资料的卫星,它可提供全球范围的战略地区和任何战场上空的实时气象资料,具有保密性强和图像分辨率高的特点。世界上第一颗气象卫星是美国 1960 年发射的"泰罗斯 1 号"卫星,是一颗军民合用的试验卫星。1965年1月,美国发射成功世界上第一颗实用性军用气象卫星"布洛克1号"。中国于1988年9月7日发射成功第一颗气象卫星——"风云1号"太阳同步轨道气象卫星。

军事测地卫星是指为军事目的而进行大地测量的人造地球卫星。地球的真实形状及大小、重力场和磁力场分布情况、地球表面诸点的精确地理坐标及相关位置等,对战略导弹的导弹计算和制导关系甚大,测地卫星就是用于探测上述参数的航天器,它可测定地球上任何一点的坐标和地面及海上目标的坐标。世界上第一颗专用测地卫星,是美国1962年发射的"安娜"号卫星。其后,苏联、法国曾先后发射过测地卫星,但目前已没有专用的测地卫星。

军事航天作战系统是指利用各种类型的反卫星武器攻击、摧毁敌方的航天器,或利用航天器上载有的定向能武器、动能武器攻击、摧毁敌方陆地、海洋与空中的目标。利用载人航天器上的机械臂、机器人或航天员直接擒获、破坏敌方的军用航天器,也属航天作战的范畴。航天作战武器系统是部署在太空、陆地、海洋和空中,用于打击、破坏与干扰太空目标的武器,以及从太空攻击陆地、海洋和空中目标的武器的统称。它包括:反卫星武器,主要有反卫星导弹和反卫星卫星;反导武器,包括地基反导武器和天基反导武器,主要用于拦截弹道导弹和巡航导弹;轨道轰炸武器,指在围绕地球的轨道上运行,根据指令在几分钟之后脱离轨道再进入大气层抵达地面目标的武器,可携带核弹头;载人航天兵器,指航天飞机、空天飞机、人造宇宙飞船和空间站等运载平台与新型空间武器的结合,负责空间作战和对空中、地面、海洋战场目标进行攻击的武器。

三、指挥自动化技术

从古至今,军队的指挥控制过程从指挥角度上看,可分为三个阶段:一是收集敌方情报和与作战有关的信息,以求知己知彼;二是分析情报信息,制订作战方案和作战命令,运筹帷幄;三是把制订好的方案和命令下达给所属部队,并实施不间断的指挥,以求决胜于千里之外。

然而,由于人类社会的发展、军事高技术的大量应用,使得现今的战场远比几十年前复杂,情报信息量剧增、计算机网络的高速发展更是颠覆了传统的军队指挥控制体系,先进的指挥自动化技术应运而生。

军队指挥自动化系统(C^4ISR)也称指挥信息系统,是指在军队指挥机构中,采用自动化的硬设备及相应的软设备等现代化工具,实施指挥与控制的"人—机"系统,它是军队实现指挥自动化的手段和工具。目前,西方发达国家称为 C^4ISR 系统,即指挥(Command)、控制(Control)、通信(Communication)、计算机(Computer)和情报(Intelligence)、监视(Surveillance)、侦察(Reconnaissance)的简称。

指挥自动化系统从不同的角度可划分出不同的种类,通常可按作战任务的性质和规模大小划分为战略、战役和战术级 C^4ISR 系统,按使用系统的军兵种划分为陆军、海军、空军、海军陆战队等兵种 C^4ISR 系统,按不同的指挥控制对象分为士兵自动化指挥系统、信息自动化指挥系统和武器自动化指挥系统等。

(一) 指挥自动化技术的发展演变

20世纪50年代，随着军事高技术大量应用于军事，军兵种数量增多，作战距离、作战范围增大，部队机动能力也大大提高，军事指挥领域引入了"控制"一词，出现了C^2系统，其主要功能是指挥与控制。指挥与控制是指挥官在完成任务过程中对所属部队行使权力和下达指示的活动。最具代表性的是美国研制的"赛其"半自动化防空指挥控制系统和苏联研制的"天空1号"半自动化防空指挥控制系统。

20世纪60年代，通信手段在C^2系统中的作用日益完善、影响日益重要，故又加上"通信"，形成C^3系统。在"冷战"时期，随着远程武器的发展，特别是各种战略导弹和战略轰炸机大量装备部队，指挥决策与作战行动执行单位之间可能彼此相隔数千公里乃至更远。单一的C^2系统已无法胜任现代化战争的指挥与控制任务，无法实时地进行大量情报信息的传输。C^3的出现表明，在现代战争中，指挥、控制、通信已经逐渐融为一体。其中，指挥控制是目的，通信是达到目的的必不可少的手段。

20世纪70年代，美国首次把"情报"作为指挥自动化不可缺少的因素，出现了C^3I系统，并在较长时期内成为指挥系统自动化的代名词。当时，美国国防部一名助理国防部长专门负责指挥、控制、通信与情报工作。这里的情报有着极其广泛的含义，包括各种各样的探测、预警、侦察、导航、定位和敌我识别等。"I"的加盟可以说是历史的必然。因为自古以来指挥活动就离不开情报源的支持，现代指挥活动更是如此。只不过指挥自动化是一种开创性、渐进性的过程。一种指挥要素要成为这个家族中的一员，是受各种军事和技术条件制约的。C^3I的出现是指挥自动化的一个重大进展。它树立了指挥、控制、通信和情报不可分割的概念，也确立了以指挥控制为龙头、以通信为依托、以情报源为生命的一体化系统的雏形。C^3I提法在指挥自动化发展史中存在的时间最长。

20世纪80年代，由于计算机技术在指挥信息系统中的地位、作用日益增强，于是"计算机"加入C^3I家庭，变成C^4I系统。这个新到的成员后来居上，成为C^4I家族中的核心。在以往C^2、C^3、C^3I系统中，也使用计算机设备，但其运算能力、信息处理能力、通用性和联网性能都不能与今天高性能的计算机相比。因此，在当时的指挥自动化系统中，计算机主要是在某些层次的操作业务中代替人工作业，但对于指挥控制过程中高层次的活动，如信息分析、处理等只能起到部分辅助作用，并且在当时的指挥自动化系统中，只是在信息处理中心及某些重要节点才能装备使用高性能计算机。直到20世纪70年代，尽管指挥自动化系统中计算机已大量使用，但由于当时的通信仍以模拟信号为主，情报仍以探测器的原始数据为主，计算机与通信、情报系统的融合并不紧密。在20世纪80年代，随着软件技术的飞速发展以及计算机的小型化和微型化，高性能计算机在指挥自动化系统中渗透到了无处不在的程度。计算机通用信息处理平台的作用越来越大，以数据形式传输和交换信息越来越广泛。更重要的是，高性能的计算机使指挥自动化系统实现了情报采集、分析与方案制订、辅助决策等高层次信息处理活动的自动化，这为制服信息化条件下作战急剧膨胀的"信息洪水"提供了必不可少的技术手段。计算机已成为指挥自动化系统各个领域不可缺少的重要设备，这就使计算机上升到与指挥、控制、通信、情报同等重要的地位。

20世纪90年代，美国根据海湾战争的经验，进一步认识到掌握战场态势的重要性，提出"战场感知"概念,即利用各种侦察监视技术手段,全面了解战区的地理环境、地形特点、气象情况,实时掌握敌、我、友三方兵力部署和武器系统配置情况及其动向,为作战行动提供可靠的依据。C^4I技术体系的内涵又进一步扩大,新融入了"监视与侦察",变成了C^4ISR。

进入21世纪,随着军队信息化水平的不断提高,C^4ISR与武器平台、弹药等作战系统的"融合"不断加深,使C^4ISR系统又新增了"杀伤"手段,变成了C^4KISR系统,从而使指挥信息系统成为以计算机为核心,具有指挥、控制、通信、情报、监视与侦察以及杀伤于一体的自动化系统。

(二)指挥自动化系统的组成

指挥自动化系统主要由物理设备、软件、人员和系统四部分组成。

1. 物理设备

物理设备主要由计算机及其外部设备、通信设备、探测器和显示设备组成。

计算机及其外部设备:计算机是系统的核心设备,通常配置在指挥机关,是司令部和指挥所的重要组成部分。其作用主要体现在两个方面:一是处理数据;二是进行方案模拟,辅助决策。各个分系统都装备了计算机及其输入、输出设备,是信息处理的工具。

通信设备:通信网络是连接和指挥各种探测器、终端设备的纽带,是系统的命脉,也是实现自动化指挥的基础,它决定了指挥自动化系统的作用空间和影响范围。通信网络使用通信设备互联构成。连接系统的纽带,由无线、有线信道,种类交换设备,各种终端设备组成。

探测器:系统的耳目,由多种自动化的探测设备和系统组成。

显示设备:显示设备由各种显示屏、电视屏组成,是人机对话的工具和界面。从广义上讲,它也是一种输出设备。

2. 软件

软件包括系统软件和应用软件。系统软件即保证计算机正常运行的软件,指操作系统、数据库管理系统、翻译程序等。应用软件即指挥自动化的整套程序,指作战模拟、指挥决策、作战值班等。

3. 人员

人员主要包括服务人员、操作人员和指挥人员。服务人员负责系统分析、程序编制、维修保障,不参与信息流通;操作人员参与信息流通并进行信息分析;指挥人员即指挥员与参谋人员,它们体现系统中的指挥。

4. 系统的相互联结

系统的结构是指其物理实体的空间排列方式和实体内各部分的相互联系。它使物理实体成为统一的整体。系统联结包括物理联结(用电缆、插头将硬件连接起来)和逻辑联结(各种信息流在概念和逻辑上的联结)。逻辑联结决定了信息流的流向和各级系统的关系,其好坏直接影响到整个系统功能的发挥。逻辑联结是设计思想水平的体现。

(三)指挥自动化技术的发展趋势

目前,指挥自动化系统正在向一体化方向发展,具体表现在以下几个方面。

1. 体系结构一体化

体系结构一体化即提供一个公共的体系结构框架,使战略、战术和各军兵种的指挥自动化系统综合集成在一起,实现系统更好的互联、互通和互操作,保证系统的安全性、可靠性以及资源共享等。

2. 功能一体化

功能一体化即多种功能集中在一个系统中实现。例如,美国的"全球军事指挥控制系统",可以完成作战指挥、军事训练、日常工作管理以及抢险救灾、缉毒走私等多种功能。

3. 指挥自动化

指挥自动化系统一般为指挥员指挥作战、训练和日常管理等工作提供服务。随着技术的进步、系统性能的提高,指挥自动化系统的服务对象,从国家最高当局、战区司令、战术指挥员到初级指挥员,最终可以给单个战斗员提供信息收集、处理、显示、传输等战斗员所需的各种信息服务,使指挥员、战斗员等都能得到指挥自动化系统提供的信息服务。

4. 管理一体化

管理一体化即保持系统统一管理,提高系统的整体性、安全性、有效性、适应性和可用性等。管理的内容包括对系统运行的监视、检测、资源分配、系统重新构造等。管理由管理人员和软件共同来完成。

5. 操作一体化

操作一体化即保持统一的人机交互界面,使系统的运行、修改、安装等各种操作统一起来。一体化操作对指挥员来说,意味着指挥员坐在任意指挥席上,都可进行同样的指挥。系统一体化带来的是分布式指挥结构,形成所谓的"虚拟参谋部",使系统生存性大增。

6. 信息武器一体化

信息武器一体化即实现传感器到武器的无缝连接,加快武器的反应速度。从概念上讲,指挥自动化系统不包含武器系统本身,而仅涵盖武器系统的控制器。为了提高作战的快速响应和自动化程度,系统将逐步实现把目标信息直接送给武器控制器,作为武器的射击目标和控制参数,减少中间环节,达到对付快速目标的目的,也就是目前正在发展的 C^4KISR 系统。

四、电子对抗技术

(一)电子对抗技术的含义与作用

电子对抗技术又称电子战技术,主要是指军事上为削弱、破坏敌方电子设备(系统)的使用效能,保护己方电子设备(系统)正常发挥效能而采取的各种措施和行动的统称。

电子对抗是现代战争中重要的作战和保障手段,目的在于削弱或破坏敌方的同时又保护己方,为掌握战场主动权,夺取战役、战斗的胜利创造有利条件。

目前,电子对抗作为陆、海、空、磁、天、网全维战场之一,已成为现代战争中不可或缺的重要组成部分。电子对抗是现代战争的前奏,并贯穿战争的全过程。在战争爆发前,以电子侦察与反侦察、干扰与反干扰、摧毁与反摧毁为基本内容的隐形战争早已展开。战争开始后,电子对抗在更加激烈的程度上进行,直至战争结束。制电磁权的斗争严重影响战场火力的发挥，没有可靠的制电磁权，即使在火器数量上占有优势，也难以获得火力运用的主动权。因此，正确应用电子对抗手段，不仅可以为攻防的顺利进行创造有利条件，还可以大大加快战争进程。例如，"海湾战争"多国部队以极小的代价和较短的时间就取得巨大胜利，很大程度上得益于电子对抗的成功。

（二）电子对抗技术的主要应用类别

电子对抗技术是由综合的、交叉的、多层面的多种学科技术构成的技术体系。目前，按工作机理不同，电子对抗技术主要包括两大部分：一般电子对抗技术和网络对抗技术。其中，一般电子对抗技术按作战内容及电子设备的类型，可分为通信对抗技术、雷达对抗技术和光电对抗技术等；网络对抗技术按作用性质区分，可分为网络进攻技术和网络防御技术。

1. 通信对抗技术

通信干扰是一种主动式电子对抗技术，是指为了使敌方的通信系统不能正常工作，需要根据具体情况采取欺骗、扰乱直至压制和破坏的手段。通信干扰技术主要包括：

第一，快速引导干扰频率技术。要实现跟踪式干扰就必须超过调频台的速度，因此，采用快速引导干扰频率技术，使干扰机的测频和干扰发出时间缩小到最短。目前，调频频率的速度越来越快。

第二，灵活干扰技术。对高速跳频的干扰，可采取破译对方的跳频码，提高己方测频、测向和定位的速度，使用宽带阻塞式干扰，使用投掷式干扰机等；对直接扩频系统的干扰，可采取大功率窄带干扰，智能化的窄带干扰，即实时地估计出干扰的频率，在解扩前将其干扰滤除；对自适应阵的干扰，可采取多方向干扰、相参多方向干扰、同向干扰以及时变干扰等方式。

第三，复合干扰技术。例如，对组网通信系统的干扰，首先要分析组网电台的工作规律、调频网的分选和网络管理模式，从中分析出弱点，然后，采取多平台、多点的方式，在统一的协调控制下进行截获、测向、释放干扰及判断，并及时修改干扰策略。

通信抗干扰是一种被动式电子对抗技术，是指解决如何应对敌方有意干扰的技术。目前，通信抗干扰技术主要包括：

第一，扩展频谱技术，主要分为跳频和直接扩频两种。跳频就是工作频率随机地在很宽的频带内跳变，其效果是造成敌方难以确定工作频率，迫使对方采用宽带阻塞式干扰，从而分散了干扰功率。直接扩频是将待传输的电话、电报、图像或数据信息通过发信端设备，转换成信码。直接扩频使伪随机码难以破译，有较强的保密性。

第二，采用自适应天线阵干扰对消技术。自适应天线阵能使干扰信号进入不了接收机。

第三，采用猝发通信技术，以尽可能高的速率，在短时间内完成通信任务。

第四，采用新的通信波段，如采用毫米波通信。毫米波频段高，天线体积小，方向性可以做得很好，即主波瓣很窄而副波瓣（旁瓣）很低，抗干扰效果大大提高。

第五，使用保密通信技术。信息技术的发展，使得现代的密码越来越复杂，密码攻击很难取得成功。

2. 雷达对抗技术

雷达干扰是主动式电子对抗技术。对雷达实施干扰的目的是使雷达无法发现目标或使其得到虚假的目标数据。雷达干扰分为压制干扰和欺骗干扰。每种干扰可分为有源和无源两类。压制干扰主要采取噪声的形式，杂波噪声进入雷达接收机后，干扰雷达对目标的搜索，适合于对付搜索雷达。欺骗干扰主要破坏雷达跟踪系统的正常工作，使雷达出现错误的目标数据。有源干扰需要干扰机发射电磁能量，进入雷达接收机而产生作用。无源干扰是利用一些器材对雷达信号反射或吸收而影响雷达信号接收。

雷达电子防御是被动式电子对抗技术，主要包括：一是雷达反侦察技术。雷达反侦察技术的实质就是采取技术措施，减少雷达被发现的可能性。采用雷达反侦察技术的雷达被称为低截获频率雷达，也称为寂静雷达。一般采取的主要技术措施有超低的天线旁瓣、低峰值功率的发射波形，以及波形参数随即变化等。雷达通过采用复杂的宽脉冲波形，在发射总功率不变的情况下，做到低的峰值发射功率，这样常规的侦察系统很难及时发现。采用频率捷变、脉冲重复周期抖动等技术，可随即改变波形参数，扰乱敌侦察系统的信号分离和雷达识别。另外，多基地雷达技术、雷达电磁发射控制、技术参数改变等措施都可以达到欺骗的目的。二是雷达抗干扰技术。雷达抗干扰技术在雷达的各个部分都有体现，没有单独的抗干扰设备，主要有频率捷变技术、旁瓣对消技术等。

3. 光电对抗技术

光电对抗是指敌对双方从紫外、可见光到红外的宽广波段上，利用各种设备和措施进行光电侦察与反侦察、干扰与反干扰的综合光电子斗争。光电对抗技术可分为光电侦察告警技术、光电干扰技术和光电防御技术。

光电侦察告警是实施有效干扰的前提。它是指利用光电技术手段对敌方光电武器和侦测器材辐射或散射的光信号进行探测、截获和识别，并及时提供情报和发出告警。光电侦察告警根据工作波段，可划分为激光侦察告警、红外侦察告警、紫外侦察告警等几种类型。激光侦察告警适用于多种武器平台和地面重点目标，用于警戒目标所处环境中的光电火控或激光制导武器的威胁。红外侦察告警通过红外探头探测飞机、导弹、炸弹或炮弹等目标的红外辐射或该目标反射其他红外源的辐射，并根据目标辐射特性和预定的判定标准，发现和识别来袭目标的性质，确定其方位、距离等并及时告警。紫外侦察告警可用于导弹探测，它是通过探测导弹火焰的紫外辐射，确定导弹来袭方向并发出警告。

光电干扰是采取某些技术措施破坏或削弱敌方光电设备的正常工作，以达到保护己方目标的干扰手段。在光电精确制导武器广泛使用的现代战争中，光电干扰的地位更加重要。光电干扰技术的发展，集中在红外诱饵、红外烟幕、光电干扰机和光电摧毁四个领域。

光电防御是指在有光电对抗的条件下，为提高光电武器装备的作战能力而采取的一切措施。它包括光电反侦察告警和光电反干扰。光电反侦察告警是为防止和破坏敌方光电侦察告警设备实施有效侦察告警而采取的一切措施。光电反干扰是指为排除或破坏敌方光电干扰效果而采取的一切措施，是提高武器装备突防能力、命中精度的重要手段。

4. 网络进攻技术和网络防御技术

网络进攻技术和网络防御技术是基于计算机技术及计算机网络技术而发展起来的新型

电子对抗技术，现今计算机病毒与杀毒软件之间的竞争就是一种基本的网络攻防竞技。

网络进攻技术主要有对计算机系统实施软攻击和对计算机网络硬件电路的硬摧毁两种，目前较为普遍的是软攻击技术。对计算机系统的软攻击主要指利用计算机病毒、"黑客"等手段对计算机系统进行攻击，造成系统瘫痪或获取有用的信息。目前，比较有代表性的计算机病毒有"蠕虫"、"特洛伊木马"等。另外，还有由程序软件开发者或系统研制者设计的逻辑炸弹、计算机"陷阱"，都能成为网络进攻的有力突破口。对计算机系统的硬摧毁主要是指对计算机网络硬件电路的进攻技术。它包括使用特殊设计的卡片、研制纳米机器人和芯片细菌、进行定向能摧毁、进行电磁脉冲弹摧毁等。

网络防御技术的出现滞后于进攻技术，其根本的有效发展途径就是掌握程序、系统开发的核心技术。目前，网络防御手段主要有安全防护技术、"防火墙"技术和建立信息安全机制。军用信息系统通常采用无病毒的计算机硬件及软件产品，选用专门的病毒检测软件，对购进的计算机硬件和软件产品进行彻底检查，并清除可能携带的病毒。对计算机硬件设备都应装有适当的安全防护装置，建立可靠的工作环境，并具有一定的抗干扰能力和抗摧毁能力。计算机和计算机网络应加入屏蔽设施，限制电磁辐射量，确保计算机和网络物理安全。"防火墙"即为防止外部非授权者通过外部计算机网络向用户内部网络的非法入侵，在外部网络或计算机之间设置的具有封锁、过滤、检测等功能的装置。它可以有效防止外部非授权用户进入内部网络，同时保证授权用户互通。信息安全机制主要包括机制鉴别、保密、完整性、不可抵赖和访问控制等，目的是建立切断网络安全信息泄露的体制机制，确保门户安全。

五、侦察监视技术与伪装隐身技术

在战争中，及时准确地获取情报是取得胜利的前提。随着侦察监视技术的发展，侦察监视的手段、方式和设备的技术水平较以往大大提高，拥有高技术的一方能适时、准确、全时域、全方位地获取各种战场信息，这就为实时采取相应对策提供了可靠的情报保障，为克敌制胜创造了有利条件。

矛利了，盾也必然会变得更强。应对侦察监视的高技术手段与其同步发展，出现了很多新兴门类，其中最突出的就是伪装隐身技术，尤其是隐身技术受到世界各国关注，已被应用于研制隐身飞机、隐身导弹、隐身舰艇等各类隐身武器，有的已形成战斗力。伪装隐身技术的实战应用，大大提高了武器装备的生存能力、突防能力和作战效能，从而反过来刺激了侦察监视技术的进一步发展。

（一）侦察监视技术概述

侦察监视技术是指用于发现、区分、识别、定位、监视和跟踪目标所采用的各种技术。

侦察监视是军队为获取敌情、地形及其他有关战场信息而进行的活动。侦察监视的过程可分为六个阶段：发现、区分、识别、定位、监视和跟踪。发现即发现目标，就是通过把目标与其背景作比较，将目标从背景中分离出来，以确定目标位置。区分即确定目标的种类，主要是根据目标的外形和运动特征加以区分。识别即在探测过程中，对目标进行详细的辨认，确认目标的真假、敌友及确切的种类型号。定位即按照一定的精度，探测出目标的位置，通常包括目标的方位、高度和距离。监视即对目标进行严密的注视和观察。跟踪即对运动目标进行不间断的监视。

现代侦察系统的主要技术手段有六大类。

第一，可见光侦察。主要是根据目标在可见光波段的物理特征，利用可见光进行侦察的各种光学观察器材，如望远镜、潜望镜、指挥观察仪、测距仪及照相侦察器材、电视侦察器材、微光夜视侦察器材和激光侦察器材等。

第二，红外侦察。红外波段位于可见光和微波之间，是一种"不可见的光"。任何温度高于绝对零度的物体都在不断地向外辐射红外线，并且温度越高，波长越短；温度越低，波长越长。根据红外线的这些特征，可以用某种设备把强度不同的红外线转换成人眼看得见的图像或数据来探测目标。红外侦察设备主要分为成像红外探测器和不成像红外探测器两种。常见的成像红外探测器主要有红外照相机、红外夜视仪、热成像夜视仪等；不成像红外遥感器只感受热源的存在方位，不形成目标的热成像，其侦察设备主要有红外预警探测器等。如预警卫星就是利用红外探测器来探测敌方导弹的发射，以实现早期预警，从而为防御和反击赢得足够的时间。

第三，雷达探测。雷达原意为"无线电定位"，即利用物体对无线电波的反射特性来探明目标和测定目标的位置。飞机、导弹、卫星、舰船、车辆等都是雷达可探测的目标。

雷达的工作方式通常分为两类：一类为连续波雷达；另一类为脉冲雷达。目前应用广泛的是脉冲雷达。雷达探测有许多优点：发射功率大，探测距离远，如远程警戒雷达可发现数千公里外的目标；工作波长，几乎不受昼夜时节和气候的限制，能全天候使用；测定目标精度高，并能自动搜索与跟踪目标；按预先编好的密码，并通过一定的附属设备，可识别敌我。随着雷达技术的发展，雷达不仅对空中和海上目标有很强的探测力，能显示目标的批次和航迹，对地面目标也具备了较强的探测能力。但雷达探测的缺点也很突出，即易受电磁干扰。目前，雷达探测是侦察监视技术中应用最广泛、最普及的方式。

第四，电子侦察。电子侦察主要分为两大类：一类是无线电探测，主要用于侦察敌方电台通信内容，并确定敌方电台的大致位置；另一类是微波探测，专门侦察敌方雷达信号，根据对方雷达的使用频率、功率等参数，来判定对方雷达的性能和位置，为己方飞机和导弹突破敌人防空网提供情报，为实施电子干扰与摧毁这些雷达提供根据，故它与雷达探测是一组对应关系。

第五，多光谱侦察。多光谱侦察是把目标发射和反射的各种波长的电磁波划分成若干窄的波段，在同一时间内，用几台仪器分别在各个不同光谱带上对同一目标进行照相或扫描，将所得的图像或信号进行加工处理、分析比较，就可从物体光谱和辐射能量的差异上区分目标。多光谱侦察的主要特点是能识别伪装。在多光谱侦察获得的"假彩色合成图像"上，生长旺盛的活体植物呈现红色，伪装用的砍伐植物呈现灰蓝色，涂有绿漆的金属物体呈现黑色，这样就能把真假目标区分清楚。

第六，声学侦察。根据声音在不同媒介中的传输特点，利用声电变换器件和电子放大器件来拾取声音，进行声音放大或远距离传输，从而测定声源方位、探测目标参数。声学侦察器材主要有声呐、炮兵声测仪等。

现代侦察系统主要由航天侦察、航空侦察、地面侦察、海上侦察等分系统组成。夜视侦察则是每个分系统的重要组成部分。

1. 航天侦察

航天侦察就是利用航天器上的光电遥感器和无线电接收机等侦察设备获取侦察情报的技术。航天侦察是现代战略侦察的主要手段。其原理是：遥感器和无线电接收机所获得的目标信息以不同方式传回地面，经加工处理和判断分析后，作为决策者判明敌情和制定对策的重要依据。因此，航天侦察主要担负战略侦察任务，也可执行战术侦察任务或为战术侦察情报提供旁证材料。航天侦察按使用的航天器是否载人可分为卫星侦察和载人航天器侦察。其中，卫星侦察是航天侦察的主要方式，可分为照相侦察、电子侦察、导弹预警和海洋监视等。

照相侦察卫星是在卫星上安装各种类型的照相机，拍摄地面目标获取情报的一种侦察卫星。按其使用波长的不同，有可见光照相、红外照相、多光谱照相和微波照相四类。

可见光照相侦察卫星具有照片清晰、易于判读等优点，但它受天气影响较大。为弥补不足，一般照相侦察卫星还同时装备红外、多光谱和微波照相设备，从而可以实施全天候侦察，具有识别伪装的能力，特别是微波照相还具有一定的穿透地表层、森林和冰层的能力。

照相侦察卫星的情报准确性取决于卫星照片的地面分辨率。目前，先进的照相侦察卫星以美国的"锁眼-11"、"锁眼-12"为代表，尤其"锁眼-12"带有先进的光电遥感器，采用热成像和自适应电子技术，进一步提高了夜间侦察能力和情报信息的准确性，地面分辨率可达 0.1 米，甚至还具备机动变轨能力。另一具有代表性的雷达成像侦察卫星"长曲棍球"也是美国部署的侦察装备，能够穿透地球周围浓厚云层或在黑夜作业，从而弥补了可见光照相机的缺点，其地面分辨率为 1 米，足以识别越野车、坦克、导弹运输车等地面军事目标，它常与"锁眼-12"相互配合使用。海湾战争期间，美军利用照相侦察卫星获取了大量准确的伊拉克军事情报，为美军实施"沙漠风暴"行动奠定基础，同时也为而后的战役提供了可靠依据。

电子侦察卫星是探测和搜索无线电信号和雷达信号的监听卫星，又称电磁探测卫星。在这种卫星上装有侦察接收机和磁带记录器。当卫星飞经敌方上空时，将各种频率的无线电信号和雷达信号记录在磁带或磁盘上，或储存在计算机里，在飞经本国地面站上空时，再回放磁带或磁盘，将所侦察的情报发送回地面站，以测定雷达位置、信号特征、窃听和记录敌方军事通信信号，确定电台位置等。目前，世界上只有美国和苏联发射和使用过电子侦察卫星。其中"大酒瓶"是美国较新的大型电子侦察卫星，可截获整个无线电频率范围内的信号，重点是数据通信信号，曾在海湾战争中使用。

导弹预警卫星是装有红外敏感元件、能早期发现敌方发射导弹或其他飞行器并及时发出警报的卫星。其主要任务是：战时，预报敌方导弹发射情报以便通知居民紧急疏散，或发射反弹道导弹实施拦截；平时，监视其他国家导弹和空间飞行器的发射试验，兼顾核爆炸探测任务。导弹预警卫星在美军内部称为"国防支援计划"（DPS）卫星，用于监视可能的导弹发射区。美军导弹预警卫星预警网正常保持 5 颗，3 颗工作，2 颗备用，自工作以来已观测到俄、美、法、中所进行的 1 000 多次导弹发射。在海湾战争中，美制"爱国者"导弹成功拦截伊拉克"飞毛腿"导弹，一方面是由于"爱国者"的良好性能，另一方面则归功于导弹预警卫星的准确情报。俄罗斯也组建了导弹预警卫星网络，共由9颗"宇宙"号卫星组成。另外，导弹预警卫星也是美国组建"弹道导弹防御系统"的重要部分，发挥了第一只"眼"的作用。

海洋监视卫星是用来探测海上舰船和潜艇并对其进行跟踪和监视的军事卫星。由于所要覆盖的海域广阔，探测的目标又多是活动的，海洋监视卫星的轨道都比较高，并多采用几颗组网的侦察体系。苏联是世界上最早发展海洋监视卫星的国家，其海洋监视卫星采用双星工作方式，轨道高度为近地点250公里，使用核能源，在英阿马岛海战中曾为阿军击沉英"谢菲尔德"号驱逐舰发挥了重要作用。

2. 航空侦察

航空侦察又称空中侦察，是军事侦察系统的重要组成部分，它包括有人驾驶侦察机和无人驾驶侦察机两大类，也可以根据航空侦察监视系统的功能分为预警机、电子侦察监视飞机、海事巡逻飞机和无人机等种类。

有人驾驶侦察机是空中侦察的主力，它可以携带可见光航空相机、红外航空相机、侧视成像雷达、电视摄像机、电子侦察设备等。它主要有各种侦察飞机、直升机、预警机。

预警机是航空侦察监视系统的重要组成部分，起到了活动雷达站和空中指挥中心的作用，由载机和电子系统组成。电子系统包括监视雷达、数据处理、数据显示与控制、敌我识别、通信、导航和无源探测等。预警机能够引导各种飞机进行作战，为战区指挥员提供各种作战情报。它具有监控范围大、生存能力强、指挥控制能力强等特点，是信息化战争中不可或缺的重要机种，目前中国已经配备了"空警-2000"等技术先进的预警机。

无人驾驶侦察机是20世纪60年代发展起来的。无人驾驶侦察机比有人驾驶侦察机具有更多的优点：一是成本低，一架无人驾驶侦察机仅50万~100万美元，而一架"SR-71黑鸟"2 400万美元；二是减少人员伤亡，能用于完成危险性大、不宜使用有人驾驶侦察机的侦察任务；三是体积小，发动机功率低，红外辐射小，不易被发现和击落；四是灵活机动，可在没有机场的地方起飞。但在目前的技术下，无人机也有易受无线电干扰、维护操作复杂、受地形影响大等缺点，故需与有人驾驶侦察机配合使用。

目前，世界上较先进的无人侦察机主要有美国的"全球鹰"、"掠食者"，以色列的"先锋"、"搜索者"等。"先锋"遥控侦察机在海湾战中首次投入使用，多国部队共装备了50架，发挥了重要作用。"掠食者"除了具有侦察能力外，甚至还拓展出攻击能力，可携带空对地导弹，在反恐行动中执行了攻击任务。

3. 地面侦察

地面侦察在侦察系统中占有相当重要的地位，也是最为古老的侦察项目，即便进入21世纪，现代信息化战场上仍然离不开地面侦察，只是侦察装备和方式更为先进了。现代地面侦察可分为便携式侦察和机动侦察，可执行战略、战役、战术侦察任务。侦察系统由装甲侦察车、战场侦察雷达、战场侦察传感器、地面监听站、战场窃听器等组成。这些侦察系统可以与海、空、天等侦察资源相连，构成陆战侦察体系，及时为地面部队提供准确的战场态势和目标信息。

装甲侦察车是常见的地面侦察装备，它装备有各种侦察观测设备如主动红外观察设备、微光观瞄设备等。现代化的装甲侦察车上还装备了激光测距仪、地面激光指示器、热像仪、微光电视、地面导航仪、红外报警仪、战场侦察雷达和防核生化探测器等先进侦察装备。

4. 海上侦察

海上侦察主要分为水面舰艇侦察、海军航空兵侦察、两栖侦察和潜艇侦察，可用于执行战略、战役、战术侦察任务。其中，水面舰艇侦察、海军航空兵侦察和两栖侦察类似于航空和地面侦察方式，而潜艇侦察较特殊，它是针对水下舰艇，采用声呐系统进行探测的侦察方式。

声呐按作用原理分为主动声呐和被动声呐。主动声呐可主动发射声波，根据反射声波的分析处理进行侦察。被动声呐只接收声波，将目标发出的噪声从背景中分离出来，从而进行侦察。声呐可以舰载、机载和固定装备，故可以用飞机装载声呐系统探测水下情况，知名的P3C反潜机就是这种针对水下探测的侦察设备。

（二）伪装与隐身技术概述

伪装与隐身技术是为了躲避侦察监视而相应发展起来的一种军事高技术，实质上就是一种军事欺骗手段。

伪装技术就是利用各种技术措施隐真示假，提高目标的生存能力，最大限度地发挥兵力、兵器的作战效能。它的主要措施有天然伪装、迷彩伪装、植物伪装、人工遮障伪装、烟幕伪装、假目标伪装及灯火与音响伪装。

在目前的伪装技术发展中，许多新材料技术被运用，功能越发强大，伪装技术逐步与武器装备实现一体化，从而将促使未来战场更加复杂化。

隐身技术又称隐形技术，是降低目标原有信号特征的一种"低可探测和跟踪技术"，它实际上就是消除、降低或改变了兵器在动态时所特有的雷达波、红外辐射、声响及可见光等物理信息特征，使现行侦察设备探测不到或探测距离大大缩短，导致制导系统无法及时发挥作用的一种技术。因此，隐身技术的实质就是反侦察和反跟踪技术。目前采用较多的隐身技术有反雷达、反红外、反可见光及反声测技术，也称为雷达隐身、红外隐身、可见光隐身和声波隐身技术。

1. 雷达隐身技术

雷达是目前战场上使用最多、最有效的探测设备。雷达隐身技术的目的就是尽量减小武器和作战平台的雷达散射截面积，通俗地说，就是尽量使雷达接收不到回波，从而实现"隐身"。

雷达散射截面积是目标散射雷达信号强弱的衡量标准。它可以用一个目标的散射雷达波，且在雷达散射信号强度与目标散射回雷达的信号强度正好相同的金属球的截面积来表示。

减少雷达散射截面积可主要采取两种方法：

第一种是隐身外形技术。如著名的美军隐形轰炸机"F-117A"虽然外形怪异，但它合理控制了飞机整体外形。一是采用小的多角多面体结构，用多方向的小镜面反射，避免出现大的平面和凸状弯曲面，以消除镜面强反射；二是机翼与机身融为一体，采用了翼间小于90°的V形尾翼，消除外形结构上的垂直相交，避免两面体、角反射器结构的出现；三是合理设计腔体，并使用了金属网屏蔽栅，避免出现两面体、角反射器的矩形槽等凹状强反射结构；四是采用后斥翼，没有外挂和天线。

第二种是隐身材料技术。使用雷达吸收波材料和雷达透波材料，可减少雷达回波强度，达到目标隐形的目的，在武器和作战平台表面大量采用非金属复合材料，可以降低雷达散射面积，但主要是靠吸波材料。"F-117A"所用的隐身材料技术包括：主要结构材料是硼纤维和塑料，纯金属的重量只占全机重量的5%，并且全机各处使用了6种不同的雷达吸波涂层材料，大大降低了雷达波的反射。

2. 红外隐身技术

红外侦察技术、热成像技术等的高速发展，使抗红外探测的技术更加重要。目标体的红外辐射主要来自发动机本身的热辐射、发动机喷出的热气流及目标体与空气摩擦产生的热辐射，一般高速运动的物体很容易被红外侦察设备探测。

目前，常用的红外隐身技术有改变红外辐射特征和降低红外辐射强度。如F-117A就是将发动机和进、排气口均设置在机体上方，用机体加以遮挡，改变红外辐射特征。另外，在喷口处安装百叶窗帘式水平隔栅红外挡板，并采用大角度倾斜的尾翼等降低红外辐射。采用速燃急冷燃料和绝热材料，以减少飞机的红外特征。

3. 可见光隐身技术

可见光隐身技术是通过减少目标与背景之间的这种亮度、色度和运动反差特征，控制目标的视觉信号，以降低被可见光探测系统发现的概率，提高目标的生存能力。主要的措施有改进目标外形的光反射特性、控制目标的亮度和色度、控制目标照明和灯光、控制目标火焰和烟迹信号等，从而降低敌方光学探测系统的探测概率。

4. 声波隐身技术

许多目标在动态时会不停地向周围辐射高能级噪声，极易被发现。声波隐身技术就是控制目标的声波辐射特征，降低声波探测系统探测概率的一种技术。目前所用的和正在研究的技术措施主要有：改进发动机和辅助机的设计，降低发动机噪声；应用吸声和声阻尼材料，如橡皮、塑料等，可有效地吸收、遮挡噪声的辐射；采用减振和隔声装置；增加旋桨叶数，以降低对周围介质的扰动噪声。如潜艇旋桨由4叶改为7叶时，空泡噪声可降低30分贝。中国近年引进的俄制"基洛"级潜艇使用的外表涂层就是专用的静音材料，可以有效吸收和遮挡噪声辐射，降噪功能明显。

六、军事核技术

核技术在军事领域的应用就是军事核技术，其主要形式就是发展核武器。核武器是利用原子核核裂变或聚变反应（或者两者同时发生），瞬间释放出巨大能量造成大规模杀伤、破坏效果的武器。自从第二次世界大战后期核武器问世并应用于实战以来，核武器已走过了近80年的风雨历程，其技术、武器、理论整整影响了一个时代。这个从潘多拉魔盒中释放出来的怪兽，至今仍然令人心生敬畏与矛盾，核武器扩散问题一直是当前世界各国最为敏感的话题，核技术的发展无论在军事领域还是在民用领域，仍是人们最为关注的技术之一。

（一）军事核技术的发展

核技术奠基于物理学的发展，又称为核物理技术，其发展可追溯到1895年，伍兹堡大学的伦琴发现了 X 射线，1 年后，巴黎自然历史博物馆的 H·贝克勒尔在研究 X 射线时，发现了铀盐的放射性，从而拉开了放射性元素研究的序幕。1934 年，意大利费米研究小组发表了用中子轰击铀元素的试验报告，但当时无法解释试验结果。后 1939 年年初，科学家 L·梅特纳和 O·弗里什给出了解释，揭开了"铀问题"，并创造了"核裂变"这个新名词。

第二次世界大战期间，德国率先展开核技术军事化的研究，也就是核武器的研制，但未果。真正取得实效的是美国，它于 1942 年 8 月启动了代号为"曼哈顿工程"、耗资 20 亿美元的原子弹研制计划。1945 年，"曼哈顿工程"取得成功，7 月 16 日代号为"小玩意"的核弹于美国新墨西哥的阿拉莫果儿多试验场试爆成功，同年 8 月 6 日和 9 日，美国在日本广岛和长崎分别投下实测当量为 1.35 万吨的"小男孩"和实测当量为 2.2 万吨的"胖子"两颗用于实战的原子弹。

苏联的核武器研究始于 1939 年，直至 1949 年 8 月，苏联成功进行了首次当量为 2.2 万吨的核试验。从此，超级大国的核军备竞赛逐步升级，英国、法国也相继成为"核俱乐部"的成员。致力于打破超级大国核垄断的中国也开展了对核武器的研发。1964 年 10 月 16 日，中国在新疆罗布泊地区成功进行了首次原子弹试验。1967 年 6 月 17 日，中国又成功进行了一次 300 万吨级的氢弹试验。此后便是印度和巴基斯坦相继成为最新的有核国家。

（二）核武器简述

核武器作为特殊的武器系统由核战斗部投掷系统和指挥控制系统构成。按照释放能量原理、作战使用目的、运载（投送）方式分类，可分为核导弹、核航弹、核炮弹、核地雷、核鱼雷、核深水炸弹、核水雷等。

核武器一旦引爆，可以在瞬间完成核反应过程，从而释放出巨大的能量，这会首先在核武器爆炸周围一定的范围内形成极高的温度，加热并压缩周围空气使之急速膨胀，产生高压冲击波。核爆炸如果在地面或者空中发生，还会形成火球，发出高强度的光辐射。由于核反应的特殊性，核爆炸还能产生普通武器所没有的各种射线和放射性物质碎片；向外辐射的强脉冲射线与周围物质相互作用，造成电流的增长和消失过程，其结果又能够产生电磁脉冲。所以，核武器具备了不同于化学炸药爆炸的一系列特征：强冲击波、光辐射、早期核辐射、放射性污染和核电磁脉冲等杀伤性破坏作用。核武器的出现，将人类战争推进新的纪元，对现代战争的战略战术产生了重大影响。

核武器是迄今为止人类制造的杀伤、破坏威力最大的武器，数量之多、威力之大，给人类的生存带来了严重的威胁。

（1）核武器能在最短时间内以最少的兵力、兵器造成敌方人力、物力的巨大损失。目前，人类历史上由核武器造成的最大损失还是美国在日本广岛投放的原子弹，造成了 7.1 万人死亡，6.8 万人受伤，40%城市面积成为焦土，92%的面积无法辨认原貌，还不包括后续影响。而且当时的威力仅为 2 万吨级，而现在的核武器最大威力可达到千万吨级。

（2）核武器具有多种杀伤效果，其作用几乎是同时发生的，但作用持续时间有长有短，这就对核武器的防护相当困难。

（3）核武器的使用手段和使用方式多种多样，已形成完整系列，可根据不同的作战目的作相应选择。

（三）核武器的防护

核武器的杀伤因素主要分为两类：第一类作用时间短，仅数十秒，称为瞬时杀伤因素，包括光辐射、冲击波、早期核辐射、核电磁脉冲等；第二类作用时间可持续几天甚至几十、上百年，主要是爆炸产物的放射性污染。

永备工事对核武器的各种效应都有较好的防护效果。工事内应安装密闭门、滤尘器、报警器、供电系统、供水系统及生活设施。野战工事对减弱冲击波、光辐射和早期核辐射也有良好的作用。各种战斗车辆对地面放射性污染都有不同程度的削弱作用，在坦克内部镶嵌特殊的衬里，在工事外（上）部加湿土均能有效地防御中子弹。

各类个人"三防"器材对核爆炸的瞬时杀伤因素一般无防御作用。但专用的护目镜可保护人眼免受核闪光的伤害。野战条件下的个人防护主要是利用地形地物，采取正确的动作，如背向爆心、卧倒、双目紧闭、立即跳入水中、迅速脱离核爆炸云迹区、跑往上风方向等。

对放射性沉降物可采用预先服用药物的方法防御。例如，服用碘化钾可减少放射性碘在甲状腺内的蓄积，服用双醋酚酊等药可使进入人体的放射性物质迅速向体外排出等。

七、新概念武器

新概念武器是近年来出现的一类采用高新技术的新型武器。其特点是应用新的机理和能源，在技术上有重大突破与创新，在作战方式和作战效能上与传统武器有显著的不同，对未来战争将产生深刻影响。目前，世界各主要军事强国纷纷投入大量人力、物力，进行新概念武器的研发，以抢占军事高技术的新山头，引领新的军事变革，确保其在未来军事斗争中的有利地位。

（一）新概念武器概述

新概念武器往往具有鲜明的技术特征，是相对于传统武器而言的高新技术武器群体，目前正处于研制或探索性发展之中。它在原理、杀伤效应和作战方式上，与传统武器有显著的不同。它是人类为求得更极致的战斗效果，运用各种超新技术或理念设计制造的，投入使用后往往能大幅度提高作战效能与效费比，取得出奇制胜的作战效果，如现在的F—117隐形战斗机等。

新概念武器的特征主要有：

创新性——新概念武器是创新思维和高新技术相结合的产物，它在设计思想、工作原理和杀伤机制上相比传统武器有着显著的突破。

高效性——从设计伊始，巨大的作战效能就是新概念武器的发展目标，人们要求它必须满足新的作战需要，并在攻防对抗中有效地抑制敌方传统武器作战效能的发挥。

时代性——新概念武器会随着时代的发展和科技的进步，而逐步更新换代，也就是说，现在的新概念武器可能就是明天的传统武器。

风险性——新概念武器的研发站在科技前沿，高科技含量大，技术难度高，并且存在着诸多不确定因素，谁也不知道研究路线是否正确，究竟需要多少研究经费，何时能够研制成功，故其风险非常大。

（二）新概念武器的种类

新概念武器的种类很多，如：代表定向能武器的激光武器、高功率微波武器、粒子束武器，代表动能武器的电磁炮、电热炮武器及其微型射弹，以及非致命武器、微小型化武器、气象武器、基因武器、反物质武器、暗物质武器和新型化学武器等。这些新概念武器少部分已经部署使用，但大部分还处于探索研究、原理试验、演示验证等阶段。但随着技术的不断发展与进步，到2020年前后，像激光武器、高功率微波武器、电炮武器、非致命武器、微小型化武器以及技术基础较好、经济上可承受的其他一些新概念武器将逐步成熟，并可能投入实战运用。

1. 定向能武器

所谓定向能武器，是指利用沿一定方向发射与传播的高能射束攻击目标的一类新型兵器，又称射束武器或者束能武器。定向能武器依其被发射能量的载体不同，可以分为激光武器、粒子束武器、微波武器。无论能量载体性质有什么不同，作为武器系统，其共同的特点是：束能传播速度可接近光速，这种武器系统，一旦发射即可命中，无须等待时间；能量集中而且高，如高能激光束的输出功率可达到几百千瓦至几千千瓦，击中目标后使其破坏、烧毁或熔化。另外，由于发射的是激光束或粒子束，它们被聚集得非常细，来得又很突然，所以对方难以发现射束来自何处，来不及进行机动、回避或对抗。

激光武器是目前发展相对成熟的定向能武器，又称辐射武器或死光武器，是直接利用激光的巨大能量，在瞬间危害和摧毁目标的一种武器。

激光武器分为三类：一是致盲型。利用低能激光束干扰和破坏人眼和武器中的光电传感器。二是近距离战术型。它可用来击落导弹和飞机。美国近年来多次进行的激光武器试验就属于这一类型。三是远距离战略型。这类的研制难度最大，但一旦成功，作用也最大，它可以反卫星、反洲际弹道导弹，成为最先进的防御武器。

激光用作武器有着很多独特优势。首先，它以光速飞行，可做到一瞄准就攻击到目标。其次，它的高能量高度集中，可以在极小的面积上、在极短的时间内集中超过核武器百万倍的能量，还可以灵活转向，不产生任何放射性污染。另外，激光武器的效费比很高。

粒子束武器是用高能强流加速器将粒子源产生的电子、质子和离子加速到光速的70%，并用磁场把它聚集成密集的束流，直接或去掉电荷后射向目标，靠束流的动能或其他效应使目标毁坏或失效。它穿透力强、能量集中、脉冲发射率高、能快速改变发射方向，不怕反射，比激光武器还略胜一筹。

除了粒子加速器外，粒子束武器还包括能源、目标识别与跟踪、粒子束瞄准定位和指挥与控制等系统。其中粒子加速器是粒子束武器系统的核心，用于产生高能粒子束，但需要强大的脉冲电源匹配。要在导弹壳体上烧个小孔，粒子束到达目标的脉冲功率须达到1 013瓦，能量为107焦，假设粒子加速器的效率为30%，即使不考虑粒子束的传输损失，加速器脉冲电源的功率至少要达到3×1 013瓦，而目前在研的最先进的脉冲电源功率只有107瓦。此外，粒子束武器发射的带电粒子在大气层内传输能量损失较大，一般只能打击近距离目标，并且因地球磁场影响，会使粒子束流弯曲。因此，这种武器尚处于实验室的可行性验证阶段,进入实战应用,还有待时日。

微波武器是另一种定向能武器,它采用强微波发射机、高增益天线以及其他配套设备,使发射出来的强大的微波束会聚在窄波束内,以强大的能量杀伤、破坏目标。微波武器由于其集中而强大的能量效应,可用于杀伤人员或者降低人员战斗力,由于它具备穿透性,甚至可以穿过缝隙、玻璃或纤维进入坦克装甲车辆等内部,烧伤车内乘员。同时,微波武器还可以干扰甚至使现代化武器系统中的电子设备及元件失效或损坏。微波武器与激光、粒子束武器相比其作用距离更远,受天气影响更小,从而使对方相应对抗措施更加复杂化。

2. 动能武器

现代高技术催生出速度越来越快的高速运动武器装备,这使火炮、战术导弹等传统武器疲于应付,甚至只能望而兴叹。为应对此种状况,人们开始研制超高速运动的武器,动能武器就是其中之一。

动能武器是以每秒数千米以上高速运动的弹头的动能直接摧毁目标的武器,包括以化学推进剂为能源的动能拦截弹和以电磁力加速的电磁炮。主要用于反卫星、反导弹和防空、反坦克等,是尚在研究试验中的武器。

动能武器以火箭或电磁力作为动力,故弹头速度很高,一般在5倍音速以上,甚至可达每秒几十千米,速度越高,动能就越大,而且弹头一般有制导,因而可以更加准确地摧毁目标。

动能武器主要由拦截弹头和高速发射装置组成。拦截弹头由红外或雷达探测器、计算机、制导和通信系统、杀伤机构以及推进、控制系统等部分组成。高速发射装置主要是采用助推火箭发射,也可以用电磁发射装置发射。

动能武器作战时,多个系统同时运作,先根据探测系统提供数据,由动力系统把拦截弹头高速发射到目标附近空域,然后弹上探测器捕获并实时跟踪目标,计算机高速计算出拦截弹道,并发出指令使弹头向目标机动飞行直至撞毁目标。所以,精确寻的制导是动能武器的最关键技术,其精确性越高,作战效果越明显。

3. 气象武器

气象武器是指为达到军事目的,运用现代化气象科学技术,通过人工控制风云雨雪寒暑等天气变化来改变战场环境,人为制造各种特殊天象,配合军事打击,达到干扰、伤害、破坏或摧毁敌人的目的。

气象武器主要种类:

人造寒冷就是在敌方控制地区上空播撒吸收太阳光的物质,使气温急剧下降,制造突发的寒冷天气,冻伤敌方的战场人员,损坏其武器装备,毁伤敌方战斗力。

人造酷热是指在敌方控制地区上空播撒吸收地面长波辐射的物质,使气温骤然升高,制造突发的酷热,从而削弱敌方战斗力。

人工消云、消雾是指采用加热、加冷播撒催化剂等方法,消除作战空域中的浓雾,以提高和改善空气中的能见度,保证己方目视观察,以及飞机起飞、着陆和舰艇航行等作战行动的安全。

人工控制雷电是指通过人工引雷、消雷的方法,使云中电荷中和、转移或提前释放,控制雷电的产生，以确保空中和地面军事行动的安全或者阻碍敌方军事行动。

化学雨武器是从早先的气象武器演变过来的一种新型武器。它主要由碘化银、干冰、食盐等能使云层形成水滴，造成连续降雨的化学物质和能够造成人员伤亡或使武器装备加速老化的化学物质组成。

巨浪武器是利用风浪和海洋内部聚合能使大洋表层和深层产生海洋潜潮，从而造成敌方海军舰艇、水下潜艇以及其他军事设施的倾覆和人员死亡。

4. 声波武器

声波武器即各种声波和声音（包括超声、次声、噪声）发生装置，这些装置可以产生并发射极低频率的高功率声束，使人丧失意识，失去能力，在极近的距离内甚至能破坏内脏器官。在点防御和向关键地点空降的作战行动中，可以利用声波武器在关键时刻致敌混乱，赢得战机。

声波武器主要种类有：

次声波武器，可分为两类：一类是神经型次声波武器，其振荡频率同人类大脑的节律极为近似，产生共振时，会强烈刺激人的大脑，使人神经错乱，癫狂不止。另一类是内脏器官型次声波武器，其振荡频率与人体内脏器官的固有振荡频率相近，当产生共振时，会使人的五脏六腑剧痛无比，甚至导致人体异常，直至死亡。

强声波武器能发出足以威慑来犯者或使来犯者失去行动能力的强声波，而不会对人体造成长期的危害。它主要用于保护军事基地等重要设施。当有人靠近时，这种声学武器首先发出声音警告来人。如果来人继续靠近，声音就会变得令人胆战心惊。假如来人置之不理还继续逼近，这种声学武器就会使他们丧失行动能力。

超声波武器能利用高能超声波发生器产生高频声波，造成强大的空气压力，使人产生视觉模糊、恶心等生理反应，从而使人员战斗力减弱或完全丧失作战能力。这种武器甚至能使门窗玻璃破碎。

噪声波武器也可以分为两种：一种是专门用来对准敌方指挥部的定向噪声波武器，它利用小型爆炸产生的噪声波来麻痹敌方指挥人员的听觉和中枢神经，必要时可使人员在2分钟内昏迷。另一种是噪声波炸弹，它同样可以麻痹人的听觉和中枢神经，使人昏迷，主要用于对付劫机等恐怖分子活动。

5. 基因武器

基因武器也被称作遗传工程武器或DNA武器。它运用遗传工程技术，用类似工程设计的办法，按人们的需要重组基因，在一些致病细菌或病毒中"植入"能抵抗普通疫苗或药物的基因，或者在一些本来不会致病的微生物体内接入致病基因而制造成生物武器。其特点主要有：成本低、杀伤力大、持续时间长；使用方法简单，施放手段多样；不易发现，难防难治；不损伤武器装备和物资。基因武器的使用方法简单多样，可以用人工、飞机、导弹或火炮把经过遗传工程改造过的细菌、细菌昆虫和带有致病基因的微生物，投入他国的主要河流、城市或交通要道，让病毒自然扩散、繁殖，使人、畜在短时间内患上一种无法治疗的疾病，使其在无形战场上静悄悄地丧失战斗力。由于这种武器不易发现且难以防治，一些科学家认为，它的潜在破坏性远远超过核武器。

6. 人工智能武器

人工智能是计算机科学的一个分支，主要研究用机器来实现人的某些智力活动的有关理论、技术和方法。人们常称之为智能计算机，即第五代计算机。它将计算机的逻辑运算、推理与信息理解系统、知识处理系统、专家系统、知识库等结合起来，组成了一个包含人的经验因素和知识的体系。人工智能使人的智力技能和体力技能外延并自动化，把它应用在军事上，便产生出人工智能武器这一新的作战手段。

人工智能武器是一种可不用人直接操作便能自行完成特定任务的武器装备系统。由于这些武器系统具有人的某些"智能"，使它能够与人进行简单交流，并模仿人的一些行为能力。20世纪60年代，人工智能逐步进入实用阶段，推出了体现"智能行为"的控制程序。人工智能技术所拥有的巨大军事潜力为世人所认识源自1966年的一件事情，当年美军利用机器人"科沃"潜入深的海底，成功地打捞出一枚失落的氢弹，此事引发世界各国的关注。美国在1988年更是率先成立了自动人工智能中心，专门从事人工智能军事应用方面的研究。进入21世纪，在众多高新技术群体的综合发展推动下，人工智能武器正面临更为广阔的发展空间。

现今世界上已有或正在研制的智能武器装备主要有以下几种：

智能军用机器人：这是一种用于军事领域的具有某种仿人功能的自动化机械装置，也叫智能机器人。据美国国防部调查报告预计，未来的智能机器人将在100多种不同的战场上应用。目前，世界上已经研制和列入发展计划的智能机器人主要有反导弹机器人、欺骗系统机器人、排雪机器人、防化机器人、烟雾机器人、侦察机器人、反装甲机器人、水下机器人、航天机器人等10多种。人类历史上第一支由18名被称为"特种武器观测侦察探测系统"的战斗机器人士兵所组成的特殊部队已在伊拉克战场上首次亮相。

智能无人机：这是一种无人驾驶，能自行完成侦察、干扰、电子对抗、反雷达等多种军事任务的飞机。如美国研制的"掠食者"无人机，可续航14~28小时，机体内载有雷达、多频谱瞄准系统等先进设备，有6个武器挂架，最多可携带14枚"地狱火"空地导弹，既可执行监视侦察任务，也可执行对地攻击等任务。在2001年阿富汗战争中，美军就使用了多种型号的无人驾驶飞机，担负侦察和攻击任务，发挥了较好的作用。

智能坦克：这种坦克的核心部件由计算机控制系统、信息接收和处理系统、指令执行系统及各种功能组件构成，重量轻、灵活性高。根据执行任务的不同，可分为智能主战坦克、智能侦察坦克和智能扫雷坦克三种。智能主战坦克除具有较高的克服多种障碍物的能力外，还具有很强的火力和突击力，能识别目标的不同特征，判断威胁程度并实施火力攻击。智能侦察坦克装有核、生、化探测器，红外、音响传感器，激光测距机等侦察器材，能在64千米/时的速度下鉴别道路、区分人员与自然景物、躲避障碍、探测地雷和绘制地形图等。智能扫雷坦克可排除一次性触发地雷，也可远距离引爆感应地雷，一次作业能开辟8米宽100米长的通路。

智能弹头：就是把人工智能技术应用于弹头，使其具有某些智能行为，包括智能导弹、炮弹、炸弹等。它依靠弹体内智能计算机和图像处理设备，在发射后能自主寻找、判定、选定和攻击目标。如瑞典的"斯特里克斯"120毫米迫击炮弹，内装微电脑和12个小型推力发动机，当炮弹发射到弹道最高点时即开始自动搜索1 950平方米范围内的目标，在智能部件的引导和控制下，不断修正攻击方向直至击中目标。

智能地雷：它能自动识别目标和控制装药爆炸，在最有利时机主动出击毁伤目标，是一种"有智慧"的地雷。智能地雷是目前新概念武器中研发较为成熟的一类,其应用项目已经达10多种,比较典型的有:自动机动地雷、遥感电磁地雷、自寻地雷、反直升机地雷、光电地雷等,其中反直升机地雷又有两种:一种是布设在地面,能识别敌我的地空式定向反直升机地雷。当敌机飞到有效杀伤范围内,自动装置就会引爆地雷,以自锻破片,摧毁在低空飞行的敌方直升机。还有一种地空式空炸反直升机地雷。它的工作原理与一般地雷相同。不同之处是,捕捉到目标之后,地雷的战斗部可发射至空中,在敌机身旁爆炸,用弹片来杀伤目标。

第三节　信息化战争

战争形态与所处的社会形态紧密相关。农业社会孕育了冷兵器战争,工业社会产生了机械化战争。伴随着信息化时代的到来,战争也必然会出现新的形态,这就是信息化战争。信息化战争是在全球核威胁笼罩这一特殊背景之下的战争形态,它是军事高技术发展到一定程度后催生的战争形式。正确认识信息化战争,推进中国特色的军事变革,加强中国的国防和军队建设,对打赢未来信息化战争具有十分重要的意义。

一、信息化战争概述

信息化战争是指信息化军队在陆、海、空、天、电磁、信息、认知、心理学等多个领域,运用信息、信息系统和信息化武器装备进行的战争。它是人类步入信息时代后,以信息和知识为核心资源,以大量运用信息技术而形成的一体化信息系统和信息化武器装备为基础,以信息化战场为依托,以信息化军队为主体,以争夺制信息权为基本目标,以信息战为基本作战形式而进行的战争。由于政治、经济、科技、军事等发展的不平衡,在人类社会进入信息时代的初始阶段,信息化战争也可宽泛地指交战双方或一方以信息化军队为主要作战力量,以信息化武器为主要作战工具,以信息战为主要作战形式的战争。

要深入理解信息化战争概念,必须把握好六个基本内涵:①信息化战争是信息时代的产物,是这一时期生产力和生产关系在战争领域的客观反映,其有关的战争理论、指导思想、作战指挥、战争特点等,都具有鲜明的信息时代特征。②信息化战争的主体力量是信息化军队,战争双方至少有一方拥有信息化军队,机械化或半机械化军队之间的战争不能称为信息化战争。③要使用信息化、智能化武器装备,各作战单元形成网络化、一体化的整体,从而构成完整的作战体系。④战争进行的空间是广阔的多维空间,不仅有陆、海、空、天等有形战场,还包括电磁波、心理、网络等无形空间。⑤在物质、能量和信息等作战要素中,信息占主导,制信息权是信息化战争的核心要素,对信息获取、信息传递、信息处理和利用这三大基本环节的掌控,才能确保战争的有序组织。⑥信息化时代战争的本质依然未变,暴力破坏和流血仍不可避免,但信息化战争能降低对于达成战争目的无关的不必要杀伤破坏,可控性大大增强。

二、信息化战争的发展演变

人类战争在经过冷兵器战争、热兵器战争、机械化战争和高技术战争几个阶段之后,正进入信息化战争阶段。推动战争形态转变的主要动因有四个，即科学技术、社会变革、军事变革和战争实践，而其中科学技术是基础。

　　武器装备的发展和运用是一个渐进性的过程，因而战争形态的演变与发展也是一个渐变的过程。信息化战争的初期发展也称为高技术战争，当时战争过程中的信息化特征还不明显，直到20世纪90年代，高技术战争的信息化不断深化，各种要素逐步完善，才真正晋升为信息化战争。

　　另外一个预示信息化战争时代到来的信号是战争中的信息化武器，即精确制导武器的使用量占投弹总量的比例呈指数增长趋势，短短12年就从1991年海湾战争时的8%，增长到2003年伊拉克战争时的约70%。

　　信息化战争诞生的原因是综合性的，总结起来，主要有以下几个方面在推动信息化战争的发展。

1. 社会形态的变革引起战争形态的转变

　　信息化战争的形成与产生，不是历史的偶然现象，而是人类社会政治、经济、科学技术和战争实践发展的必然产物。

　　战争形态随着人类社会形态的改变而转变。因为人们从事战争的工具和手段，是由特定时代的社会形态所提供和决定的。农业时代的手工业生产方式，决定了战争能量的释放形式主要是依靠人的体能，由于生产力发展缓慢，人们只能使用手工制作的青铜和铁质刀枪剑戟等冷兵器进行战斗。

　　工业时代的机器大工业生产方式，决定了热能成为战争能量释放的主要形式。社会生产方式的机械化、电气化和大规模化，使人们能够大量运用火炮、坦克、飞机和舰船等机械化武器装备投入战争，战争的能量释放形式从体能为主转变为热能为主。因此，这一时代的战争被称为机械化战争。

　　由于科学技术的飞速发展和生产力水平的大幅提高，以计算机技术和信息技术为龙头的高新技术群不断涌现，人类进入信息化时代。随着信息技术在军事领域的广泛运用，大量信息化武器装备投入战场，为新一轮战争形态的变革提供了物质基础，逐步发展出信息化战争形态。

2. 军事高技术的发展是信息化战争产生的直接动因

　　战争形态的发展变化，根本动力在于技术的不断进步。信息化战争形态的形成与发展，其根本动力来自以信息技术为核心的新技术革命。20世纪50年代以来，在世界范围内不断涌现出一大批高新技术，一方面极大地提高了社会生产力；另一方面也推动了军事领域的革命，从根本上改变了未来战争的整个面貌。在近几场局部战争中，军队作战实现了精确化、控制化、一体化，作战行动由三维立体空间，发展为陆、海、空、天、电磁、网络等多维空间，机械化军队诸兵种共同作战逐渐退出历史舞台，以战场信息优势为基础的多维力量一体化联合作战方式逐步形成。人们从战争实践中看到了新军事革命的曙光，感受到了战争形态正在发生着深刻的变化。

3. 近期局部战争是信息化战争产生的实践基础

　　20世纪90年代以来先后发生的海湾战争、科索沃战争、阿富汗战争及伊拉克战争，是人类战争史上具有划时代意义、承前启后的重要战事。它们既是工业时代机械化战争的延续，更是信息化战争的试验场。这几场局部战争几乎都使用了全新的武器和全新的战法，每场战争都给人以耳目一新的感觉。人们越来越强烈地感悟到，战争形态正在发生深刻变化。之所以得出上述结论，是因为这几场局部战争的实践，对信息化战争的产生有着巨大的启示作用：一是先进的战场信息系统和现代输送工具的有机结合，为信息化战争的兵力投送和后勤保障提供了保证；二是拉开战争序幕并贯穿战争全过程的信息作战，成为夺取战争胜利的重要手段；三是空袭作战不仅是决定战争胜负的重要手段，在条件具备的情况下，可能会直接达成战略目的；四是非线式、非接触的远程精确作战，将是信息化战争的基本作战样式。

4. 军事理论的创新发展是信息化战争产生与发展的重要推动力量

随着20世纪80年代人类社会开始由工业时代向信息时代的迈进，世界各国在军事理论领域的角逐日趋激烈。由于信息技术为核心的军事高技术在军事理论研究领域的广泛运用，许多军事理论的创新成果可以在强大的技术支持下，在实验室得到"预实践"性的验证。军事理论对战争实践的指导作用一改往日的面貌，更多地表现为对战争、军队和国防建设的强力牵引。主要军事大国为抢占信息化战争的制高点，赢得未来战争的主动权，纷纷投入大量的人力、物力进行信息化战争理论研究和实践探索，适应信息化战争要求的新思想、新观念层出不穷，作战理论创新取得了许多重大进展，提出了许多适应信息化战争要求的新作战思想。

三、信息化战争的特征

不同的战争形态有不同的特征，有新发展，也有局限性。与其他战争形态相比，信息化战争具有鲜明的时代特征。

（一）战争手段信息化

在工业时代的机械化战争中，战争手段除了简单的通信和探测以外，信息技术的含量很低。信息时代的战争手段，由于信息技术的发展而发生了质的变化，主要表现在以下三个方面：一是作战平台的信息化程度极大提高。在信息时代，战争将是一种信息的较量，要求武器平台的信息化程度极高，以适应战争的需要。信息化作战平台不仅装备有多种传感设备和计算机，能够准确地探测跟踪敌方目标，并且能准确掌握已方部队的信息，为实施精确的作战行动提供目标信息，而且还有足够的计算机系统和高带宽网络能力。二是精确制导弹药将普遍应用。未来的精确制导弹药将实现智能化。武器系统具有自主能力，能够自动完成对目标的探测、分析、攻击和评估，普遍具有发射后不管、自主识别和遂行多目标攻击的能力。三是电子计算机成为重要的杀伤武器。在未来战争中，网络战和黑客战成为重要的作战方式，只敲击键盘就可以达到瘫痪对方的军事信息枢纽、破坏经济秩序等目的。虚拟现实技术的发展，使计算机这种战争工具更具威力，利用计算机全息图像技术可以很容易地实施战场欺骗，因此，计算机是未来战场上最重要的软杀伤武器。

（二）作战要素一体化

信息化战争是体系与体系的对抗。交战双方为了赢得战争的胜利，必须调动一切积极因素，充分发挥各自系统最大整体的作战能力，这就使一体化成为信息化战争的一个重要特征。一体化主要体现在以下四个方面：一是作战力量一体化。通过信息网络和信息技术，可以将处于不同空间位置的各种作战力量联结成为一个有机整体，形成一体化的作战力量，主要是武器装备一体化、诸兵种合成一体化、诸军种联合一体化。二是作战行动一体化。信息化战争中的主要作战形式，是由两个以上的军种按照总的企图和统一计划，在联合指挥机构统一指挥下共同进行联合作战，单一军种的独立作战正在消失，空地一体、海空一体、陆海空天一体的多军兵种联合作战已成为作战的基本形式，作战呈现出十分鲜明的一体化特征。三是作战指挥一体化。在信息化战争中，集指挥、控制、通信、计算机、情报、监视与侦察为一体的 C^4ISR 系统，为作战指挥提供了准确的战场情报、快速的通信联络、科学的辅助决策、实时的反馈监控，从而使传统的树状指挥体制逐渐被扁平网络化指挥体制所代替，使作战指挥实现了一体化。四是综合保障一体化。信息保障的行动趋向"全维"性，信息支配的作战保障、后勤保障、装备保障和政治工作保障由分离走向一体化。

（三）战场空间多维化

信息化战争与机械化战争相比，其战场空间已由地面、海洋和空中向外层空间、网络空间及心理空间等领域扩展，使信息化战争的战场空间呈现出多维化的特征。

信息化战争正呈现作战空间扩大化和兵力密度缩小化的趋势，全新的立体多维和高度透明的战场环境已经出现。信息化战场分布从外层空间、高空、中空、低空、超低空、地面、海面直至地下、水下，从近距离、中距离直至远距离，形成了陆、海、空、天紧密结合的有形立体作战。同时，战场兵力密度也呈现越来越小的趋势。

信息化战场向电磁空间渗透。电磁战场被称作继陆、海、空、天之后的"第五维战场"，是信息化战争的重要作战空间。近20年的局部战争表明，战争一旦爆发，两军对抗往往先在无形的电磁空间展开。如海湾战争多国部队实施空袭前几小时，就开始对伊军展开强烈的电磁干扰和压制，并且这种电磁斗争，到海湾战争结束后也没有停止，一直持续到伊拉克战争之后的今天。这表明电磁空间的斗争已经不再局限于战时，而是渗透到整个和平时期。

出现了全新的网络战场空间。网络空间是人类进入信息社会的必然产物。网络空间的出现，使地理上的距离概念和国家之间的地理分界线变得越发模糊，也给信息化战争带来了新的作战空间，并出现了网络空间战这种新的作战样式。在网络空间里，通过计算机病毒、芯片攻击和网络"黑客"入侵等手段，可以进行信息网络攻击，达到瘫痪敌方指挥控制系统、削弱甚至使敌方整个部队丧失战斗力的目的；美国于2010年率先成立了专门的网络司令部，隶属于美国战略司令部，主管网络进攻与防范。可见，网络战场将成为未来战争的斗争焦点之一。

（四）作战节奏快速化

有人把信息化战争称为"实时战争"或"分秒战争"。在这种战争中，作战节奏将极其快速，火力的转移、攻防的转换、新战法的运用、作战计划的制订、反措施的实施等，都以极高的速度进行。这些作战行动的时间常常以分、秒、毫秒计算，失去几分钟或几秒钟，就可能意味着失去一支部队，失去整个战役或战斗的胜利。其主要原因有：一是由于指挥自动化技术的发展,战场上所有作战单元实现了网络化、一体化,可实时地获取、处理、传输和利用作战信息,可使指挥员对作战的指挥控制便捷高效,促使作战部队的行动非常迅速。二是武器装备的反应和速度快。比如,压制武器进行射击的反应时间将按秒计算,先进超音速飞机只需几秒钟就可以从低空突入。三是战争目的的有限性和作战的高效率,将使作战的坚决性和速决性更加突出,使交战双方都力求速战速决。总之,信息化武器装备的高精度、远射程、高速度和信息化战场的建立,将导致实时作战、实时行动的出现,从而大大缩短战争进程。

(五)战场毁伤控制精确化

任何形态的战争,都会造成人员伤亡和财产破坏。毁伤破坏分为两类:一类是必要毁伤;另一类是附带毁伤。必要毁伤是达成战争目标直接有关的必要破坏。附带毁伤是与达成战争目标无直接关系或根本无关的不必要破坏。在机械化战争时代,附带毁伤非常严重,致使许多平民流离失所。但在信息化战争中,由于战场透明度高、任务目标明确、攻击精确度极高,故可将附带毁伤破坏减少到最低限度。在未来的信息化战争中,很多战场都是以有限力量实现有限目标,杀伤破坏将更少,"文明"程度将更高。但这并不是说,信息化战争将消灭暴力,不再有流血,会完全失去残酷性。信息化战争也是战争,凡是战争,都是以武装斗争为根本标志的社会活动,都会使用暴力,暴力性是战争区别于其他任何社会活动的突出特征。

四、信息化战争的发展趋势

现代信息技术和新军事变革的蓬勃发展,必然带来信息化战争的演变和快速推进,这已被信息化战争短短几十年的发展史所证明。以下对信息化战争的发展趋势做一些预测。

(一)信息力量的竞争将愈演愈烈

随着信息化社会的发展,信息作为战略资源的地位将更高,围绕信息资源的获取、信息化军队建设和占领信息优势高地的竞争将愈演愈烈。各国将竞相投入更多的资金进行社会信息化基础设施的建设,竭力保持本国在信息化建设方面的优势。新制式的超宽带信息高速公路将不断推进,网络进攻和网络防御的能力将同步提高,信息技术将愈加主导政治、经济、金融、环境、文化、生活、生产等所有领域。在军事领域,各国将加大信息化军队建设的力度,不断革新军队的武器装备、军事理论、编制体制、人员培训体制等,尽量拉大本国与他国军队信息化能力的距离。黑客部队、网军、机器人军团、世界舰队、太空星军、斩首部队、媒体部队、隐身部队、精细手术刀部队、机器昆虫等新型部队将层出不穷,迷你型、全能型、智能型等信息化部队不断创新,各国在信息力量、信息方面的竞争将白热化。

(二)作战方式和战争形态将不断变化

随着信息技术的迅猛发展、新军事变革的深入和政治战略需求的变化,信息化战争将以前所未有的速度催生新的作战方法。战略心理战、网络系统战、全元总体战、太空绞杀战、掏心战、瘫痪战、隐形战、致盲战、点穴战、无人战、精微战、间隙战等作战方式接踵而至。同时,新作战模式相继登场,信息化战争频繁"变脸",也使其整体战争形态不断调整和演变。战争的规模将趋小，以天、小时和分计算时间的战争可能一再发生；物资、能源的消耗战将逐步让位给物质、能源的控制战；战争状态与和平状态的转化，以及军事人员和非军事人员的转换将有新的表现；围绕信息资源展开的争夺战将日趋激烈。信息化战争形态的演变将是迅速和明显的。

（三）人类的战争能力将持续提升

信息化战争的发展使战争体系的效能不断提高，人类的战争能力呈现持续提升的趋势。

1. 战场感知力持续提升

信息化战争发展以来，由于雷达、声呐、地面传感器、侦察飞机、侦察卫星以及装载在武器平台上的观瞄仪、测距机、告警机、望远镜、夜视仪、火控雷达等大量先进电子侦察监视技术的运用，战场感知能力已经有了很大的提高。但随着信息化战争的发展，战场感知力还会持续提升。一个从声频、电频到光频，从水下、地面到太空的全频谱、全方位、全时空的侦察监视体系将出现在战场上，各种目标的性状和变化都可能处在严密的监控之中。对处于信息优势的一方，战场将更加透明。

2. 战场反应速度持续加快

现代侦察监视技术和指挥控制技术使战场的反应速度明显提高。目前，美国预警卫星在对方导弹发射后3~4分钟就能将信息传送到国家指挥中心。

随着信息化战争的不断发展，战场的反应速度还会不断加快，"即时化"可能真正出现。未来可能出现的网络中心战将进一步提高战争的反应速度。高超音速的飞行器绕地球一圈只需2个多小时；密布于太空的无数个微型卫星将对地球上的任何一点实施即时打击；高速巡航导弹、多国联合舰队、激光武器的运用将促进战场的反应灵敏度。

3. 精确打击能力持续增强

信息技术的应用已使突击兵器的命中概率达到80%以上，基本实现了"指哪打哪"。导弹和精确制导弹药成为战场攻击武器的主角。第二次世界大战时飞机投掷炸弹的误差近千米，而在伊拉克战争中这种误差已缩小到几米。在海湾战争中，美军一枚"斯拉姆"空地导弹从90公里以外攻击伊拉克一个发电厂时，第一发导弹在发电厂的外墙上打了1个洞，第二发导弹从这个洞口飞入炸毁了内部设施。随着信息技术的发展，信息化战争中的精确打击能力将不断增强。目标的识别、选定和摧毁将更加精准，打击误差可能缩小到厘米，甚至更小。人们可能对上万公里外的1台电脑、1部手机、1名将军、1只侦察苍蝇或者某个士兵的眼睛实施精确打击。精确打击不仅限于物质层面，还将涉及人的精神、心理层面，将可对某个人或某些具有共同特性的群体实施定性、定量、精微准确的心理突击和精神手术。

4. 作战空间和时间持续延伸

信息技术的运用使战争的时空得到了延伸。目前，人类的战场已经扩展到陆、海、空、天以及电磁空间，作战时间也得到延伸。海湾战争中多国部队使用了30多颗卫星、3 000多架飞机、500多枚巡航导弹、3 000多辆装甲车辆、6艘航空母舰、数十艘水面舰船和潜艇、几百架电子战飞机、30多个地面监听站和20多个侦察营，呈现出的是一幅光、电、磁、声交织，陆、海、空、天相融的多维战场画面。随着信息技术的发展，这种延伸将不断扩大。人类战场可能进入浩渺的太空深处或某一细胞之中；海沟、极地、地下，处处都可能发生搏杀；电磁战将渗入更多的空间和贯穿在更多的时间之中。18世纪以前10万人军队的作战能力仅达到1平方公里；海湾战争时，10万人军队的作战能力已达及70多万平方公里的战场。而在未来的信息化战争中，信息化军队的作战能力将达到更大的空间和时间。随着信息技术全面渗透到人类社会生活的各个方面，信息化战争的战场将在敌对双方甚至第三方的政治、经济、文化、环境、信息、能源、网络等领域全面展开。虚拟战场与真实战场结合，军事战场与经济战场结合，军事专职人员与普通民众的军事行动结合，战场的起始和终结的时间也可能趋于模糊。

5. 战场效能持续提高

未来的信息化战争，战场效能必将持续提高。信息技术将使战争要素得到最优化组合，战争力量将在最关键的地点、时机、方向上，以最佳攻击手段、攻击强度和最小损耗，对与政治目标最密切关联的关键目标，实行精确、集中、有效的能量释放，从而产生很高的战场效能。战争手段的多元化、空间的多维化和行动的一体化，增加了战争能量释放的通道、针对性和一致性，使战争能量的单位时间流通量大幅提升，减少了无效发散，提高了效率，达到了一种战争能量在极短的时间内集中、有效地流向最关键、最重要空间的战场境界。

（四）对经济和科技的依赖性将越来越强

信息化战争对科技实力和经济实力有很大的依赖性。美国"B-2A"隐形战略轰炸机单架飞机的研制费达到了20多亿美元，组建一个具有基本信息战能力的航母编队需要100多亿美元，1枚巡航导弹值百万美元，1颗"锁眼-12"卫星的造价达14亿美元。在42天的海湾战争中，美军消耗物资种类达1.7万多种、3 000多万吨，花去了1 100多亿美元。随着信息化战争的发展，其对经济和科技的依赖程度将会越来越大。信息化武器的研制、生产、维护、使用都离不开科技力量和经济力量的支撑。高素质人才培训、购置昂贵的设备和较长的研制周期，都需要耗费巨资；科研成果产业化的投资比研究开发投资还要高出5~20倍；信息技术更新换代快，新武器的替换耗费大量资源。信息技术发展越快，信息化战争的经济和科技依赖性越强。

（五）战争的不对称表现日趋多样

在目前发生的信息化战争中，作战双方往往在战争体系、战争力量、战略资源、作战方式、军事理论和战争结局等方面具有多侧面的不对称性。这与信息技术和信息化社会发展的特点有关，也与战争主体在政治、经济、军事、文化、科技、自然等各方面的差距有关。随着信息化战争的发展，信息技术发展的特点将进一步凸显。信息技术将向多个领域推进，新信息技术会层出不穷，技术生命将越来越短，技术的军事应用方法将越来越多，信息对抗的途径将越来越多，作战手段将越来越多，各国在信息技术、军事理论、政治文化发展上的差距和差别不会消失。可以预测，在信息化战争的发展过程中，不对称的战争表现还会存在，并更具多样性。

第五章 大学生军事训练

第一节 大学生军训简介

2001年4月28日第九届人大常委会第21次会议通过的《国防教育法》第15条规定："高等学校、高级中学和相当于高级中学的学校应当将课堂教学与军事训练相结合，对学生进行国防教育。"《兵役法》规定，受过军训的大学生是预备役军官的重要来源和战争动员的主要对象。在2007年教育部、总参谋部、总政治部颁发新修订的《普通高等学校军事课教学大纲》中对此强调指出，学生军训是普通高校、本专科学生的必修课，学校要纳入教学计划，军事理论课教学时间为36学时，军事技能课训练时间为2~3周。因此，大学生在校期间接受军事训练，学习、掌握基本的军事理论知识和军事技能，是大学生义不容辞的责任。

一、大学生军训的意义

军训作为高等教育的重要组成部分和特殊的社会活动领域，具有其他学科和教育方式无法替代的综合素质培养和教育功能，其意义主要包括如下几点：

（1）增强学生的国防观念和国家安全意识，强化爱国主义、集体主义观念，加强组织纪律性，促进大学生综合素质的提高，并为中国人民解放军训练后备兵员及预备役军官打下坚实的基础。

（2）让学生通过军事技能训练，接受军事化的管理。紧张而有规律的军营生活，艰苦而又严格的技能训练，可使大学生磨炼意志、锻炼体能、增强体质，从而培养顽强的作风。

（3）通过接受严格的三大条令教育，可使学生在耳濡目染和切身体验中自觉接受人民军队的革命英雄主义教育，集体主义教育，不怕困难、勇于吃苦的教育。

（4）在解放军教官率先垂范、言传身教的影响下，可使学生在政治素质、思想作风、身心素质诸方面均有显著提高，有利于广大学生树立革命的人生观、乐于奉献的价值观，因此，它是思想道德教育的新课堂。

（5）通过军训可达到促进非智力因素培养的目的，使学生以健康的体能、旺盛的精力投入科学文化学习中去，促进智育水平的提高。

二、军训的主要内容

军训包括军事理论学习和军事技能训练两部分，其中，军事技能训练主要包括如下内容：

(1) 中国人民解放军共同条令与阅兵。主要教学训练内容是：内务条令、纪律条令、队列条令简介、单个军人的队列动作、分队的队列动作及阅兵。这是军事技能训练教学中分量最重的内容。

(2) 轻武器射击。主要训练内容为：介绍轻武器常识、讲授射击原理、训练半自动步枪的射击动作、进行实弹射击。

(3) 军体拳（第一套）。军体拳是一套强身健体、防身制敌的拳法，吸收了我国武术精华，集中了16个常用的搏击动作。按照拳法套路进行训练，一般需要经过6~10学时的训练方可初步掌握。

(4) 军事地形学。主要介绍地形对作战的影响、地形图的基本知识，以及现地使用地形图的方法。

(5) 战术基础与野外生存训练。主要介绍战斗的基本类型和基本战斗样式、战术基本原则、单兵战斗动作等。

第二节　队列知识简介

首先简要介绍《中国人民解放军队列条令》（以下简称《队列条令》）的作用和基本内容，然后简要介绍队列动作训练要点。

一、《队列条令》的作用与内容

队列是军人进行集体活动必不可少的组织形式。在军队的训练、工作和生活中，凡是集体活动都离不开队列。《队列条令》是规范部队和单个军人队列动作的法规，是全军队列训练与队列生活的准则和依据。认真执行《队列条令》，对于进一步规范全军的队列生活，培养优良的作风和严格的组织纪律，保持军队的高度集中统一，加强我军正规化建设，提高部队的战斗力，具有十分重要的意义。

现行的《队列条令》共分9章65条，并有5项附录。其主要内容如下：

（一）总则

制定《队列条令》是为了规范中国人民解放军的队列动作、队列队形和队列指挥，保持整齐统一和严格正规的队列生活。其主要内容：一是介绍了《队列条令》的作用和意义；二是明确了首长和机关的责任；三是规定了队列纪律。

（二）队列指挥

规定了队列指挥位置、队列指挥方法和队列指挥要求。

（三）队列队形

规定了队列的基本队形，如班、排、连、营、团的队形以及列队的间距。

（四）敬礼

规定了敬礼的种类和场合。

敬礼分为举手礼、注目礼和举枪礼。其中，举手礼主要用于单个军人，分为停止间和行进间敬礼;注目礼主要用于部队接受检阅和携带武器不便于行举手礼等场合;举枪礼用于阅兵式或者执行仪仗任务。

（五）国旗的掌持、升降和军旗的掌持、授予与迎送

规定了国旗掌持、升降人员要求与升降旗的要领，规定了军旗的掌持、授予与迎送人员要求等。

（六）阅兵

阅兵是展现威武文明之师的风貌，检验部队训练和正规化建设成果的重要形式，必须按照规定的程序严密组织实施。《队列条令》规定了阅兵的权限、形式、程序和师以上部队阅兵、军兵种部队和院校阅兵的要求。

二、单个军人的队列动作

队列动作是对单个军人和部队所规定的队列训练、队列生活和日常生活的制式动作，也是战斗动作的基础。下面首先介绍单个军人的队列动作。

（一）立正

立正是军人的基本姿势，是队列动作的基础。军人在宣誓、接受命令、进见首长和向首长报告、回答首长问话、升降国旗和军旗、奏国歌和军歌等严肃庄重的时机和场合，均应当自行立正。

口令：立正。

要领：两脚跟靠拢并齐，两脚尖向外分开约60度；两腿挺直；小腹微收，自然挺胸；上体正直，微向前倾；两肩要平，稍向后张；两臂下垂自然伸直，手指并拢自然微曲，拇指尖贴于食指第二节，中指贴于裤缝；头要正，颈要直，口要闭，下颌微收，两眼向前平视。

（二）跨立（即跨步站立）

跨立主要用于军体操、执勤和舰艇上分区列队等场合，可与立正互换。

口令：跨立。

要领：左脚向左跨出约一脚之长，两腿挺直，上体保持立正姿势，身体重心落于两脚之间。两手后背，左手握右手腕，拇指根部与外腰带下沿（内腰带上沿）同高；右手手指并拢自然弯曲，手心向后。不过，携枪时不背手。

（三）稍息

口令：稍息。

要领：左脚顺脚尖方向伸出约全脚的三分之二，两腿自然伸直，上体保持立正姿势，身体重心大部分落于右脚。携枪时，携带的方法不变，其余动作同徒手。稍息过久，可以自行换脚。

（四）停止间转法

1. 向右（左）转

口令：向右（左）转。

半面向右（左）转。

要领：以右（左）脚跟为轴，右（左）脚跟和左（右）脚掌前部同时用力，使身体协调一致向右（左）转90度，体重落在右（左）脚，左（右）脚取捷径迅速靠拢右（左）脚，成立正姿势。转动和靠脚时，两腿挺直，上体保持立正姿势。

半面向右（左）转，按照向右（左）转的要领转45度。

2. 向后转

口令：向后转。

要领：按照向右转的要领向后转180度。

（五）行进

行进的基本步法分为齐步、正步和跑步，辅助步法分为便步、踏步和移步。

1. 齐步

齐步是军人行进的常用步法。

口令：齐步走。

要领：左脚向正前方迈出约75厘米，按照先脚跟后脚掌的顺序着地，同时身体重心前移，右脚照此法动作；上体正直，微向前倾；手指轻轻握拢，拇指贴于食指第二节；两臂前后自然摆动，向前摆臂时，肘部弯曲，小臂自然向里合，手心向内稍向下，拇指根部对正衣扣线，并与最下方衣扣同高（着夏季作训服时，与第四衣扣同高；着冬季作训服时，与第五衣扣同高；着水兵服时，与腰带同高），离身体约25厘米；向后摆臂时，手臂自然伸直，手腕前侧距裤缝线约30厘米。行进速度每分钟116~122步。

2. 正步

正步主要用于分列式和其他礼节性场合。

口令：正步走。

要领：左脚向正前方踢出约75厘米（腿要绷直，脚尖下压，脚掌与地面平行，离地面约25厘米），适当用力使全脚掌着地，同时身体重心前移，右脚照此法动作；上体正直，微向前倾；手指轻轻握拢，拇指伸直贴于食指第二节；向前摆臂时，肘部弯曲，小臂略成水平，手心向内稍向下，手腕下沿摆到高于最下方衣扣约10厘米处（着夏季作训服时，约与第三衣扣同高），离身体约10厘米；向后摆臂时（左手心向右，右手心向左），手腕前侧距裤缝线约30厘米。行进速度每分钟110~116步。

3. 跑步

跑步主要用于快速行进。

口令：跑步走。

要领：听到预令，两手迅速握拳（四指蜷握，拇指贴于食指第一关节和中指第二节），提到腰际，约与腰带同高，拳心向内，肘部稍向里合。听到动令，上体微向前倾，两腿微弯，同时左脚利用右脚掌的蹬力跃出约85厘米，前脚掌先着地，身体重心前移，右脚照此法动作；两臂前后自然摆动，向前摆臂时，大臂略直，肘部贴于腰际，小臂略平，稍向里合，两拳内侧各距衣扣线约5厘米；向后摆臂时，拳贴于腰际。行进速度每分钟170~180步。

4. 便步

便步用于行军、操练后恢复体力及其他场合。

口令：便步走。

要领：用适当的步速、步幅行进，两臂自然摆动，上体保持良好姿态。

5. 踏步

踏步用于调整步伐和整齐。

停止间口令：踏步走。

行进间口令：踏步。

要领：两脚在原地上下起落（抬起时，脚尖自然下垂，离地面约15厘米；落下时，前脚掌先着地），上体保持正直，两臂按照齐步或者跑步摆臂的要领摆动。

6. 移步（5步以内）

移步用于调整队列位置。

（1）右（左）跨步。

口令：右（左）跨×步走。

要领：上体保持正直，每跨1步并脚一次，其步幅约与肩同宽，跨到指定步数停止。

（2）向前或后退。

口令：向前×步走；后退×步走。

要领：向前移步时，应当按照单数步要领进行（双数步变为单数步）。向前1步时，用正步，不摆臂；向前3~5步时，按照齐步走的要领进行。向后退时，从左脚开始，每退1步靠脚一次，不摆臂，退到指定步数停止。

（六）立定

口令：立定。

要领：齐步和正步时，听到口令，左脚再向前大半步着地（脚尖向外约30度），两腿挺直，右脚取捷径迅速靠拢左脚，成立正姿势。跑步时，听到口令，再跑2步，然后左脚向前大半步（两拳收于腰际，停止摆动）着地，右脚靠拢左脚，同时将手放下，成立正姿势。踏步时，听到口令，左脚踏1步，右脚靠拢左脚，原地成立正姿势（跑步的踏步，听到口令，继续踏2步，再按照上述要领进行）。

（七）步法变换

步法变换，均从左脚开始。

齐步、正步互换，听到口令，右脚继续走1步，即换正步或者齐步行进。

齐步换跑步，听到预令，两手迅速握拳提到腰际，两臂前后自然摆动；听到动令，即换跑步行进。

齐步换踏步，听到口令，即换踏步。

跑步换齐步，听到口令，继续跑2步，然后，换齐步行进。

跑步换踏步，听到口令，继续跑2步，然后换踏步。

踏步换齐步或者跑步，听到"前进"的口令，继续踏2步，再换齐步或者跑步行进。

（八）行进间转法

1. 齐步、跑步向右（左）转

口令：向右（左）转走。

要领：左（右）脚向前半步（跑步时，继续跑2步，再向前半步），脚右（左）约45度，身体向右（左）转90度时，左（右）脚不转动，同时出右（左）脚按照原步法向新方向行进。

半面向右（左）转走，按照向右（左）转走的要领转45度。

2. 齐步、跑步向后转

口令：向后转走。

要领：左脚向右脚前迈出约半步（跑步时，继续跑2步，再向前半步），脚尖向右约45度，以两脚的前脚掌为轴，向后转180度，出左脚按照原步法向新方向行进。转动时，保持行进时的节奏，两臂自然摆动，不得外张；两腿自然挺直，上体保持正直。

（九）坐下、蹲下、起立

1. 坐下

口令：坐下。

要领：左小腿在右小腿后交叉，迅速坐下（坐凳子时，听到口令，左脚向左分开约一脚之长），手指自然并拢放在两膝上，上体保持正直。

2. 蹲下

口令：蹲下。

要领：右脚后退半步，前脚掌着地，臀部坐在右脚跟上（膝盖不着地），两腿分开约60度，手指自然并拢放在两膝上，上体保持正直。蹲下过久，可以自行换脚。

3. 起立

口令：起立。

要领：全身协力迅速起立，成立正姿势。

（十）脱帽

1. 脱帽

口令：脱帽。

要领：双手捏帽檐或者帽前端两侧，将帽取下，取捷径置于左小臂，帽徽向前，掌心向上，四指扶帽檐或者帽墙前端中央处，小臂略成水平，右手放下。

2. 戴帽

口令：戴帽。

要领：双手捏帽檐或者帽前端两侧，取捷径将帽迅速戴正。

3. 需夹帽时，将帽夹于左腋下，左手握帽檐，帽徽向前，帽顶向左。

（十一）整理着装

整理着装，通常在立正的基础上进行。

口令：整理着装。

要领：双手从帽子开始，自上而下，将着装整理好。必要时，也可以相互整理。整理完毕，自行稍息。听到"停"的口令，恢复立正姿势。

三、班、排、连的队列动作

（一）集合、离散

1. 集合

集合，是使单个军人、分队、部队按照规范队形聚集起来的一种队列动作。集合时，指挥员应当先发出预告或者信号，如"全连注意"，然后，站在预定队形的中央前，面向预定队形成立正姿势，下达"成队集合"的口令。所属人员听到预告或者信号，原地面向指挥员成立正姿势；听到口令，跑步到指定位置面向指挥员集合（在指挥员后侧的人员，应当从指挥员右侧绕过），自行对正、看齐，成立正姿势。

（1）班集合。

口令：成班横队（二列横队）集合。

要领：基准兵迅速到班长左前方适当位置，成立正姿势；其他士兵以基准兵为准，依次向左排列，自行看齐。

成班二列横队时，单数士兵在前，双数士兵在后。

口令：成班纵队（二路纵队）集合。

要领：基准兵迅速到班长前方适当位置，成立正姿势；其他士兵以基准兵为准，依次向后排列，自行对正。

成班二路纵队时，单数士兵在左，双数士兵在右。

（2）排集合。

口令：成排横队集合。

要领：基准班在指挥员前方适当位置，成班横队迅速站好；其他班成班横队，以基准班为准，依次向后排列，自行对正、看齐。

口令：成排纵队集合。

要领：基准班在指挥员右前方适当位置，成班纵队迅速站好，其他班成班纵队，以基准班为准，依次向右排列，自行对正、看齐。

（3）连集合。

口令：成连横队集合。

要领：队列内的连指挥员或者基准排，在指挥员左前方适当位置，成横队迅速站好；各排和连部成横队，以连指挥员或者基准排为准，依次向左排列，自行对正、看齐。

口令：成连纵队集合。

要领：队列内的连指挥员或者基准排，在指挥员前方适当位置，成纵队迅速站好；各排和连部成纵队，以连指挥员或者基准排为准，依次向后排列，自行对正、看齐。

口令：成连并列纵队集合。

要领：队列内的连指挥员或者基准排，在指挥员左前方适当位置，成纵队迅速站好；各排和连部成纵队，以连指挥员或者基准排为准，依次向左排列，自行对正、看齐。

2. 离散

离散，是使列队的单个军人、分队、部队各自离开原队列位置的一种队列动作。

(1) 离开。

口令：各营（连、排、班）带开（带回）。

要领：队列中的各营（连、排、班）指挥员带领本队迅速离开原列队位置。

(2) 解散。

口令：解散。

要领：队列人员迅速离开列队位置。

（二）整齐、报数

1. 整齐

整齐，是使列队人员按照规定的间隔、距离，保持行、列齐整的一种队列动作。整齐分为向右（左）看齐和向中看齐。

口令：自右（左）看齐、向前看。

要领：基准兵不动，其他士兵向右（左）转头，眼睛看右（左）邻士兵腮部，前四名能通视基准兵，自第五名起，以能通视到本人以右（左）第三人为度。后列人员，先向前对正，后向右（左）看齐。听到"向前看"的口令，迅速将头转正，恢复立正姿势。

口令：以×为准，向中看齐、向前看。

要领：当指挥员指定以某某某为准（或者以第×名为准）时，基准兵答"到"，同时左手握拳高举，大臂前伸与肩略平，臂垂直举起，拳心向右。

听到"向中看齐"的口令后，其他士兵按照向左（右）看齐的要领实施。听到"向前看"的口令后，基准兵迅速将手放下，其他士兵迅速将头转正，复立正姿势。

一路纵队看齐时，可以下达"向前对正"的口令。

2. 报数

口令：报数。

要领：横队从右至左（纵队由前向后）依次以短促洪亮的声音转头（纵队向左转头）报数，最后一名不转头。数列横队时，后列最后一名报"满伍"或者"缺×名"。连集合时，由指挥员下达"各排报数"的口令，各排长在队列内向指挥员报告人数。必要时，连也可以统一报数。

（三）出列、入列

单个军人和分队出、入列通常用跑步（5步以内用齐步，1步用正步），或者按照指挥员指定的步法执行；然后，进到指挥员右前侧适当位置或者指定位置，面向指挥员成立正姿势。

1. 单个军人出列、入列

(1) 出列。

口令：某某某（或者第×名），出列。

要领：出列军人听到呼点自己姓名或者序号后应当答"到"，听到"出列"的口令后，应当答"是"。

位于第一列（左路）的军人，按照本条上述规定，取捷径出列。

位于中列（路）的军人，向后（左）转，待后列（左路）同序号的军人向右后退1步（左后退1步）让出缺口后，按照本条的上述规定从队尾（纵伍时从左侧）出列；位于"缺口"位置的军人，待出列军人出列后，即复原位。

位于最后一列（右路）的军人出列，先退1步（右跨1步），然后，按照本条有关规定从队尾出列。

（2）入列。

口令：入列。

要领：听到"入列"口令后，应当答"是"，然后，按照出列的相反程序入列。

2. 班、排出列、入列

（1）出列。

口令：第×班（排），出列。

要领：听到"第×班（排）"的口令后，由出列班（排）的指挥员答"到"，听到"出列"的口令后，由出列班（排）的指挥员答"是"，并用口令指挥本班（排），按照本条的有关规定，以纵队形式从队尾（位于第一列的班取捷径）出列。

（2）入列。

口令：入列。

要领：听到"入列"的口令后，由入列班（排）指挥员答"是"，并用口令指挥本班（排），以纵队形式从队尾（位于第一列的班取捷径）入列。

（四）行进、停止

横队和并列纵队行进以右翼为基准，纵队行进以左翼为基准（一路纵队行进以先头为基准）。

1. 行进

指挥员应当下达"×步走"的口令。听到口令，基准兵向正前方前进，其他士兵向基准兵标齐，保持规定的间隔、距离行进。纵队行进时，排、连通常成三路纵队，也可以成一、二路纵队。行进中需要时，用"一二一"（调整步伐的口令）、"一二三四"（呼号）或者唱队列歌曲，以保持步伐的整齐和振奋士气。

2. 停止

指挥员应当下达"立定"的口令。听到口令，按照立定的要领实施，分队的动作要整齐一致。停止后，听到"稍息"的口令，先自行对正、看齐，再稍息。

（五）队形变换

队形变换是由一种队形变为另一种队形的队列动作。

1. 横队和纵队的互换

横队变纵队：停止间口令：向右转。

行进间口令：向右转走。

纵队变横队：停止间口令：向左转。

行进间口令：向左转走。

要领：停止间，按照单个军人向右（左）转的要领实施。行进间，按照单个军人向右（左）转走的要领实施。分队动作要整齐一致。队形变换后，排以上指挥员应当进到规定的列队位置。

2. 停止间班横队和班二列横队，班纵队和班二路纵队互换

（1）班横队变班二列横队。

口令：成班二列横队走。

要领：变换前，先报数。听到口令，双数士兵左脚后退1步，右脚（不靠拢左脚）向右跨1步，左脚向右脚靠拢，站到单数士兵之后，自行对正、看齐。

（2）班二列横队变班横队。

口令：间隔1步，向左离开。

成班横队走。

要领：听到"间隔1步，向左离开"的口令，取好间隔；听到"成班横队走"的口令，双数士兵左脚左跨1步，右脚（不靠拢左脚）向前1步，左脚向右脚靠拢，站到单数士兵左侧，自行看齐。

（3）班纵队变班二路纵队。

口令：成班二路纵队走。

要领：变换前，先报数。听到口令，双数士兵右脚右跨1步，左脚（不靠拢右脚）向前1步，右脚向左脚靠拢，站到单数士兵右侧，自行对正、看齐。

（4）班二路纵队变班纵队。

口令：距离2步，向后离开。成班纵队走。

要领：听到"距离2步，向后离开"的口令，取好距离；听到"成班纵队走"的口令，双数士兵右脚后退1步，左脚（不靠拢右脚）站到单数士兵之后，自行对正。

（六）方向变换

方向变换，是改变队列面对的方向的一种队列动作。

1. 横队和并列纵队方向变换

停止间，通常是左（右）转弯或者左（右）后转弯，必要时可以向后转。

口令：左（右）转弯，齐（跑）步走，或者左（右）后转弯，齐（跑）步走。向后转，齐步走（当需要向后转走时，应当先下"向后转"的口令，待方向变换后，再下"齐步走"的口令）。

行进间口令：左（右）转弯走，或者左（右）后转弯走。

要领：一列横队方向变换时，轴翼士兵踏步，并逐渐向左（右）转动；外翼第一名士兵用大步行进并同相邻士兵动作协调，逐步变换方向（愈接近轴翼者，其步幅愈小），其他士兵用眼睛的余光向外翼取齐，并保持规定的间隔和排面整齐。转到90度或者180度时踏步并取齐，听口令前进或者停止。

数列横队和并列纵队方向变换时，第一列轴翼士兵停止间用踏步、行进间用小步，外翼士兵用大步行进，保持排面整齐，边行进边变换方向。转到90度或者180度后，听口令前进或者停止；后续各列按照上述要领，保持间隔、距离，取捷径进到前一列转弯处，转向新方向跟进。

2. 纵队方向变换

停止间，通常是左（右）转弯，或者左（右）后转弯，必要时可以向后转。

口令：左（右）转弯，齐（跑）步走，或者左（右）后转弯，齐（跑）步走，或者

向后转，齐（跑）步走（按照横队和并列纵队向后转走的方法实施）。

行进间口令：左（右）转弯走，或者左（右）后转弯走。

要领：一路纵队方向变换，基准兵在左（右）转弯时，按照单个军人行进间转法（停止间，左转弯走时，左脚先向前一步）的要领实施，在左（右）后转弯时，用小步边行进边变换方向。转到90度或者180度后，照直前进；其他士兵逐次进到基准兵的转弯处，转向新方向跟进。

数路纵队方向变换时，按照数列横队和并列纵队方向变换的要领实施。

第三节 轻武器射击常识

轻武器是指枪械及其他各种由单兵或班组携行战斗的武器，又称"轻兵器"。轻武器主要包括枪械和手榴弹、枪榴弹、榴弹发射器、火箭发射器和无坐力发射器，以及轻型燃烧武器和单兵导弹等。轻武器的主体是枪械。

轻武器重量轻、体积小、便于携带、使用方便，特别适用于近战，是军队中装备数量最多的武器。

轻武器的主要装备对象是步兵，也广泛装备于其他军种和兵种。其主要作战用途是杀伤有生力量，毁伤轻型装甲车辆，破坏其他武器装备和军事设施。

自动步枪、冲锋枪、班用机枪是步兵分队在近战中歼敌的主要武器；手枪是近距离歼敌的自卫武器。它们构成了轻武器的主要系列。

一、自动步枪简介

半自动步枪和全自动步枪均称自动步枪，其主要区别在于：前者是射手每扣动一次扳机只能射出一发子弹，后者只要射手扣住扳机不放，就可连续射击。"56式"半自动步枪已在部队陆续淘汰，现部队装备的一般为"81-1式"全自动步枪。"81-1式"全自动步枪与"81式"轻机枪组成班用枪族，活动机件和弹匣、弹盒可以互换，并能发射枪榴弹，使射手具有全面杀伤和反装甲的能力，是近战中消灭敌人有生力量的自动武器。

这些武器在400米（机枪500米、手枪50米）内对单个目标射击效果最好，集中火力可以射击500米内敌人的飞机、伞兵和杀伤800米内的集团目标，弹头飞行到1 500米（手枪500米）仍有杀伤力。

射击方法：半自动步枪实施单发射；自动步枪和冲锋枪、班用机枪主要实施短点射（2~5发），还可实施长点射（6~10发），必要时，自动步枪和冲锋枪可实施单发射，班用机枪可实施连续发射。

战斗射速（发/分钟）：半自动步枪（35~40发）；自动步枪和冲锋枪单发射40发，点射（90~110发）；班用轻机枪点射（150发），连续发射（300发）子弹后，应冷却枪管；"54式"手枪战斗射速30发。

使用普通弹，在100米距离上能射穿6毫米厚的钢板、15厘米厚的砖墙、30厘米厚的土层和40厘米厚的木板。

（一）主要部机件

半自动步枪由枪刺（刺刀）、枪管、瞄准具、活塞及推杆、机匣、枪机、复进机、击发机、弹仓、木托十大部件组成。另有一套附品。

（二）分解结合

分解结合是为了擦拭、上油、检查和排除故障。分解前必须验枪。分解结合应按顺序和要领进行，不能强敲硬卸。分解下来的机件应按顺序放在干净的物体上。除所讲的分解内容外，未经许可，不准分解其他机件。结合后，应拉送枪机数次，检查机件结合是否正确。

1. 分解

（1）拔出通条和取出附品筒。左手握上护木，右手向下向外拉开枪刺约成45度，拔出通条，折回枪刺。然后，用食指顶开附品筒巢盖，取出附品筒，并从附品筒内取出附品。

（2）卸下机匣盖。左手握枪颈，拇指抵住机匣盖后端，右手扳连接销扳手向上成垂直状态，再向右拉到定位，向后卸下机匣盖。

（3）抽出复进机。右手向后抽出复进机。

（4）取下枪机。左手握下护木，使枪面稍向右，右手拉枪机向后取出，然后将机栓和机体分开。

（5）卸下活塞筒。左手握下护木，右手扳固定栓扳手向上，使固定栓平面垂直，向上卸下活塞筒（将固定栓扳手扳回或保持不动，以防推杆弹出），然后从筒内取出活塞。

2. 结合

结合时，按分解的相反顺序进行。

（1）装上活塞筒。将活塞插入活塞筒内，左手托握下护木，右手将活塞筒前端套在导气箍上，使活塞筒后部对正固定栓垂直面按下，再将固定栓扳手向下扳到定位。

（2）装上枪机。左手握下护木，使枪面稍向右，右手将机栓和机体结合好，从机匣后部放进机匣内，左手拇指向下按压托弹板，右手前推枪机到定位。

（3）装上复进机。右手将复进机（弯曲部向前）插入机栓上的复进机巢内。

（4）装上机匣盖。左手握枪颈，右手将机匣盖放在机匣上，左手拇指将其向前推到尽头，右手将连接销推入后向前扳到定位。

（5）装上附品筒和通条。将附品装入附品筒并盖好，左手握下护木，右手将附品筒（筒盖向外）装入附品筒巢内，然后拉开枪刺，插入通条并使其头部进入通条槽内。最后折回枪刺。

结合后，打开弹仓盖，拉送枪机数次，检查机件结合是否正确。关上弹仓盖，打开保险，扣扳机，关保险。

（三）子弹

子弹由弹头、弹壳、底火和发射药组成。弹头用以杀伤敌人的有生力量；弹壳用以容纳发射药，安装弹头和底火；底火用以点燃发射药；发射药用以产生火药气体，推送弹头前进。

子弹分为普通弹、曳光弹、燃烧弹和穿甲燃烧弹。其中，普通弹用以杀伤敌人有生力量；曳光弹主要用以试射、指示目标和发信号，弹头头部为绿色；燃烧弹主要用以引燃易燃物体，弹头头部为红色；穿甲燃烧弹主要用以射击飞机和轻装甲目标（在200米距离上穿甲厚度为7毫米），并能在穿透装甲后引燃汽油，弹头头部为黑色并有一道红圈。

另外，还有空包弹、教练弹。空包弹用以演习，没有弹头，弹壳口收口压花并密封；教练弹用以练习装弹、退弹、击发等动作，外形和重量与普通弹相似，弹壳上有三道凹槽，无发射装药，底火为橡皮制成。

（四）故障与排除方法

射击中，若发生故障，通常拉枪机向后，重新装弹继续射击。如仍有故障，应迅速查明原因予以排除。如排除不了，应迅速向指挥员报告。

二、基本射击学原理

（一）发射及其过程

火药气体压力将弹头从膛内推送出去的现象叫发射。其过程是：击针撞击子弹底火，使起爆药发火；火焰通过导火孔引燃发射药，产生大量火药气体，在膛内形成很大的压力，迫使弹头脱离弹壳，沿膛线旋转加速前进，直至推出枪口。

（二）后坐的形成及对命中的影响

发射时，武器向后运动的现象叫后坐。

1. 后坐的形成

发射药燃烧时，产生的气体同时作用于各个方向，作用于膛壁周围的压力被膛壁所抵消；向前作用于弹头后部的压力推送弹头前进；向后作用于弹壳底部的压力经过枪机传给整个武器，使武器向后运动，形成后坐。

武器的后坐和弹头的运动是同时开始的。在弹头脱离枪口瞬间，大量的火药气体随弹头后部从膛内向外喷出，形成了反作用力，使武器后坐更加明显。

2. 后坐对命中的影响

后坐对单发（连发首发）射击的命中影响极小。因为弹头在膛内运动的时间极短（约千分之一秒），并且枪比弹头重得多（冲锋枪、半自动步枪400倍以上），所以弹头在脱离枪口以前，枪的后坐距离只有1毫米多。而且是正直向后运动，加之衣服和肌肉的缓冲，射手是感觉不出来的。射手感觉到的后坐，主要是弹头在脱离枪口的瞬间，火药气体猛烈向枪口外喷出形成的反作用力造成的。此时，弹头已脱离枪口。因此，后坐对单发（连发首发）射击的命中影响极小。

后坐对连发射击的命中有一定的影响。因为连发射击时，第一发子弹发射后，由于枪的明显后坐变动了原来的瞄准线，所以对第二发以后的射弹命中有一定的影响。但只要射手据枪要领正确，适应连发武器射击时后坐的规律，就能减小后坐对连发命中的影响，提高射击精度。

（三）弹道形状及其意义

弹头运动过程中，其重心所经过的路线叫弹道。弹头脱离枪口后，如果没有地心引力和空气阻力的作用，它将保持其所获得的速度，沿着发射线无止境地匀速直线飞行。

实际上，弹头在空气中飞行，一面受到地心引力的作用，逐渐下降；一面受到空气阻力的作用，越飞越慢。因此，形成了一条不均等的弧线。升弧较长较直，降弧较短较弯曲。

火身口水平面——通过起点的水平面；
射线——发射前火身轴线的延长线；
射角——射线与火身口水平面所夹的角；
发射线——发射瞬间火身轴线的延长线；
发射角——发射线与火身口水平面所夹的角；
升弧——由起点到弹道最高点的弹道；
降弧——由弹道最高点到落点的弹道；
弹道高——弹道上任何一点到火身口水平面的垂直距离；
最大弹道高——弹道最高点到火身口水平面的垂直距离；
射程——起点到落点的水平距离。

（四）瞄准角与瞄准具

由于地心引力和空气阻力的作用，如果用枪管瞄向目标射击，射弹就会打低打近。为了命中目标，必须将枪口抬高，使火身轴线与瞄准线之间形成一定的角度，即瞄准角。

瞄准角的大小是根据射弹在不同距离上的降落量来确定的。距离越远，降落量越大，所需要的瞄准角也就越大；距离越近，降落量越小，所需要的瞄准角也就越小。

瞄准具就是根据上述原理设计而成的。由于缺口上沿到火身轴线的高度大于准星尖到火身轴线的高度，射击时是通过缺口上沿中央和准星尖的平正关系来对目标进行瞄准的。因此，用瞄准具瞄准时，就抬高了枪口，使火身轴线与瞄准线之间构成了一定的瞄准角。

表尺位置高，瞄准角就大，相应的射击距离就远；表尺位置低，瞄准角就小，相应的射击距离就近。各种枪的表尺上都刻有不同的表尺（距离）分划。装定表尺（距离）分划，就是改变表尺的高低位置，实际上也就是装定瞄准角。

由此可见，瞄准具的作用就是对一定距离的目标射击时赋予武器相应的瞄准角和射向。射击时只要按照目标的距离装（选）定相应的表尺分划瞄准射击，就能命中目标。因此，正确地选定表尺分划，对准确命中目标有着决定性意义。

三、射击相关知识

射击前，应首先验枪、装子弹和定表尺。射击时可借助依托物，射击后应退子弹和复表尺。

（一）验枪

验枪是一项保证安全的重要措施。使用武器前后及必要时，均应验枪，认真检查弹膛和教练弹中有无实弹。验枪时，严禁枪口对人。

口令："验枪"、"验枪完毕"。

动作要领：听到"验枪"口令后，右手将枪提起，以右脚掌为轴，身体半面向右转，左脚顺势向前迈出一步（两脚约与肩同宽），同时右手将枪向前送出；左手接握下护木，左大臂紧靠左肋，枪托贴于胯骨，枪刺尖约与眼同高；右手打开弹仓盖，移握机柄。

当指挥员检查时，拉枪机向后，验过后，自行送回枪机，关上弹仓盖，打开保险，扣扳机，关保险，移握枪颈。

听到"验枪完毕"口令后，右手移握上护木，身体半面向左转，在右脚靠拢左脚的同时，恢复持枪姿势。

（二）装退子弹及定复表尺

1. 卧姿装退子弹及定复位表尺

口令："卧姿装子弹"、"退子弹起立"。

动作要领：听到"卧姿装子弹"口令后，右手将枪提起稍向前倾，左脚向右脚尖前迈出一大步（也可右脚顺脚尖方向迈出一大步），左手在左（右）脚尖前支地，顺势卧倒，以身体左侧、左肘支撑全身；右手将枪向目标方向送出；左手接握表尺下方，枪托着地，右手拉枪机到定位。

解开弹袋扣，取出一夹子弹，插入弹夹槽，以食指或拇指将子弹压入弹仓（单发装填时，不应将第一发子弹压在右侧），取出弹夹，送弹上膛，将弹夹装入弹袋并扣好。

右手拇指和食指捏压游标卡榫，移动游标，使游标前切面对正所需要的表尺分划。右手移握枪颈，全身伏地，两脚分开约与肩同宽，身体与射向成30度，枪刺离地，目视前方，准备射击。

听到"退子弹起立"口令后，稍向左侧身，右手解开弹袋扣，打开弹仓盖，接住落下的子弹，装入弹袋，拇指拉机柄向后，食指和中指夹住从膛内退出的子弹，送回枪机，将子弹装入弹袋并扣好，关上弹仓盖，打开保险，扣扳机，关保险，复表尺，移握上护木，将枪收回；同时左小臂向里合，屈左腿于右腿下。以左手和两脚撑起身体，右脚向前一大步，左脚再向前一步，在右脚靠拢左脚的同时，恢复持枪姿势。

2. 跪姿装退子弹及定复表尺

口令："跪姿装子弹"、"退子弹起立"。

动作要领：听到"跪姿装子弹"口令后，右手将枪提起，左脚向右脚前方迈出一步，右手将枪向目标方向送出；左手接握表尺下方，同时右膝向右跪下，臀部坐在右脚根上，左小腿略垂直，两腿约成90度，左小臂放在左大腿上。枪刺尖约与眼同高，然后，按要领装子弹，定表尺，右手移握枪颈，目视前方，准备射击。

听到"退子弹起立"口令后，按要领退出子弹，打开保险，扣扳机，关保险，复表尺，右手移握上护木，左脚尖向外打开的同时起立，在右脚靠拢左脚的同时，恢复持枪姿势。

3. 立姿装退子弹及定复表尺

口令："立姿装子弹"、"退子弹"。

动作要领：听到"立姿装子弹"口令后，右手将枪提起，以右脚掌为轴，身体大半面向右转，左脚顺势向前迈出一步（两脚与肩同宽，成外八字），体重落在两脚上，右手将枪向目标方向送出；左手接握表尺下方，左大臂紧靠左肋，枪托贴于胯骨，枪刺尖约与眼同高。然后，按要领装子弹，定表尺，右手移握枪颈，目视前方，准备射击。

听到"退子弹"口令后，按要领退出子弹，打开保险，扣扳机，关保险，复表尺，右手移握上护木，身体大半面向左转，在右脚靠拢左脚的同时恢复持枪姿势。

（三）射击动作

1. 依托物的利用

为了取得更好的射击效果，应力求利用地物和构筑依托物实施射击。依托物的高度应按射手的身体而定，一般为25~30厘米，依托物内侧应陡些。在紧急情况下，还应善于利用不同高度的依托物进行射击。

2. 卧姿有依托据枪、瞄准与击发

据枪、瞄准、击发是相互联系和相互影响的动作，稳固持久的据枪，正确一致的瞄准，均匀正直的击发，三者正确地结合，是准确射击的关键。因此，必须刻苦练习，熟练掌握。

（1）据枪。

下护木放在依托物上，左肘向里合；右手握枪颈，食指第一节靠在扳机上，大臂略成垂直；两手协同将枪托确实抵于肩窝，头稍前倾，自然贴腮。

（2）瞄准。

首先使瞄准线自然指向目标。若未指向目标，必须调整姿势，不可迁就而强扭身。需要修正方向时，可左右移动身体或两肘；需要修正高低时，可前后移动整个身体或两肘里合、外张，也可适当调整依托物。

（3）击发。

用右手食指第一节均匀正直地向后扣压扳机（食指内侧与枪应有不大的空隙），余指力量不变。当瞄准线接近瞄准点时，开始预压扳机，并减缓呼吸；当瞄准线指向瞄准点时，应停止呼吸，继续增加对扳机的压力，直至击发。

击发瞬间应保持正确一致的瞄准。若瞄准线偏离瞄准点或不能继续停止呼吸时，应既不增加也不放松对扳机的压力，待修正或换气后，再继续扣压扳机。

此时请注意两点：①决不允许猛扣扳机，猛扣扳机会使枪身扭动，射弹就会产生偏差；②打点射时要保持正常心态，不要因猛扣猛松扳机而造成据枪变形。只要按要领击发，枪响松手，就会操纵好点射。

四、实弹射击

（一）实弹射击开始前的工作

到达射击场后，指挥员应下达课目，宣布射击条件，明确射击的有关规定和注意事项及规定各种信（记）号，提出要求，宣布射击编组名单。尔后，派出警戒（警戒搜索警戒区后到位并发出安全信号），视情况发出准备射击信号，其他勤务人员迅速就位并认真履行职责。

（二）实弹射击的具体实施

（1）靶壕竖起红旗或发出可以射击的信号后，指挥员应令信号员发出"开始射击"的信号，竖起红旗。指挥第一组射手进入出发地线。

(2) 组织发弹员按规定弹数发给每个射手子弹,射手领到子弹,检查后装入弹匣,放入弹袋并扣好。

(3) 在出发地线给每个射手规定射击位置和射击目标。

(4) 进入射击地线开始射击。射手听到"向射击地线前进"的口令后,迅速进入射击地线,对正自己的射击位置,自行立定。尔后,指挥员下达装子弹的口令,射手按要领装子弹、定表尺,做好射击准备即可射击。

(5) 规定的射击时间一到,指挥员即下达"停止射击"的口令;射手应立即停止射击,并按指挥员的口令退子弹,起立。

(6) 指挥员下达"验枪"的口令后,地段指挥员应严格检查,逐个验枪,并收缴剩余子弹。

(7) 验枪后,整队离开射击地线,按规定路线返回指定地点,擦拭武器,座谈射击体会。

(8) 指挥员发出报靶信号,信号员竖起白旗,并通知靶壕检靶。靶壕指挥员下令竖起白旗后,再组织示靶员检靶、补靶和报靶。

(三)组织实弹射击的原则

(1) 组织实弹射击必须从实战需要出发,从难从严要求,注意锻炼射手独立自主地完成射击任务的能力。

(2) 组织实弹射击必须依照总参谋部颁发的最新的条令、教令、《军事训练成绩评定标准》,严格按其规定的条件和标准具体组织实施。

(3) 组织基本射击必须在对射手进行武器常识、射击学理论、射击动作和方法、观察和测定距离训练之后实施;组织战斗射击,必须在对射手进行基本射击和相应的战术课目训练之后实施,并力求紧密结合战术背景进行。

(4) 组织实弹射击时,必须事先进行周密、细致的准备工作,制定具体、明确的安全措施,防止各种事故的发生。

(5) 实弹射击前应向上级主管部门请示,射击完毕后报告。不得随意延长和更改实弹射击的日期,更换实弹射击的场地。

(6) 射击终止后,应严密组织清理场地。对于不炸弹和引信要及时收缴,并指派专人当场销毁,严禁私存和拆卸,杜绝伤亡事故。

(四)射击场的组织

组织实弹射击时,主要工作人员包括射击场指挥员、地段指挥员、靶壕指挥员和警戒、信号(观察)、示靶、发弹、记录、修械、医务人员等。这些人员的职责如下:

射击场指挥员:负责设置场地,派遣勤务,组织指挥射击,监督全体人员遵守射击场的各项规定和安全规则,处理有关问题。

地段指挥员:在射击场指挥员的领导下,负责组织本地段的射击指挥。

靶壕指挥员:在射击场指挥员的领导下,负责组织设靶、示靶、报靶、补靶及处理有关问题。

警戒人员:负责全场的警戒,严禁任何人员和牲畜进入警戒区。发现险情,应立即发出信号并向射击场指挥员报告。

信号（观察）员：根据射击场指挥员的命令发出各种信号，负责警戒区内的观察，发现险情立即报告。

示靶人员：负责设靶、示靶和报靶等工作。

发弹员：根据指挥员的命令，按规定弹种、弹数发给射手子弹，收回剩余子弹。射击终止后，负责清查弹药和收缴弹壳。

（五）射击场的安全规则

（1）射击场的确定及其使用时的规定。

确定实弹射击场地时必须要有可靠的靶档，确保安全的靶壕和掩蔽部，并应避开高压线。在使用时，事先必须仔细搜索靶场警戒区，派出警戒，设置警戒旗。必要时，应预先将射击开始和结束的时间、危险区域及射击场有关信号通知当地有关单位。

（2）对参加实弹射击的各类人员的要求。

实弹射击前，射击场指挥员必须向全体人员明确规定各种信号记号以及与警戒、观察人员的联络方法，并要求全体人员严格执行信号规定。参加实弹射击的射手在使用武器前后必须验枪，无论枪内有无实弹，都不得将枪口对人。严禁将装有实弹的武器随意放置或交给他人。

没有指挥员的口令，射手不准装填子弹。在报靶时，严禁在射击地线摆弄武器或向靶区瞄准。射击时，射向不得超出安全射界。在射击过程中，射手若看到靶壕的白旗或听到停止射击的口令，应立即停止射击。示靶人员听（看）到准备射击的信号后应迅速隐蔽，未经射击场指挥员许可，不得随便走出靶壕。若靶壕内发生特殊情况，需要立即停止射击时，应出示白旗或用其他规定的方法向指挥员报告。

（六）实施实弹射击的一般规定

实施实弹射击的一般规定是指实弹射击前，根据实弹射击的客观需要制订的各种行动标准和规则。其内容包括以下几个方面：

（1）实弹射击时必须使用手中武器，如因武器机件损坏或射效不合格而无法矫正，射手不能使用手中武器时，必须经团级领导批准。

（2）各种武器实弹射击的第一练习，可在良好天候条件下实施，实弹射击的其他练习不受气候条件的限制，可在各种天候、各种地形上结合本部队担负的作战任务实施，特别要探讨恶劣气候条件下的射击与射击指挥。

（3）组织基本射击时，射手进到出发地线后，指挥员令发弹员发给射手子弹。首先下达口令"发弹员发给每个射手5发子弹"，然后下达口令"装填弹匣"（装填子弹时均采取跪姿）。接着发出准备射击信号，待靶壕竖起红旗或用其他规定的方法发出可以射击的信号后，下达向射击地线前进的口令。

射手进入射击地线后，按指挥员口令做好射击准备。指挥员按规定时间发出开始射击的口令或显示目标的信号，射手即行射击。射击完毕后退子弹起立，在原地验枪。验枪完毕后，发出报（检）靶信号，同时指挥射手向右翼排头靠拢，再由右翼排头下口令带到指定位置坐好（也可由指挥员下口令，从射击地线带回）。

全场射击完毕，如有不及格者可补射一次，补射成绩算个人成绩，不算单位成绩。补射完毕，发出射击完毕的信号，召回警戒。指挥员实施小结讲评，依据射击成绩评价训练效果。

(4) 组织战斗射击时，要从实战需要出发，场地要选择在复杂的地形上，目标设置要尽量符合战术要求。通过战斗射击的训练，锻炼射手在近似实战条件下独立地观察目标，测定距离，装定表尺，选择姿势，准确迅速地消灭各种目标的技能。

(七) 基本射击和成绩评定

基本射击是为了掌握射击的基本要领和技能所进行的实弹射击，如81式自动步枪、95式自动步枪、班用轻机枪等的基本射击均有四个练习，分别训练射手对不动目标、隐显目标、闪光目标和运动目标准确射击的技能。

对不动目标射击其成绩评定按《军事训练与考核大纲》的规定：个人实弹射击成绩评定为"合格"、"不合格"两级制；单位成绩评定按合格率进行评定。其射击应用为：射手对距离100米的胸环靶，使用标尺"1"，运用5发子弹命中目标30环（含）以上为"合格"，30环（不含）以下为"不合格"。

第四节 野营拉练

野营拉练是军队在平时为战时行军作战所进行的适应性训练，目的是锻炼部队吃、住、行、藏、打等综合能力。

一、行军

行军是军队徒步或乘车沿指定路线进行的有组织的行动。战时行军通常在夜间或视度不良的条件下实施。

(一) 行军的种类、速度与休息

行军的种类，按行动方式分为徒步和乘车行军；按时间分为昼间和夜间行军；按行程速度分为常行军、急行军和强行军；按行进方向分为向敌行军、侧敌行军和背敌行军。

所谓常行军是指徒步正常行军；所谓急行军是指以最快的速度实施的行军，通常在执行紧急任务时采用；所谓强行军是指加快时速和加大每日行程的行军方法。

行军的速度应根据任务、敌情、时间、行军能力、道路状况和气候季节而定。常行军时，速度大致为每小时4 000~5 000米，日行程$25×10^3$~$35×10^3$米；急行军时，速度通常为每小时7 000米左右，日行程$50×10^3$米以上。

行军时应适时组织大、小休息。小休息通常在开始行军30分钟后进行，其时间约15分钟，尔后每行进50分钟休息一次，每次约10分钟；大休息时间通常是在走完当日行程的二分之一以上，进入指定地区休息2~3小时。走完一日行程后，按上级指示进行宿营。

(二) 行军前的组织准备

1. 研究情况，拟出行军计划

指挥员在了解任务的基础上，应召集有关人员研究敌情、行军道路及其两侧的地形、本分队的任务，确定分队的行军序列，观察、警戒的组织。

2. 作好思想动员

行军前，指挥员应根据本分队所担负的任务，结合分队的思想情况，进行深入的思想动员，保障分队顺利完成任务。

3. 下达行军命令

下达行军命令时应指出：

（1）敌情。

（2）本分队的任务、行军路线、里程，出发及到达指定地区的时间以及大休息的地点。

（3）分队集合地点，行军序列，乘车时还应区分车辆。

（4）着装规定。

（5）完成行军准备的时限，明确起床、开饭、集合的时间。

（6）行军口令及对口令传递的要求。

4. 组织战斗保障

（1）指定1名或2名战士为观察员，负责观察地面和天空；指定值班分队及火器，负责对空防御。

（2）规定遭敌原子、化学、细菌武器袭击时，各分队行动方法。

（3）规定在敌航空兵或炮火袭击时的行军方法。

（4）规定伪装方法及伪装纪律。

5. 作好物资装具准备

为了顺利完成行军任务，保持分队战斗力，行军前指挥员需：

（1）检查携带的给养、饮水、武器、弹药等情况。

（2）检查着装情况，如鞋袜的整理、背包的捆绑、装具的佩带等。

（3）妥善安置伤病员。

（4）根据季节进行防暑、防冻教育和物品的准备。

（三）行军管理与指挥

（1）在有可能发生遭遇战的情况下行军时，各排长应随连长在先头行进，以便及时受领任务。分队在公路或乡村路行军时，应沿道路的一侧或两侧行进，乘车时，应沿道路的右侧行进。

（2）行军中应注意保持行进速度和规定的距离，听从调整哨的指挥，未经上级允许，不得超越前面的分队。经过渡口、桥梁、隘路等难以通行的地点时，指挥分队有组织地通过，防止拥挤。通过后，先头分队应适当减低速度，避免后面的人跑步追赶。徒步行军的分队应主动给车辆、执行特殊任务的分队和人员让路。

（3）士兵在行军中听从指挥，不得擅自离队，不得丢失装具和食物等。

（4）分队按上级的指示组织休息。小休息应靠路边，并保持原队形。在第一次小休息时，应督促战士整理鞋袜、装具等；大休息时应离开道路，进入指定地区。休息时应派出警戒，必要时可占领附近有利地形，加强对地、空观察，并保持战斗准备，以防止地面和空中敌人的突然袭击。

(5) 行军中,应教育分队不要喝冷水,不要随便采食野果。

(6) 在山林地行军时,通过山垭口和上下坡时,应适当减速行进,以避免后面跑步追赶和掉队,火炮、车辆应适当加大距离。在严寒地带行军时,小休息时间不要过长,并禁止躺卧,以免发生冻伤;在炎热季节行军时,应注意防暑。

(7) 遇敌空袭时,应指挥分队迅速向道路一侧或两侧疏散隐蔽,并指定火器射击低飞敌机。如空袭情况不严重或行军任务紧迫时,分队则应疏开队形,增大距离,加快速度前进。

(8) 行军中,连级应指定一名干部,带领卫生员和若干体壮战士为收容组,在连队的后尾跟进,负责收容伤病员,组织掉队的人员跟进。

二、宿营

宿营是军队在行军、输送或战斗后的住宿,其目的是为了使部队得到休息和整顿,以便继续行军或做好战斗准备。现代高技术局部战争条件下,无论采取何种宿营方式,都应制定侦察、防空和防核、化学、生物、燃烧武器袭击的措施,做好抗袭击准备,保障部队安全休息。

(一)宿营方式

宿营方式分为舍营、露营和舍营与露营相结合三种。所谓舍营,是指军队在房舍内宿营;所谓露营,是指军队在房舍外宿营。通常在不具备舍营条件时采用,是平时部队训练的重点。

野外露营的方式分为利用制式器材露营和利用就便器材露营。利用制式器材露营,通常是指利用帐篷、装配工事等制式器材进行的露营;利用就便器材露营,通常是指利用车辆、坦克、篷布、雨衣、草木等进行的露营。

(二)宿营地区的选择

宿营地区的选择应根据敌情、地形、任务和行军编成而定。平时组织野营训练以能够达到训练目的为标准,通常应符合下列条件:

(1) 避开城镇、集市、车站、渡口、大的桥梁附近;
(2) 避开疫区、传染病流行村落;
(3) 有适当的地幅,通常师、团、营的宿营面积分别为 600 平方千米、60 平方千米、6 平方千米;
(4) 有较好的进出道路,便于车辆、人员通行;
(5) 选择露营地时,夏季要尽量选在高处,避开谷地、低地、洪水道和易坍塌的地方;冬季应选在避风向阳处,或土质较黏便于搭设简易遮棚或挖掘的地方。

选择露营地区时,通常还要考虑以下因素:

一是要符合战术要求,从具体位置到配置方式,都应以预想的战术背景为基本前提;二是要着眼于训练课目需要,有利于达到训练目的;三是要方便生活,尽量靠近水源并有进出道路;四是要选择在群众基础较好或影响群众利益较小的地区。

露营配置地域通常以班为点,排为块,连为片,团(营)为区,根据地形特点,可成一字形、梯形、三角形、扇形配置，形成野训营地。首长机关通常设在便于观察、指挥的位置，分队与分队之间要按战术要求保持一定间隔。

（三）宿营准备

组织部队宿营前要与当地政府、武装部门取得联系，以得到他们的支持和帮助。设营时设营人员要与乡、村领导取得联系，征得同意后方可设营；应向当地群众了解自然情况、社会情况等为部队进驻提供资料。

组织部（分）队宿营训练时，准备工作通常有：宿营常识教育、现地勘察和物资器材准备等。

1. 宿营常识教育

宿营实施前，应进行群众纪律、民情风俗教育；在少数民族地区或少数民族集居地进行宿营训练时，还应进行国家的少数民族政策和尊重少数民族生活习惯教育；组织部（分）队学习宿营常识，学会搭设制式、简易帐篷，了解防蚊虫叮咬、防洪、防中暑、防冻伤、防塌方、防煤气中毒、防火灾、预防流行性疾病等基本常识。可以指定连队先试点，组织观摩示范。也可以先在驻地附近进行昼间的露营尝试训练，掌握露营方法。

2. 现地勘察

野外宿营前，通常以团（营）为单位组织现地勘察，视情况也可以连为单位进行。重点明确宿营地点；各分队的宿营区域；各级指挥所的位置；进出道路；通信联络的方法；各种信（记）号；完成宿营准备的时限；组织检查的时间、内容等。

3. 物资器材准备

宿营前，应认真检查个人的着装（衣服、被褥）。冬季宿营时要重点检查棉（皮）帽、棉（皮）手套、棉（皮）大衣、棉（皮）鞋的携带情况；夏季宿营时应重点检查雨衣（布）、蚊帐的携带情况。每人都应多准备几套干净的内衣，以备更换。除携带装备的锹、镐外，还应准备必要的大镐、大锹、钢钎、麻袋等工具和物资。为弥补制式露营器材的不足，部（分）队应视情况购买或租借部分露营所需要的材料，如搭设简易帐篷的塑料薄膜、稻草、支撑木、斧、锯、线绳等。

（四）宿营地工作

部队到达宿营地后，应立即组织所属指挥员勘察地形，选定紧急集合场，组织部队构筑必要的工事，组织各种保障，以保证部队安全宿营。

1. 组织侦察

为了防止敌人突然袭击和为继续行军，部队到达宿营地域后，应立即向有敌情顾虑和尔后行动的方向上派出侦察，查明敌情和尔后行军路线情况。同时，迅速搜集部（分）队的行军情况和到达宿营地域后的住宿情况，了解有关敌情和社情。

2. 组织警戒

为保障部队安全休息，要周密地组织宿营警戒。宿营警戒的组织应根据敌情、地形和宿营部署确定。通常，团（营）向受敌威胁较大的方向上派出连（排）哨，向次要方向派出排（班）哨，连派出班哨、步哨、潜伏哨、游动哨。

警戒派出的距离以保障主力不受突然袭击和有时间组织部队投入战斗为宜，一般连哨为 4~6 千米；对警戒地带的宽度，连哨为 2~3 千米，排哨为 1~1.5 千米。另外，必要时应组织有重点的环形警戒。

除派出战斗警戒外，各部队还应指定值班分队或火器，并派出直接警戒。

3. 建立通信联络

宿营地域的通信联络通常以有线电通信和运动通信为主，同时应充分利用地方既设线路。驻地较远的部（分）队可在短时间使用无线电联络。

4. 严密封锁消息

战时部队到达宿营地域后，要对部队和当地群众进行防奸保密教育，控制人员流动，严密封锁消息。

5. 密切军民关系

平时组织部队训练，部队应与当地党政机关取得联系，得到他们对野营训练的支持。部队可在训练间隙做好群众工作或组织军民共建活动。

部队宿营结束，要认真清理文件和武器装备，避免丢失，消除宿营时所留痕迹，进行群众纪律检查和做好善后工作。

第五节 兵器知识简介

一、火炮

火炮是利用火药燃气压力等能源抛射弹丸，口径等于和大于 20 毫米的身管射击武器。

火炮通常由炮身和炮架两大部分组成。炮身包括身管、炮尾、炮闩等。身管用来赋予弹丸初速和飞行方向；炮尾用来装填炮弹；炮闩用以关闭炮膛，击发炮弹。炮架由反后坐装置、方向机、高低机、瞄准装置、大架和运动体等组成。反后坐装置用以保证火炮发射炮弹后的复位；方向机和高低机用来保证火炮发射炮弹后复位，操纵炮身变换方向和高低；瞄准装置由瞄准具和瞄准镜组成，用以装定火炮射击数据，实施瞄准射击；大架和运动体用于射击时支撑火炮，行军时作为炮车。

火炮按用途分为地面压制火炮、高射炮、反坦克火炮、坦克炮、航空机关炮、舰炮和海岸炮。其中，地面压制火炮包括加农炮、榴弹炮、加农榴弹炮和迫击炮，有些国家还包括火箭炮；反坦克火炮包括反坦克炮和无坐力炮。

火炮按弹道特性分为加农炮、榴弹炮和迫击炮。加农炮弹道低伸，身管长，初速大，射角一般小于 45 度，用定装式或分装式炮弹，变装药号数少，适于对装甲目标、垂直目标和远距离目标射击。高射炮、反坦克火炮、坦克炮、航空机关炮、舰炮和海岸炮都具有加农炮的弹道特性；榴弹炮弹道较弯曲，炮身较短，初速较小，射角可达 75 度，用分装式炮弹，变装药号数较多，弹道机动性大，适于对水平目标射击；迫击炮弹道弯曲，炮身短，初速小，射角为 45~85 度，变装药号数较多，适于对遮蔽物后的目标射击。

此外，火炮按运动方式分为自行火炮、牵引火炮、骡马挽曳火炮和骡马驮载火炮；按炮膛构造分为线膛炮和滑膛炮。

二、装甲车与坦克

装甲车是具有装甲防护的各种履带或轮式军用车辆，是装有装甲的军用或警用车辆的统称。坦克也是装甲车履带式装甲车辆的一种，但是在习惯上通常因作战用途另外独立分类，而装甲车辆多半是指防护力与火力较坦克弱的车种。

装甲车具有高度的越野机动性能，有一定的防护和火力作用，分为履带式和轮式两种，一般装备一至两门中小口径火炮及数挺机枪，一些还装有反坦克导弹，主要由装甲车体、武器系统、动力装置等组成。为了增强防护和方便成员下车战斗，多采用前置动力装置方案。

随着坦克的诞生，火力、防护性和越野性都比较弱的装甲车汽车失去了在战场上为步兵提供火力支援的地位，于是它转向其他用途发展。一是发展为装甲输送车，为步兵和作战物资提供装甲保护；二是利用它轻便灵活的特点，发展为某些特殊用途的轻型装甲车辆，如装甲指挥车、装甲侦察车；三是用于镇压城市群众暴动和对付缺乏反装甲火器的游击队。

坦克又称战车，是现代陆上作战的主要武器，有"陆战之王"的美称。坦克是一种具有强大直射火力、高度越野机动性和很强装甲防护力的履带式装甲战斗车辆，主要执行与对方坦克或其他装甲车辆作战，也可以压制、消灭反坦克武器、摧毁工事、歼灭敌方有生力量。坦克一般装备一门中或大口径火炮（有些现代坦克的火炮甚至可以发射反坦克/直升机导弹）以及数挺防空（高射）或同轴（并列）机枪。

三、舰艇

舰艇俗称军舰，又称海军舰艇，是指有武器装备，能在海洋执行作战任务的海军船只，是海军的主要装备。

舰艇被视为国家领土的一部分，只遵守本国的法律和公认的国际法。舰艇主要用于海上机动作战，进行战略核突袭，保护己方或破坏敌方的海上交通线，进行封锁或反封锁，参加登陆或抗登陆作战，以及担负海上补给、运输、修理、救生、医疗、侦察、调查、测量、工程和试验等保障勤务。

舰艇主要有战斗舰艇和辅助战斗舰艇两大类。直接执行战斗任务的叫战斗舰艇，执行辅助战斗任务的是辅助战斗舰艇。

战斗舰艇依其使命有航空母舰、战列舰、巡洋舰、驱逐舰、护卫舰（艇）、布雷舰（艇）、扫雷舰（艇）、登陆舰（艇）、潜艇、导弹艇、炮艇和鱼雷艇、猎潜（舰艇）等；辅助战斗舰艇依其使命分为修理舰船、运输舰船、补给舰船、测量船、打捞救生船、医院船、拖船等。

在同种舰艇中，根据其排水量和主要武器装备的不同又可以划分为不同的级别。战斗舰艇中，根据习惯，一般把排水量为500吨以上的水面舰只称为舰，而把排水量为500吨以下的水面舰只称为艇。潜艇无论吨位大小均称为艇。

（一）航空母舰

航空母舰是一种以舰载机为主要作战武器的大型水面舰艇。现代航空母舰及舰载机已成为高技术密集的军事系统工程。航空母舰一般总是一支航空母舰舰队中的核心舰船,有时还作为航母舰队的旗舰。舰队中的其他船只为它提供保护和供给。

(二)战列舰

战列舰又称战斗舰或战舰,它是一种以大口径火炮的攻击力与厚重装甲的防护力为主要诉求的高吨位海军作战舰艇。由于这种军舰自 19 世纪 60 年代开始发展直至第二次世界大战中末期逐渐式微为止,一直是各主要海权国家的主力舰种之一,因此在过去曾经一度被称为主力舰。但近代以来,战列舰的战略地位已被航空母舰和弹道导弹潜艇所取代。

(三)驱逐舰

驱逐舰是一种多用途军舰,是 19 世纪 90 年代至今海军重要的舰种之一。驱逐舰是以导弹、鱼雷、舰炮等为主要武器,具有多种作战能力的中型军舰。它是海军舰队中突击力较强的舰种之一,用于攻击潜艇和水面舰船,舰队防空,以及护航、侦察巡逻警戒、布雷、袭击岸上目标等,是现代海军舰艇中用途最广泛、数量最多的舰艇。

(四)潜艇

潜艇是一种能潜入水下活动和作战的舰艇,也称潜水艇,是海军的主要舰种之一。潜艇在战斗中的主要作用是:对陆上战略目标实施核袭击,摧毁敌方军事、政治、经济中心;消灭运输舰船、破坏敌方海上交通线;攻击大中型水面舰艇和潜艇;执行布雷、侦察、救援和遣送特种人员登陆等。

四、军用飞机

军用飞机是直接参加战斗、保障战斗行动和军事训练的飞机的总称,是航空兵的主要技术装备。飞机大量用于作战,使战争由平面发展到立体空间,对战略战术和军队组成等产生了重大影响。

军用飞机主要包括:歼击机、轰炸机、歼击轰炸机、强击机、反潜巡逻机、武装直升机、侦察机、预警机、电子对抗飞机、炮兵侦察校射飞机、水上飞机、军用运输机、空中加油机和教练机等。

军用飞机主要由机体、动力装置、起落装置、操纵系统、液压气压系统、燃料系统等组成,并有机载通信设备、领航设备以及救生设备等。直接用于战斗的飞机还有机载火力控制系统和电子对抗系统等;军用飞机的基本性能主要包括飞行速度、高度、航程和续航时间、作战半径和起飞重量等。

(一)歼击机

歼击机是用于歼灭敌方飞机和飞航式空袭兵器的飞机,它具有火力强、速度快、机动性好等特点,是航空兵空战的主要机种,也可用于对地攻击。现代歼击机多装有航空机关炮,雷达制导中距导弹、红外制导近距导弹、激光制导炸弹等,并通常装备有先进的电子对抗设备。歼击机的最大飞行时速为 3 000 千米,最大飞行高度达 20 千米,最大航程达 5 000 千米,低空作战半径超过 800 千米。

(二)轰炸机

轰炸机是用于对地面、水面目标进行轰炸的飞机,它具有突击力强、航程远、载弹量大等特点，是航空兵空中突击的主要机种。轰炸机有多种分类方法：按任务范围可分为战略轰炸机和战术轰炸机；按载弹量可分为重型、中型和轻型轰炸机；按航程可分为近程、中程和远程轰炸机。轰炸机机载武器系统包括各种炸弹、航弹、导弹、鱼雷、航炮等；电子设备包括自动驾驶仪、地形跟踪雷达、领航设备、电子干扰系统和全向警戒雷达等，保障其远程飞行和低空突防。

（三）预警机

预警机用于搜索、监视空中或海上目标，主要指挥引导己方执行作战任务的飞机。机上装有雷达和电子侦察设备，飞机起飞后能大大增加雷达的搜索范围和探测距离，增加预警时间，发现低空、超低空和海上飞行目标的作用尤为显著。战时可迅速飞往作战地区，进行警戒和引导己方飞机作战；平时可在国界或公海上空巡逻，侦察敌方动态，防备敌方突然袭击。预警机通常由大型运输机改装而成，在现代战争中具有重要作用。

五、导弹

导弹是"导向性飞弹"的简称，是一种依靠制导系统来控制飞行轨迹的可以指定攻击目标，甚至追踪目标动向的无人驾驶武器，其任务是把战斗部装药在打击目标附近引爆并毁伤目标，或在没有战斗部的情况下依靠自身动能直接撞击目标，以达到毁伤效果。简言之，导弹是依靠自身动力装置推进，由制导系统导引、控制其飞行路线，并导向目标的武器。

导弹的分类方法有多种：如果按弹头装炸药的性质不同，可分为装普通炸药的常规导弹，以及装核物质的核导弹；如果按飞行方式分，有弹道导弹和巡航导弹；如果按作战任务的性质分，有战略导弹和战术导弹；如果按发射点和目标分，有地地导弹、地空导弹、空地导弹、空空导弹、潜地导弹、岸舰导弹等；如果按攻击的兵器目标分，有反坦克导弹、反舰导弹、反雷达导弹、反弹道导弹、反卫星导弹等；如果按搭载平台分，有单兵便携导弹、车载导弹、机载导弹、舰载导弹等。

六、核武器

核武器是指利用能自持进行核裂变或聚变反应释放的能量，产生爆炸作用，并具有大规模杀伤破坏效应的武器的总称。其中，主要利用铀235（U-235）或钚239（239Pu）等重原子核的裂变链式反应原理制成的裂变武器通常称为原子弹，主要利用重氢（氘）或超重氢（氚）等轻原子核的热核反应原理制成的热核武器或聚变武器通常称为氢弹。

目前的核武器主要包括如下几类：

（1）原子弹：最普通的核武器，也是最早研制出的核武器，它利用原子核裂变反应所放出的巨大能量，通过光辐射、冲击波、早期核辐射、放射性沾染和电磁脉冲起到杀伤破坏作用。

（2）氢弹：利用氢的同位素氘、氚等轻原子核的聚变反应，产生强烈爆炸的核武器，又称热核聚变武器。其杀伤机理与原子弹基本相同，但威力比原子弹大几十甚至上千倍。

（3）中子弹：又称弱冲击波强辐射工弹。它在爆炸时能放出大量致人死亡的中子，并使冲击波等的作用大大缩小。在战场上，中子弹只杀伤人员等有生目标，而不摧毁如建筑物、技术装备等设备,"对人不对物"是它的一大特点。

(4)电磁脉冲弹:它是利用核爆炸能量来加速核电磁脉冲效应的一种核弹。它产生的电磁波可烧毁电子设备,可造成大范围的指挥、控制、通信系统瘫痪,在未来的"电子战"中将会大显身手。

第六节 阅兵简介

阅兵是对武装力量进行检阅的仪式。通常在国家重大节日、迎送国宾和军队出征、凯旋、校阅、授旗、授奖、大型军事演习时举行,以示庆祝、致敬,展现部队建设成就,并可壮观瞻,振军威,鼓士气。

阅兵包括阅兵式和分列式。有时只进行一项。阅兵式是阅兵者从受阅部队队列前通过,进行检阅的仪式;分列式是受阅部队列队从检阅台前通过,接受阅兵者检阅的仪式。

中华人民共和国成立时,根据全国政协决定,把阅兵列为国庆大典的一项重要内容。从 1949 年开国大典至 2009 年新中国成立 60 周年,共举行了 14 次国庆阅兵。1949—1959 年新中国成立十周年,共举行了 11 次国庆阅兵。此后,连续 24 年没有举行国庆阅兵。直到 1984 年,根据邓小平的提议,中央决定恢复阅兵,并于 1984 年国庆 35 周年时举行大型的国庆阅兵式。1999 年,党中央决定在天安门广场举行盛大的世纪阅兵式,庆祝新中国 50 年华诞。2009 年,迎来新中国 60 年华诞,为展示中国的飞速发展,再次举行阅兵。2015 年 9 月 3 日,为了纪念中国人民抗日战争暨世界反法西斯战争胜利 70 周年,在北京天安门广场再次举行了隆重的阅兵仪式。

第六章 非战争行动与应急避险

第一节 非战争行动

我们的祖国幅员辽阔，美丽富饶，但同时也是个灾害多发的国度。各种灾害频发，对人民生命财产构成了严重的威胁。应对灾害，是党和政府历来重视的与国计民生息息相关的大事，也是人民军队一项重要的职责与使命。对于军队来讲，参加抢险救灾不同于战争时期的任何任务，一般被称为非战争行动。

非战争行动主要包括水灾抢险、火灾抢险、震灾抢险、制乱平暴等内容。从唐山大地震救灾到大兴安岭灭火，从"98抗洪"到抗击"非典"新中国成立以来，军队参加了国家所有重大抢险救灾行动，为保卫人民生命财产安全和国家建设成果作出了巨大贡献。

一、相关法律、法规依据

部队执行非战争行动任务，必须了解和掌握一些法规知识用以规范各类行动，增强部队依法执行任务的能力。这里主要介绍《军队参加抢险救灾条例》（以下简称《条例》）、《中华人民共和国防震减灾法》（以下简称《防震减灾法》）、《中华人民共和国防洪法》（以下简称《防洪法》）和《中华人民共和国戒严法》（以下简称《戒严法》）中的相关内容。

（一）《军队参加抢险救灾条例》

国务院、中央军委颁布的《条例》，于2005年7月1日起施行，是新中国成立以来的第一部规范军民共同应对自然灾害的法典。该条例以《宪法》、《国防法》为依据，不仅对军队参加抢险救灾的任务、原则、组织指挥、兵力装备使用、平时准备与行动保障等做了规范，同时也明确了地方人民政府在动用、组织和保障军队抢险救灾时的责任与义务，从而把军队参加抢险救灾纳入了依法治国、依法治军的法制化轨道。

1. 《条例》立法的目的和意义

我国是世界上自然灾害最为严重的国家之一。新中国成立以后，党和政府十分重视减灾救灾工作，在历次抢险救灾中，人民解放军和武装警察部队忠实地履行全心全意为人民服务的根本宗旨，积极参加抢险救灾，与人民群众一道共同抵御自然灾害，为保卫国家经济建设成果和人民生命财产安全做出了巨大贡献。但长期以来，这项工作缺少专门的法规进行规范。1998年抗洪斗争胜利后，党中央、国务院、中央军委把军队抢险救灾立法问题纳入了议程，主要基于三个方面的考虑：一是总结长期以来军民合力抢险救灾的成功经验，用法规的形式固定下来，为军民携手减灾救灾提供法律保证。二是军队参加抢险救灾属于非战争军事行动，需要处理好军地工作"接口"中的关键性环节，做到有法可依、有章可循。三是军队参加抢险救灾,涉及许多保障问题,急需建章立制,从根本上加以解决。通过立法既保证部队出色地完成急难险重的抢险救灾任务,又能使军队现代化建设顺利进行。《条例》实事求是地正视和解决实际矛盾,是依法治国、依法治军的重要体现。

《条例》的颁发,对军民合力救灾意义重大而深远。例如,1998年1月1日,国家第一部《防洪法》实施,当年就在抵御特大洪灾中发挥了重要作用,为依法防洪、依法救灾提供了有力的法律保障。就军队而言,《防洪法》明确规定:"中国人民解放军、中国人民武装警察部队和民兵应当执行国家赋予的抗洪抢险任务。"在这次抗洪斗争中,军队投入了30多万人,组织民兵预备役部队500多万人,动用车辆24万台次,舟艇3.57万艘次,飞机和直升机1 289架次。军队就是按照《防洪法》的规定,紧急而有秩序地投入"三江"抗洪。这说明,法律是统一意志、统一行动、统一力量的基础,《条例》是对《防洪法》等救灾法规的具体化,对于更好地发挥军队在抢险救灾中的突击队作用,与各种救灾力量协调配合,具有十分重要的意义。

2.《条例》重点规范的问题

军队参加抢险救灾是和地方政府、人民群众联合"作战",涉及任务区分、组织指挥、兵力装备使用、平时准备以及行动保障等问题。这些重要内容在《条例》中都做了明确的规定:

第一,明确了救灾任务。从我国灾情特点和实际情况看,《条例》本着"抢险救急为主"的原则,对军队参加抢险救灾的主要任务做了规范,即军队参加抢险救灾主要是担负突击性任务,确保部队能够使用在关键时刻、关键部位。

第二,明确了组织指挥。在人民政府领导下,军地联合、统一指挥,是我国抢险救灾工作的特色和重要经验。《条例》对这一行之有效的做法以法规形式固定下来,并对指挥机构、指挥关系、职责分工、协调配合等问题做了具体规范。

第三,明确了兵力动用。动用军队兵力、装备参加抢险救灾,必须按照规定的批准权限和程序办理。《条例》对动用军队兵力、装备参加抢险救灾的批准权限和办理程序做了原则规定。考虑到抢险救灾的紧迫性,《条例》明确规定,在紧急情况下,地方人民政府可以直接向驻军部队提出救助请求,部队可以边行动边报告,这也是我军多年来行之有效的做法与经验。为确保军队抢险救灾的时效,《条例》要求,地方人民政府申请用兵时,要说明灾害发生的种类、时间、地域、受灾程度以及需要使用的兵力、装备等情况,以便部队做好准备。

第四,明确了平时准备。我国的防灾、减灾、抗灾任务相当繁重,平时准备是否充分直接关系到抢险救灾的效果。《条例》规定,国务院有关主管部门和县级以上地方人民政府应当在灾害频发区或重点监视防御区储备抢险救灾专用装备、物资和器材,以保障抢险救灾的需要;部队在平时应当制订参加抢险救灾预案,开展救灾训练。

第五,明确了行动保障。军队参加抢险救灾时的行动保障,是这部《条例》要解决的重点问题之一。《条例》规定,军队参加国务院组织的抢险救灾消耗由中央财政负担,军队参加地方人民政府组织的抢险救灾消耗由地方财政负担。《条例》还对地方人民政府为部队提供完成任务所必需的救灾专用设备、物资、器材保障和供给、医疗保障等做出了相应的规定。

（二）《防震减灾法》

1998年3月1日起施行的《防震减灾法》是为了防御与减轻地震灾害，保护人民生命和财产安全，保障社会主义建设事业顺利进行而制定的，在中华人民共和国境内从事地震监测预报、地震灾害预防、地震应急、震后救灾与重建等活动，都适用本法。

1. 防震减灾工作实行的方针

该法规定的方针是，以预防为主、防御与救助相结合。

2. 严重破坏性地震发生后实行的紧急应急措施

（1）交通管制；

（2）对食品等基本生活必需品和药品统一发放和分配；

（3）临时征用房屋、运输工具和通信设备等；

（4）需要采取的其他紧急应急措施。

（三）《防洪法》

《防洪法》是1997年8月29日第八届全国人民代表大会常务委员会第二十七次会议通过，并公布实施的。制定本法是为了防治洪水，防御、减轻洪涝灾害，维护人民的生命和财产安全，保障社会主义现代化建设顺利进行。此法明确规定"中国人民解放军、中国人民武装警察部队和民兵应当执行国家赋予的抗洪抢险任务"。

（四）《戒严法》

《戒严法》于1996年3月1日通过并公布实施。制定本法的目的是确保在危急状况下更大程度地保障国家和公民的利益，使社会秩序所受的损害降到最低。

1. 戒严法的特点

（1）在时间上，限于战争或非常事变之时；

（2）在空间上，行于国土之全部或一部；

（3）在手段上，实行兵力戒备；

（4）其效果，可变更机关权限及限制人民自由；

（5）其目的，在确保国境治安，维护法律秩序。

2. 实施戒严的措施

（1）戒严期间，戒严实施机关可以决定在戒严地区采取下列措施，并可以制定具体的实施办法：禁止或者限制集会、游行、示威、街头讲演以及其他聚众活动；禁止罢工、罢市、罢课；实行新闻管制；实行通信、邮政、电信管制；实行出境入境管制；禁止任何反对戒严的活动。

（2）戒严期间，戒严实施机关可以决定在戒严地区采取交通管制措施，限制人员进出交通管制区域，并对进出交通管制区域人员的证件、车辆、物品进行检查。

（3）戒严期间，戒严实施机关可以决定在戒严地区采取宵禁措施。宵禁期间，在实行宵禁地区的街道或者其他公共场所通行，必须持有本人身份证件和戒严实施机关制发的特别通行证。

（4）戒严期间，戒严实施机关或者戒严指挥机构可以在戒严地区对下列物品采取特别管理措施：武器弹药、管制刀具、易燃易爆物品、化学危险物品、放射性物品、剧毒物品等。

（5）戒严期间，对戒严地区的下列单位、场所采取措施，加强警卫：首脑机关；军事机关和重要军事设施；外国驻华使领馆、国际组织驻华代表机构和国宾下榻处；广播电台、电视台、国家通讯社等重要新闻单位及其重要设施；与国计民生有重大关系的公用企业和公共设施；机场、火车站和港口；监狱、劳教场所、看守所；其他需要加强警卫的单位和场所。

3. 戒严执勤人员的职责

（1）执行戒严任务的人民警察、人民武装警察和人民解放军是戒严执勤人员。戒严执勤人员执行戒严任务时，应当佩戴由戒严实施机关统一规定的标志。

（2）戒严执勤人员依照戒严实施机关的规定，有权对戒严地区公共道路上或者其他公共场所内的人员的证件、车辆、物品进行检查。

（3）戒严执勤人员依照戒严实施机关的规定，有权对违反宵禁规定的人员予以扣留，直至清晨宵禁结束；有权对被扣留者进行搜查，对其携带的物品进行检查。

（4）戒严执勤人员依照戒严实施机关的规定，有权对下列人员立即予以拘留：正在实施危害国家安全、破坏社会秩序的犯罪或者有重大嫌疑的；阻挠或者抗拒戒严执勤人员执行戒严任务的；抗拒交通管制或者宵禁规定的；从事其他抗拒戒严令的活动的。

（5）戒严执勤人员依照戒严实施机关的规定，有权对被拘留人员的人身进行搜查，有权对犯罪嫌疑分子的住所和涉嫌藏匿犯罪分子、犯罪嫌疑分子或者武器、弹药等危险物品的场所进行搜查。

（6）在戒严地区有下列聚众情形之一、阻止无效的，戒严执勤人员根据有关规定，可以使用警械强行制止或者驱散，并将其组织者和拒不服从的人员强行带离现场或者予以拘留；非法进行集会、游行、示威以及其他聚众活动的；非法占据公共场所或者在公共场所煽动进行破坏活动的；冲击国家机关或者其他重要单位、场所的；扰乱交通秩序或者故意堵塞交通的；哄抢或者破坏机关、团体、企业事业组织和公民个人的财产的。

（7）戒严执勤人员对于依照本法规定予以拘留的人员，应当及时登记和询问，发现不需要继续拘留的，应当立即释放。戒严期间实施拘留、逮捕的程序和期限，可以不受中华人民共和国刑事诉讼法有关规定的限制，但逮捕须经人民检察院批准或者决定。

（8）在戒严地区遇有下列特别紧急情形之一，使用警械无法制止时，戒严执勤人员可以使用枪支等武器：公民或者戒严执勤人员的生命安全受到暴力危害时；拘留、逮捕、押解人犯，遇有暴力抗拒、行凶或者脱逃时；遇暴力抢夺武器、弹药时；警卫的重要对象、目标受到暴力袭击，或者有受到暴力袭击的紧迫危险时；在执行消防、抢险、救护作业以及其他重大紧急任务中，受到严重暴力阻挠时；法律、行政法规规定可以使用枪支等武器的其他情形。

（9）戒严执勤人员应当遵守法律、法规和执勤规则，服从命令，履行职责，尊重当地民族民俗习惯，不得侵犯和损害公民的合法权益。

（10）戒严执勤人员依法执行任务的行为受法律保护。戒严执勤人员违反本法规定，滥用职权，侵权和损害公民合法权益的，依法追究法律责任。

二、非战争行动中军队担负的主要任务

（一）抢险救灾行动中的主要任务

1. 解救、转移和疏散受困人员

救人为主，救命为先，是救灾工作的基本原则。尽快将被洪水、大火、暴风雪和地震、泥石流、塌方等灾害围困或埋压的群众解救出来，并及时转移到安全地区，是救灾工作的第一任务，也是抢险救灾部队担负的首要任务。

2. 保护重要目标的安全

这是指当一些重要目标如大型水库、重要桥梁、交通干线、武器弹药仓库、首脑机关等遭受重大灾害严重威胁时，救灾部队应根据地方政府的请求，对重要目标实施紧急抢护，确保其安全。唐山大地震时，位于唐山东北15千米的陡河水库大坝纵向断裂1 700米、横向约有50处裂纹，大坝岌岌可危，一旦决口，整个唐山将遭受灭顶之灾。救灾部队接到命令后，奔赴水库。官兵们在电路遭到破坏，无法启动闸门的情况下，人工摇动绞车，连续奋战7个小时，十几万斤①重的闸门被一厘米一厘米地提升上来，启闸泄洪，保住了大坝，避免了强震后的又一场灾难。

3. 抢救和运送重要物资

救灾部队应千方百计把救灾物资及时送到灾民手中，解决灾区群众的吃饭和御寒等问题，帮助灾区群众渡过难关。1997年冬至1998年春，西藏那曲地区遭受特大雪灾，被大雪围困的群众和牲畜都已断粮。救灾部队及时派出人员和牵引车，千方百计打通被冰雪阻塞的道路，把救援物资送到灾民手中，挽救了灾区人民的生命，保住了部分牲畜。

参加道路（桥梁、隧道）抢修、海上搜救、核生化救援、疫情控制、医疗救护等专业抢险军队是纪律严明、敢打善拼的战斗集体，并有相关专业的技术骨干和技术装备，理应承担起专业抢险的重任。2003年"非典"期间，建立在北京小汤山专门收治"非典"病人的医院中的医生、护士大都是现役军人。

4. 排除或者控制危重险情、灾情

这是指灾情发生后，救灾部队在抢救人员的同时，应及时投入兵力；对关乎全局的重大险情、灾情进行排除或控制，尽可能消除或抑制灾害源和灾害载体，减轻灾害造成的危害。

（二）制乱平暴中的主要任务

1. 驱散暴乱人群

这是指将暴乱群体驱逐出其所占据的区域，夺回被其占据的目标，制止暴乱的违法犯罪活动，恢复社会正常秩序。

2. 围控封锁行动

这是指封锁控制暴乱地区周边各进出通道，将暴（骚）乱地区与其他地区完全隔离，阻进防出，切断暴乱人群的内外联系，疏散人民群众，防止暴乱区域的进一步扩大和伤及

---

① 1斤=0.5千克。

更多的无辜群众。

3. 保卫重要目标

这是指根据目标性质、规模、地形,以及暴乱人群可能的行动,充分准备,灵活使用各种防暴手段,坚决阻止暴乱人群冲入目标,特别是目标的要害部位,确保目标的安全。

4. 打击暴力犯罪活动

这是指暴徒在实施打、砸、抢、烧、杀、炸等暴力犯罪活动时,对社会稳定、人民生命财产等产生很大的不良影响,军队要周密部署,迅速行动,果断处置,采取灵活的战术,制止暴力犯罪行动。

5. 解救被围困人员

军队在平息暴乱时,常伴随着解救被围困人员的行动。因此,军队应根据现场情况和本分队的任务,快速准备,紧急出动,灵活地运用各种解救方式和战法,尽快解救被围困人员,确保其安全脱险。

三、实施抢险救灾行动应遵循的原则

1. 这是指在中央政府统一领导下,实行中央和地方人民政府及其部门按级分部门负责制,实施统一高效的组织指挥

国家和县以上各级人民政府均设立相应的救灾指挥机构,统一负责全国和各地区的救灾工作。军队参加抢险救灾,在各级人民政府的统一领导下进行,军事机关领导和驻地部队指挥员参加地方抢险救灾联合指挥部,负责协调军地双方行动,对部队抢险救灾行动实施指挥控制。

2. 抢险救急

军队抢险救急要区分灾情大小,视轻重缓急,以抢险为主救灾为辅,突出担负急难险重任务。救灾部队要把主要兵力使用在事关全局的重要地区和人命关天的紧急时刻,坚决排险救灾,解决关键问题,真正发挥突击队作用,以稳住局势、安定民心。

3. 密切协同

这是指要充分调动部队和社会各方面的力量,使其紧密配合、协调一致地搞好抢险救灾工作。部队救灾行动必须在地方专家的具体指导下进行,并与各种抢险救灾力量相互配合、密切协同,全力以赴地与灾害做斗争。

4. 科学用兵

这是指要量灾用兵、量险用兵、合理用兵、科学救灾,根据灾害等级、规模、危害程度、发展趋势,确定部队投入救灾的时机、方式、兵力和装备种类等;要尽可能就近用兵、成建制用兵,这样既便于组织指挥,又能形成突击力量;要实事求是、因地制宜、因情施救,不能盲目蛮干,避免不必要的人员伤亡;要把部队的顽强作风与科学的技术手段有机地结合起来,充分发挥装备器材和先进技术手段在抢险救灾中的作用。部队在行动时要贯彻好这些原则,平时就必须充分准备。灾情、灾害来得突然,险情发展快,在灾情骤然而至之时,军队要反应灵敏、决策果断、投入迅速、及时到位。这就要求军队平时应对突发事件的应急机制、军事训练、指挥手段和保障工作等都必须与之相适应。部队要结合

驻地实际,制定并熟悉抢险救灾预案,开展抢险救灾训练和演练;明确职责,提高抢险救灾的组织指挥和协同能力,确保一旦发生重大灾害,能够快速投入,圆满完成抢险救灾任务。

四、实施抢险救灾行动对地方政府的要求

实施非战争行动,不仅对军队的任务原则、组织指挥、兵力装备使用、平时准备与行动保障等做了规范,同时对地方人民政府在动用、组织和保障军队抢险救灾时的责任与义务也作了规定,各级人民政府和军事机关尤其是领导干部应当认真学习,切实掌握相关法律、法规和条例的精神实质和具体内容。

1. 要建立健全组织指挥机构

指挥机构是顺利实施抢险救灾的组织基础和重要保证。县级以上人民政府要切实设立好联合、高效、有权威的抢险救灾指挥机构,在本级人民政府和上级抢险救灾指挥机构的领导下,卓有成效地展开工作。在联合指挥机构中,军地各部门、各系统要做到职责、任务明确,情况互通及时,决策、部署科学,行动协调一致,尽职尽责地领导好抢险救灾工作。

2. 要建立完善会商机制

政府有关部门应与当地军事机关和参加救灾的部队建立军地信息会商制度,及时通报险情、灾情,做到信息共享。要定期和不定期地分析研判险情、灾情的形势以及发展趋势,对可能造成的灾害及早做出预测,采取有效预防措施。

3. 要大力搞好各项保障

军队抢险救灾情况紧急,保障难度大、要求高。地方有关单位、部门应当按照职责和有关规定,落实好抢险救灾专项经费和装备物资。各级人民政府应根据自然灾害发生的特点、规律和本地区的实际情况,制订、落实储备计划,有针对性地储备抢险救灾专用装备和物资器材,特别是在易发生自然灾害的重点地区,应加大预储预置力度,并搞好现有装备的维护管理,为军队参加抢险救灾提供有效保障。

4. 县级以上人民政府才有权申请派兵

兵者,国之大事。调动兵力、动用装备,自古以来都是十分严格的。然而,过去申请动用部队兵力、装备参加抢险救灾,缺乏统一归口单位,除县级以上人民政府外,乡镇政府、民间团体、群众组织甚至个人都可能直接向部队提出请求动用兵力、装备参加救灾,致使部队无所适从;个别地区还有小灾大报,甚至虚报等情况,影响部队正常工作。因此,《条例》明确规定,只有县级以上人民政府才有权向部队提出派兵参加抢险救灾的请求。

第二节　应急避险常识

在对人民生命财产安全造成危害的诸多因素中,自然灾害和人为事故是最主要的因素。我国是世界上自然灾害最严重的少数国家之一,特别是20世纪90年代以来,每年受

灾人口在2亿人次以上，因灾死亡人数每年达数千人，经济损失超过千亿元，自然灾害已经成为影响经济发展和社会安定的重要因素。同时，我国也是一个人为事故频发的国家，每年因为火灾、交通、生产等事故所造成的经济损失和人员伤亡都对我国经济建设产生了较大的负面影响。在各种灾害面前，如果人们能够掌握一些基本的应急避险常识，就能够减少和避免可能遭受的损失，赢得生存的机会。

一、树立安全自护意识，培养防灾技能

对民众进行各种情况下应急避险的教育是"构建和谐社会"的基本要求，是一种全新的安全文化教育理念及模式。应急避险文化素质教育的核心是提醒人们多一份警觉，懂得一些安全自护的知识及规律，掌握必要的避难和应急方法，从而获得在突发事件到来时临危应变、争取最大的生存机会，减少不必要的伤亡及损失。

2004年2月5日，北京市密云县在举办迎春灯展的过程中，由于云虹桥上人员拥挤，发生踩踏事故，导致37人死亡、37人受伤，给人民的生命财产安全造成了重大损失，影响十分恶劣，教训极其深刻。究其原因，一是政府部门安全意识不牢固，没有将"安全第一、预防为主"的思想真正落实到工作中；二是安全措施不到位，检查监督流于形式；三是城市应急体系不够健全，防范和处置各类重大突发事件的能力不足；四是公共安全教育与培训工作比较薄弱，一些群众缺乏安全防范和紧急避险常识，这是事故发生最关键的一个因素，反映出我国应急避险教育比较薄弱。

2005年6月，黑龙江省牡丹江地区宁安市沙兰镇遭受百年不遇的山洪和泥石流灾害，造成117人死亡（学生105人，村民12人）。这起事故中有如此多的小学生遇难，也与学校的防范措施和避险教育缺失有关。

在日益频繁的灾害面前，广大民众要及时补上防灾避险教育这一课，以提高在各种突如其来的灾害面前保护自己的能力。一些国家每年都要对学生进行一到两次有选择的拓展训练和防灾避险演习，并将之记录在册。参照西方国家的做法，我们发现灾难训练、磨难训练是学生应急训练的普遍主题，而这种训练事实上也正是我们当前比较缺乏的。如果能围绕这一主题进行有效的课程设置、硬件安排、情景设计、教师指导，使受教育的人能够提高安全自护意识，具备基本的防灾避险技能，那么灾害所造成的破坏性就会降到一个较低的水平。

二、各种灾害下的应急避险措施

（一）火灾

火灾是一种常见的多发灾害。新中国成立以来，我国平均每年发生森林火灾1.6万多起，受损森林100万公顷①以上，年经济损失11.4亿元；发生建筑物火灾2.4万起，财产损失4.9亿元。无论是人为因素造成的火灾，还是自然因素造成的火灾，都是在人们的意料之外突然发生的，通常在人们不知不觉中发生，且蔓延之势极快。

---

① 1公顷=10 000平方米。

1. 建筑物火灾

凡进入建筑物的人员，一定要对其设施和结构布局进行观察，记住疏散通道和安全出口的位置。这样，人们在危险发生时，就能够顺利逃生。在建筑物火灾内被困人员应该沉着镇静，设法采取一些措施进行自救。

（1）对初期火灾的处理。

初期火势一般很小，居住者不要只顾自行灭火，而要迅速报警，很多重大火灾都是因报警迟而酿成的。初期时火势较小，则应尽力扑灭，可用毛毯或厚窗帘盖住火苗，隔绝其氧气供应，或者用沙土、水或灭火器来灭火。此外，无论是起火房间还是非起火房间人员，在逃至室外后，要做到随手关门，这样可控制火势的发展，延长逃生的时间。

（2）利用湿毛巾低姿行进。

火灾发生时直接被火烧死的人是很少的，大都是因火势燃烧化学品产生了有毒气体，而使人窒息死亡的。发生火灾时，烟是在上面，人如果躲在底下，而且用湿的毛巾捂住自己的鼻子，尽量少吸收一些有毒的气体，那就有可能逃离灾难。所以在逃生时，尽量采用低姿势行进，不要做深呼吸，可能的情况下要用湿衣服或湿毛巾捂住口和鼻子，防止烟雾进入呼吸道。

（3）等待救助。

这是指发生火灾时如果自己孤立无援，那就要躲到一个离火势尽可能远的房间（但房间不能位于更高层，除非已确定携带长梯或别的装备的援助人员就在附近）等待救援。若高度合适，可跳出房间，但应选择松软的地面；如果必须跳到坚硬的混凝土地面时要选择斜坡，因斜坡造成的伤害会更小。

（4）向下滑落。

被困人员在短时间内不可能获得营救时，应设法向下滑落，将窗帘、床单、毛毯、松软的覆盖物和其他结实的物体打成结，系成一根绳索自救，这是一种简单易行的办法。即使不能垂到地面，也可以降低跳下的高度；如果"绳子"长度不够，则将坐垫、枕头、被褥等一切比地面更软的东西从窗口扔下，要学会利用地面能阻碍下落的物体，而不要径直跳在地面上。

2. 森林大火

森林火灾不仅烧毁大量的植物，破坏生态平衡，而且为了扑救林火往往需要调集大量的人力、物力而耗用巨额资金；并且酿成重大伤亡事故，影响工农业生产和社会的安定，给国家和人民生命财产安全造成严重威胁和巨大损失。例如，1987年黑龙江大兴安岭火灾持续了26天，受灾人数高达5万人，其中，死亡193人、受伤226人，直接经济损失逾5亿元。

（1）灭火的方式方法。

目前，扑灭森林火灾的方法主要有两种形式：一种是直接灭火方式，也称积极灭火；另一种是间接灭火方式，也称为防火隔离方式。

直接灭火方式就是扑火队员用灭火工具直接扑打林火。这一方式，适用于中、弱度地表火。直接灭火的方法主要有扑打灭火法、水土灭火法等。

间接灭火方式就是当发生树冠火、高强度地表火和难灭的地下火时，人们无法直接扑灭，即采取间接灭火的方式。间接灭火主要是建立防火隔离带、挖防火沟等。一般用铁锹挖沟或用开沟机开沟，一直挖到矿物质层或地面以下20厘米，以阻挡地下火蔓延。间接灭火法还有火烧灭火法、隔离法等。

(2) 火线解围。

扑灭林火是人与火的搏斗，稍有不慎，就可能发生伤亡事故。据记载，1976年伊春友好林业局团结林场为保护林场安全与大火搏斗，一次就被火夺去31人的生命。1986年云南安宁和刺桐关两次火灾死亡80多人。据统计，1990—1995年，全国因扑灭森林火死亡近百人。因此，火场安全与自救是一个应引起高度重视的问题。

点火解围。当大火袭来时，如近前有道路、河溪等可依托的地形时，要考虑点迎面火阻挡火锋以解围。如无此条件，应迅速组织点顺风火，然后命令扑火队员进入火烧迹地避火。同时，可用手扒出地下湿土或用湿毛巾捂住口鼻部，防止吸入一氧化碳中毒窒息。点火解围是受大火袭击时最好的解救方法，指挥员在危险时刻要首先考虑用此法解围。

跨越火线和进入火烧迹地。当受火袭击又来不及点火解围时，应组织跨越火线解围，要选择已经过火且杂草矮小又好走的地方，用衣服蒙住头部，动作要快，一口气冲过火线可安全脱险。当沿火线扑打但火线突变时，要迅速退到火烧迹地去避火；避火时要采取蹲姿，用湿毛巾捂住口鼻，一般不要卧倒，因刚刚燃烧过的火烧迹地余火没有熄灭而卧倒后容易被火烧伤。

卧倒避火和减轻烟害。卧倒避火的要求是：要选择就近河沟，无植被或植被稀少的迎风平坦地带，把衣服用水浸湿蒙上头，两手放在胸部，卧倒避火，待大火过后，立即起立。如衣服被烧，要马上滚灭或相互打灭。为了防止在火到来前被烟雾呛昏窒息，要用湿毛巾捂住口鼻，并在地下扒个地坑，把脸贴在湿土上呼吸，可避免烟害。大火扑来的时候，如果处在下风向，要果断地迎风突破火势包围圈，切忌顺风撤离。

寻找天然的防火带。例如，树林中的一片开阔平地就可以阻挡火势；河流是最理想的防火带，待在水中相当安全，所以最好在丛林中找到道路、河流和其他防火带；不要慌不择路、四处乱跑，应选择好脱险的路径，注意观察周围的地形以及风向，估计火势扩展的趋势。

如果被大火包围，脱险的最佳方式就是穿过火场快速奔跑，但如果火势强劲或者大火覆盖大片地域，这种做法是下策。在开阔地带或荒地，穿过火势较弱的地方到已被火烧光的地面避难是可行的。尽可能遮蔽体表，如有水则将衣服浸湿，并将头发及覆盖不到的体表也弄湿，用潮湿的衣服遮住鼻和口。

3. 学生宿舍防止火灾

1986年9月的一天下午，某大学体育班的一位同学私下使用电炉，正赶上停电，他未切断电源就去上课，寝室内没有人。来电后，电炉烤燃桌子引起火灾，将整个寝室烧毁，该同学被公安机关行政拘留。

1988年7月，某高校宿舍一位同学躺在床上吸烟，因劳累入睡，烟头掉在床上引燃被褥起火，烧毁床上用品和部分衣物。

1990年4月某大学女生宿舍发生火灾，原因是一名女同学违反规定，熄灯后在床边点蜡烛看书，不久疲劳入睡，烛火点燃蚊帐引起大火，烧毁衣物、被褥等物品。

这些案例都反映出，有的同学防火意识极差，不遵守用火用电规定，非法使用禁用器具，所以导致火灾的发生。学生寝室是学生之家，安全防火要靠整个寝室的同学共同维护，应从自身做起。水火无情，预防为主，大学生要切记于心、引以为戒。学生宿舍内要预防火灾，必须做到以下几点：

（1）乱接电源；

（2）乱扔烟头和躺在床上吸烟；

（3）在蚊帐内点蜡烛看书，不准台灯靠近枕头和被褥、蚊帐等；

（4）焚烧杂物；

（5）存放易燃易爆物品；

（6）使用电炉等电热设备；

（7）擅自使用煤炉、煤油炉、液化气灶具等可能发生火灾的器具；

（8）要人走灯关，嗅到电线胶皮糊味要及时报告，并采取措施。

4. 汽车火灾的扑救及逃生

近年来，汽车火灾事故时有发生，给国家和人民的生命财产造成了不应有的损失，教训是深刻的。下面介绍一些汽车火灾的扑救和逃生方法，以供参考。

（1）当汽车发动机发生火灾时，驾驶员应迅速停车，打开车门让乘车人员自己下车，然后切断电源，取下随车灭火器，对准着火部位的火焰正面猛喷，直到扑灭火焰。

（2）汽车车厢货物发生火灾时，驾驶员应将汽车驶离重点要害部位，或人员集中场所，并迅速向消防队报警。同时，驾驶员应及时取下随车灭火器扑救火灾，当火瞬间扑灭不了时，应劝围观群众远离现场，以免发生爆炸事故，造成无辜群众伤亡，使灾害扩大。

（3）当汽车在加油过程中发生火灾时，驾驶员不要惊慌，要立即停止加油，迅速将车开出加油站（库），用随车灭火器或加油站的灭火器或其他物品将油箱上的火焰扑灭。如果地面有流散的燃料时，应用站（库）区灭火器或沙土将地面火扑灭。

（4）当汽车被撞倒后发生火灾时，由于撞倒车辆零部件损坏，乘车人员伤亡比较严重，首要任务是设法救人。如果车门没有损坏，应打开车门让乘车人员逃出，以上两种方法也可同时进行。同时，驾驶员可利用扩张器、切割器、千斤顶、消防斧等工具配合消防队救人灭火。

（5）当停车场发生火灾时，一般应视着火车辆位置，采取扑救措施和疏散措施。如果着火汽车在停车场中间，应在扑救火灾的同时，组织人员疏散周围停放的车辆。如果着火汽车在停车场的一边时，应在扑救火灾的同时，组织疏散与火相连的车辆。

（6）当公共汽车发生火灾时，由于车上人多，要特别冷静果断，首先应考虑到救人和报警，视着火的具体部位而确定逃生和扑救方法。如着火的部位在公共汽车的发动机上，驾驶员应开启所有车门，令乘客从车门下车，再组织扑救火灾。如果着火部位在汽车中间，驾驶员开启车门后，乘客应从两头车门下车，驾驶员和乘车人员再扑救火灾、控制火势。如果车上线路被烧坏，车门开启不了，乘客可从就近的窗户下车。如果火焰封住了车门，车窗因人多不易下去，可用衣物蒙住头从车门处冲出去。

（7）当驾驶员和乘车人员衣服被火烧着时，如时间允许，可以迅速脱下衣服，用脚将衣服的火踩灭；如果来不及，乘客之间可以用衣物拍打或用衣物覆盖火势以窒息灭火，或就地打滚熄灭衣服上的火焰。

（二）水灾

洪涝灾害可能是由河流湖泊或水库遭受暴雨袭击而引起洪水泛滥造成的，或是由于海底地震、飓风、反常海潮以及堤坝坍塌等原因造成的。有意识地加强防灾减灾宣传，宣传应急避险对策，建立灾情信息快速传递和预警预报系统，落实应急避险措施，这都是十分重要的。

（1）避免在低洼地带、受山体滑坡和山洪泥石流威胁区建房。有条件时，建房者可请附近水文站、水利、防汛或地质方面的专家帮助选址；要避免将房屋建在受河道出槽洪水顶冲的地方；不要人为地侵占河道自然行洪断面。

（2）每年夏初要对房前屋后进行检查，留心附近山体变化，看山上是否有裂缝滑坡迹象，查看房子地基和房子本身是否有变形的情况。

（3）汛期注意收听当地气象防汛部门的预报，要留心当地和上游地区的天气预报。如果降雨量大，则要查看房屋四周有无积水，排水是否畅通，防止山洪冲击房屋或雨水浸泡地基，还要根据实际情况安排人员守夜。为防止洪水涌入屋内，首先要堵住大门下面所有空隙，最好在门槛外侧放上沙袋，沙袋可用麻袋、草袋或布袋、塑料袋，里面塞满沙子、泥土、碎石。如果预料洪水还会上涨，那么底层窗槛外也要堆上沙袋。

（4）发现重大征兆或已经发生灾害时，要尽快将消息传递出去，以引起政府重视，争取控制灾害发展和及时得到救援。

（5）在紧急情况下，要头脑冷静、行动快速、果断放弃。山区暴雨洪水突发性强、陡涨陡落，但持续时间短。如果来不及转移，也不必惊慌，可向高处（如结实的楼房顶、大树上）转移，等候救援人员营救。

（6）如果水灾严重，水位不断上涨，就必须自制木筏逃生。任何入水能浮的东西，如床板、箱子及柜、门板等，都可用来制作木筏。如果一时找不到绳子，可用床单、被单等撕成条状来代替。

（7）及时对溺水者进行人工呼吸等紧急救护。

（三）海啸

2004年12月26日，印度尼西亚苏门答腊岛发生地震引发大规模海啸，造成23万人死亡，这可能是世界上近200年来死伤最惨重的海啸灾难。海啸与海底地震有关，可引发高达30米的巨浪，在沿海地带会造成巨大破坏。20世纪的海啸纪录已超过200次。它们的影响和规模因方向、海岸形状和其他因素而不同，在某些特定的海岸，原本威力很小的海啸却能沿着海湾产生几英里[①]长的巨大海浪。不是所有地震都会引起海啸，但任何一种地震都可能引发海啸。当感觉大地发生颤抖时要远离海滨登上高处。不要去看海啸，如果和海浪靠得太近，危险来临时就会无法逃脱。面对像水墙一样滚滚而来的海浪，人们无法抵挡、只能逃避。

---

① 1英里 = 1609.344米。

（四）飓风

飓风的风速很快，风力可达 12 级以上，常伴有大暴雨，能摧毁一切脆弱的结构。

1. 预防

这是指如果有可能的话，要躲开飓风即将经过的路线。飓风警报通常在其可能到来前 24 小时发布，一般有足够的时间离开其经过的地方，要远离海滨，因那里将被破坏得最严重，并伴随有洪水和大浪；要堵紧窗户，保存好户外任何可能会被吹走的东西；如在海上，要放下船帆、封住船舱，把所有的工具收藏好；如果在坚固的建筑物里或高地上，就待在原处，刮飓风时行走是极度危险的。

2. 寻找庇护所

地下室或楼梯下通常较安全，可作为庇护所。庇护所要储备好饮用水，飓风可能会切断水电供应，要做好准备；如果没有坚固的建筑物，则躲到飓风庇护所；户外的洞穴是最好的庇护所，沟渠也不错；如果不能逃离，就平躺在地面上，这样会减少被飞起的碎物击中的危险。

（五）龙卷风

龙卷风是一种强大的风暴，它与低气压和旋转的风向有关。当地表的空气被加热时，柱状空气从积雨云风暴的上部下降，龙卷风发展的迹象就变得非常明显。龙卷风到来后，空气低压区域开始剧烈旋转。

1. 预防

这是指要用最坚固的材料建筑一个庇护所。如果可能，要用混凝土或钢筋加固，但最好躲在防风暴的地下室或洞穴里；如果没有地下室，可进入一个小房间或者在坚实牢固的家具杂物下躲避，但不要待在重家具下面。

2. 注意问题

龙卷风来到时，要牢牢关紧面朝旋风刮来方向的所有门窗，相对的另一侧门窗则统统打开。这样，可以防止旋风刮进屋内、掀起屋顶，并且可以使屋内外的气压得以平衡，防止房屋"爆炸"。人员不要待在大篷车或轿车内，因风暴会将车掀上半空。

（六）雷电

2005 年 6 月 20 日 11 时，在广东河源市城区埔前镇某工地工棚，5 个民工在板凳上打牌，另一个民工站在后面看牌。一声震耳欲聋的响雷过后，站立的民工突然倒地，其余 5 个民工当时有明显触电感觉。当天中午 12 时，受雷击民工送到市人民医院时，被证实不治身亡。据气象专家分析，这是一起因为附近雷击造成地电位升高，高电压通过潮湿的地面传到工棚，站立的民工感应了跨步电压引起死亡的事故。近年来，由于现代化的电器设备日益普及，如今的雷击事故不仅发生在室外，也经常发生在室内。目前许多民众都知道雷击灾害特别可怕，但是很多人不知道如何预防雷击，出现"预防雷击常识缺乏症"。比如，在雷雨天气不能打手机，但大暴雨天气发生时，几乎随处可见边走边打电话的人。这非常危险，因用手机打电话被雷击身亡的事故确实发生过。防雷专家特意提供以下防雷电建议：

（1）现代住房、临建工棚加强全面防雷措施是很必要的。如果没有全套防雷措施的，则在雷暴当空时，不要接触金属管道、导线；慎用电器，如打电话、触摸从室外引进的电视天线、电线等。

（2）如果南方多雷区的农村平原地带孤单的民房附近有高大的易引雷的树或建筑物，则在雷暴当空时，人们要离开电线、晾衣铁丝等金属物，并保持一定的安全距离。

（3）在室外遇到雷暴并在城镇行走时，则要离开大树、高的建筑物（如电线杆、铁塔、金属煤气罐、烟囱），以防旁侧闪击和跨步电压，最好找一个低洼处双脚并拢蹲下来；尽可能降低高度，可避免跨步电压。如果附近有树，则应该蹲在离树两米以外处较为安全。

（4）遇山区暴雨，最好是入山洞避雨，但勿触及洞壁且要并拢双脚，这都是为了躲避接触电压和跨步电压所产生的危害。如有汽车在附近，躲入车中是最安全的，因为金属外壳不怕雷击。但应当注意的是，走进车厢时，车外人的身体切勿触碰金属部分，车身的轮胎与大地是绝缘的，加上车厢的电位很可能与大地不同，会产生跨步电压，最佳的方法是能够双脚同时离地跳上车。

（5）如果不能离开高处，干燥的物质也可作为绝缘材料，弯腰低头、抱膝抵胸，四肢并拢坐在上面，但不要坐在潮湿的地方。不要用手触地，那样可能会传导雷电。带橡胶底的鞋有助于绝缘，但不能保证一定安全。如果没有物体可作绝缘材料，较好的办法则是平躺在地面上。

（七）地震

地震是一种很普通的自然现象，几乎和刮风、下雨一样平常。它是亿万年来地壳缓慢变动过程中长期积累应变能量释放而造成的结果。在地壳脆弱、地应力作用较大和地表岩层发生断裂变动处更易发生地震。地球上每天要发生1万多次地震，1年有500多万次，其中99%是人们感觉不到的微弱地震（3级以下），仅有1%才是人们感觉到的有感地震（4级以上），而每年形成破坏性的地震（5级及以上）有1 000次左右。人们在遇到突如其来的地震时，千万不要惊慌失措。

其具体方法是：

（1）要保持清醒的头脑，采取应急措施，在来不及逃出房屋的情况下，住平房的人可就近躲避在坚固的写字台下、炕沿下、床板下等。住楼房的人应尽快从大房间躲避到厕所、厨房等小房间；当来不及逃离大房间时，应躲在内墙墙角下、家具与门框附近等处，并保护头部和呼吸安全；不要躲在楼房的外墙角，以防外墙开裂倒塌而跌出墙外。不可躲在阳台上、窗户旁或拥挤在楼梯口，更不可盲目跳楼以防摔伤。当主震约在20秒过去后，要立即撤出房间，以防接踵而来的余震造成伤害。

（2）住高层楼房的人不可乘电梯逃离，以防地震造成停电和火灾，应该沿楼梯撤出。逃出室外或已在室外的人应保护头部，以防止被瓦砾等物砸伤，并迅速往广场、操场、公园等空旷安全处疏散，要躲开狭窄街道、高楼、影壁、烟囱、桥梁、高压线、变压器、河堤、水坝等危险地段。

（3）若地震时在立交桥上，司机和乘客应迅速步行下桥躲避。若地震时正在车间、影剧院、商场、学校等公共场所，如时间允许可依次迅速撤离；在来不及撤离时，可就近躲在车床下、桌子下、舞台下、椅子下、柜台两侧等处。大地震后还有多次余震，此时不能回到尚未倒塌的建筑物内；倒塌的建筑物如发生火灾应迅速扑灭，并救出被困在其中幸存的人。被埋在废墟中的人，应尽可能加固自己周围的支撑物，并用连续有规律的敲击声和呼喊声求救。

（八）其他紧急情况下的避险

1. 乘船时遇险

不管水性好坏，游客出发前最好在行囊中预备一个便携式气枕或者充气式救生圈，只有有备而来才能心中有数。上船的第一件事就是留意观察救生设备的位置和紧急逃生路径。发现船上超载时，要保持警惕，尤其是船体剧烈颠簸时更要高度戒备，换上轻装，将重要财物随身携带。游船下沉逃生步骤：

船艇撞到礁石、浮木或其他船只，都可能导致船体洞穿，但是并不一定马上下沉，也许根本不会下沉。此时应该迅速穿上救生衣，发出求救信号，手机、信号弹和燃烧的衣物等物品都可以发出求救信号。不到万不得已不要弃船。一旦决定弃船，请在工作人员的指挥下，先让妇女儿童登上救生筏或者穿上救生衣，按顺序离开事故船只；穿着救生衣要像系鞋带那样打两个结。如果来不及蹬上救生筏或者救生筏不够用而不得不跳下水里时，应迎着风向跳，以免下水后遭遇漂浮物的撞击。跳水时，双臂交叠在胸前，压住救生衣，双手捂住口鼻，以防跳下时呛水；眼睛望前方，双腿并拢伸直，脚先下水；不要向下望，否则身体会向前扑摔进水里，容易使人受伤。如果跳法正确，并深吸一口气，救生衣会使人在几秒钟之内浮出水面；如果救生衣上有防溅兜帽，应该解开套在头上。跳水一定要远离船边，跳水的正确位置应该是船尾，并尽可能地跳得远一些，不然船下沉时涡流会把人吸进船底下。跳进水中要保持镇定，既要防止被水上漂浮物撞伤，又不要离出事船只太远，以免搜救人员找不到。如果事故船在海中遇险，要耐心等待救援，看到救援船只时要挥动手臂示意自己的位置。如果在江河湖泊中遇险，若水流不急，很容易游到岸边；若是水速很快，不要直接朝岸边游去，而应该顺着水流游向下游岸边；如果河流弯曲，应向内弯处游，通常那里水位较浅并且水流速度较慢。

2. 落入水中

有人万一掉进水里或者跳到水里，要屏住气并捏着鼻子，避免呛水，因为人一旦呛水将失去方向感并变得更为惊慌疲惫；在放松身体的同时，要试一试能否踩到水底，因为很多河流并不是很深。为了节省体力，一般落水者都要脱掉沉重的鞋子，扔掉口袋里沉重的物体，不要贪恋财物，不要有侥幸心理。由于溺水者往往惊慌失措，死命地抓住一切够得着的物体当作救命稻草，因此拯救者在进行救护时一定要注意观察，不要被溺水者抓住，除非万不得已，否则不要下水进行救护。不得已下水救护时，一般要先在溺水者的后脖颈处砍一下，避免被溺水者抓住一同沉入水底。

3. 乘电梯发生意外

如果有人突然被困在电梯当中，则千万不要慌张，可用电梯内的电话或对讲机向有关方面求救，还可按下标盘上的警铃报警。困在电梯里的人无法确认电梯的所在位置，因此不要强行扒门，否则会带来新的险情。电梯顶部均设有安全窗，该安全窗仅供电梯维修人员使用，其他人员扒撬电梯厢上的安全窗，从这里爬出电梯会更加危险；可以拍门叫喊，或脱下鞋子用鞋拍门，发信号求救；如无人回应，需镇静等待，观察动静，保持体力，等待营救。

4. 地铁中的应急避险

（1）停电。

第一，即使停电，被关在地铁内的乘客也不用担心车门打不开，但不要自己动手开车门，而应等待工作人员将指定的车门打开，并从指定的车门向外撤。

第二，乘客不必担心在隧道里行走看不清路，停电一旦发生，除了引路的工作人员外，每隔一段路还会有工作人员执灯照明，当然，乘客还可以利用自己的随身物品进行取光。

第三，不必担心人多时被关在密闭的地铁车厢里会出现呼吸困难，即使全部停电后，列车上还有可维持45~60分钟的应急通风。

第四，不要直接跳到隧道里，因为列车距离地面有一米多高且地面情况复杂，直接跳下去容易崴脚并造成局面混乱。

第五，站台的容量足够乘客安全有序地撤离，千万不要乱跑乱窜。

第六，如无其他意外发生，停电时一般不要拉动报警装置。

第七，在隧道内行走要小心脚下，以免摔伤或者被障碍物碰伤。

第八，乘客疏散时如果受了伤，应及时与抢险队员取得联系，等候救治。

（2）遇到毒气袭击。

如果在地铁里突然遇险，可考虑在车厢内报警。报警装置为发生紧急情况而设，通常安装在车厢两端的窗户上方，报警之前最好初步判断一下，如果不是特别紧急的情况，大部分事故还是等列车行驶到站台再解决更为合理。比如，在车厢内遇到紧急病情，可以先拨打120急救电话，最好不要扳动报警装置，列车在站台停车后更容易处置。确认地铁里发生了毒气袭击时，应当利用随身携带的手帕、餐巾纸、衣物等用品堵住口鼻、遮住裸露皮肤；如果手头有水或饮料，请将手帕、餐巾纸、衣物等用品浸湿。判断毒源后，应该迅速朝着远离毒源的方向逃跑，有序地到空气流通处或者到毒源的上风口躲避，到达安全地点后，请用流动水清洗身体的裸露部分。

（3）不慎掉下站台。

乘车时，尤其是高峰期和节假日乘车时，一定要站在黄色安全线以内，发生人群拥堵时一定要注意观察，以免发生坠落或者被人挤下站台等意外。为地铁提供动力的接触轨道都携带高压电，平行地安装在两条铁轨旁边或者站台侧面（大部分靠近站台一侧），一般上面覆盖木板，但稍不留心就会触电。在地铁发生意外坠落的人中，因往站台上攀爬或者采取其他自救动作时，碰到接触轨而触电身亡的事故已不鲜见。因此，专家提醒广大乘客，万一发生意外，不论情况多么紧急，首先要镇定，留意脚下以免触电。乘客发现有人意外坠落时，应赶紧大声呼救并向工作人员示意，由工作人员采取措施停止向接触轨提供电力并及时救助。如果乘客坠落后看到有列车驶来，最有效的方法是立即紧贴里侧墙壁（因为带电的接触轨通常在靠近站台的一侧），注意使身体尽量紧贴墙壁以免列车剐到身体或衣物；在列车停稳后，由地铁工作人员进行救助。

看到列车已经驶来，千万不可就地趴在两条铁轨之间的凹槽里，因为地铁和枕木之间没有足够的空间使人容身。

5. 发现有人触电

触电事故发生时，最重要的抢救措施是先迅速切断电源，然后再抢救伤者。切断电源拨开电线时，救助者应穿上胶鞋或站在干燥的木板凳子上，戴上塑胶手套，用干燥的木棍等不导电的物体挑开电线，千万不要直接用双手拖拽触电人员，以免自己也跟着触电。触电人员通常需要进行人工呼吸和胸外心脏按压等急救措施。现场抢救中，不要随意移动伤员。移动伤员或将其送医院，除应使伤员平躺在担架上并在背部垫以平硬阔木板外，应继续抢救，心跳呼吸停止者要继续人工呼吸和胸外心脏按压，在医院医务人员未接替前救治不能中止。如果触电者有皮肤灼伤，可用净水冲洗拭干，再用纱布或手帕包扎好，以防感染。

6. 突遇猛兽

人们在与野兽处于警戒距离之外时，千万不能慌张，要慢慢后退，切不可把身体薄弱部位，如背部暴露给猛兽，可一边观察它的反应一边不动声色地后撤，扩大与猛兽的距离，增加保险系数。

如果站在面前的猛兽一动不动地盯着你，说明你已处于警戒距离。此时，正确的做法是：一动不动地站立，不能弯腰低头，更不能逃走，只需与它静静地对峙。假如你低头或蹲下，猛兽会觉得像它平时捕食的猎物，会猛地扑上来；假如你跑动，猛兽将增强制服你的信心，也会扑上来。如与猛兽迎面相遇，两者间的距离小于临界距离，此时你能做的是双臂抱头，护住喉管，尽量减少猛兽对你身体的伤害，并大声呼救。

7. 发生煤气中毒

煤气中毒通常指的是一氧化碳中毒。一氧化碳无色无味，常在意外情况下，特别是在睡眠中不知不觉侵入呼吸道，通过肺泡的气体交换进入血流，并散布全身，造成中毒。一氧化碳中毒后人体血液将不能及时供给全身组织器官充分的氧气，此时，血中含氧量明显下降。大脑是最需要氧气的器官之一，由于体内的氧气只够消耗10分钟，一旦断绝氧气供应，将很快造成人的昏迷并危及生命。

（1）煤气中毒常见原因。

①在密闭居室中使用煤炉取暖、做饭，由于通风不良，供氧不充分，可产生大量一氧化碳积聚在室内；②门窗紧闭，又无通风措施，未安装或不正确安装风斗；③平房烟囱安装不合理，筒口正对风口，使煤气倒流；④气候条件不好，如遇刮风、下雪、阴天、气压低，煤气难以流通排出；⑤城区居民使用管道煤气，管道中一氧化碳浓度为25%～30%，如果管道漏气、开关不紧或烧煮中火焰被熄灭后，煤气大量溢出，可造成中毒；⑥使用燃气热水器，通风不良，洗浴时间过长；⑦冬季在车库内发动汽车或开动车内空调后在车内睡着，也可能引起煤气中毒，因为汽车尾气中含4%～8%的一氧化碳，一台20马力的汽车发动机一分钟内可产生28升一氧化碳。

（2）煤气中毒的救治。

①应尽快让患者离开中毒环境，并立即打开门窗，流通空气；②患者应安静休息，避免活动后加重心、肺负担及增加氧的消耗量；③对有自主呼吸的患者，应充分给予氧气吸入；④对昏迷不醒，皮肤和黏膜呈樱桃红或苍白、青紫色的严重中毒者，应在通知急救中心后就地进行抢救，及时进行人工心肺复苏，即体外心脏按压和人工呼吸。其中，在进行口对口人工呼吸时，若患者嘴里有异物，应先去除，以保持呼吸道通畅；⑤争取尽早对患者进行高压氧舱治疗，以减少后遗症，即使是轻度、中度中毒，也应进行高压氧舱治疗。

第三节　防恐防爆突发事件安全常识

一、防恐常识

恐怖活动是指以制造社会恐慌、胁迫国家机关或者国际组织为目的，采取暴力、破坏、恐吓或者其他手段，造成或者意图造成人员伤亡、重大财产损失、公共设施损坏、社会秩序混乱等严重社会危害的行为。煽动、资助或者以其他方式协助实施上述活动的，也属于恐怖活动。与恐怖活动相关的事件通常称为"恐怖事件"、"恐怖袭击"等。

（一）恐怖活动的危害

在国际恐怖主义给国际社会带来的危害问题上，各国几乎都认同以下几点：

（1）它漠视国家主权和基本人权，无视联合国在国际安全事务中的地位和作用，造成一种国际范围内的无政府状态，漠视国际人道主义基本原则，滥用暴力或极端手段，造成大量人员伤亡。对国际安全造成威胁。

（2）它通过各种非法渠道敛取钱财，破坏社会人力物力财力资源，损坏社会公共设施，造成财产直接损失，损毁多年积累的人类历史文明成果，毁灭性地破坏人类赖以生存的自然资源环境，对世界经济形成直接或间接危害。

（3）它践踏国际法基本原则，违背世界和平与发展两大主题，对国际政治、经济新秩序，尤其是对国际法律新秩序构成极大威胁。

（二）遇恐应急措施

1. 发生恐怖袭击事件时的应对原则：

（1）遇到恐怖袭击事件不要围观，应立即离开。

（2）如正处在事件现场，保持镇静，因为盲目的慌乱会影响自己的正常判断。

（3）迅速离开危险区域，如无法逃避时，应利用地形、隐蔽物遮掩和躲藏。

（4）如遇恐怖袭击事件实施者抛洒不明气体或液体，应迅速躲避，且用毛巾、衣物等捂住口鼻。

（5）被劫持或在偏僻区域遭遇袭击时，尽量保持镇静，避免激怒恐怖分子。

（6）观察现场状况，时机成熟时迅速撤走，远离现场。

（7）无论在何种情况下，都要尽量保持情绪稳定，灵活变通。

（8）确保个人安全情况下，要尽快报警。报警尽量简明，但细节清晰。包括：地点、时间、发生事件、后果等。

（9）尽快展开自救互救，并拨打急救电话呼救。呼救电话应简单明了，语言必须精练、准确，讲清重要的，避免耽误时间。主要内容有以下几点：事件类型、受伤人数、伤情情况、受伤时间、候车地点、呼救人姓名身份、联系方法。

2. 遭遇恐怖袭击的撤离方法：

（1）要保持镇静，判明所处位置，看准疏散路线。

(2) 善于选择通道，不要使用电梯，不盲目跟随人流拥挤。

(3) 要把随身小包贴于胸前，不要因为财物重返危险境地。

(4) 撤离时要根据地形特点选择侧身、贴墙、溜边、匍匐前行，可用物品遮掩身体易受害部位，不靠近窗户玻璃，不要逆着人流前进，避免被人流推倒。

(5) 要服从相关指挥，不盲目拥挤，以免造成更大伤害。

(6) 及时自救互救，最大限度地避免伤害。

二、防爆常识

爆炸，是指大量能量在短时间内迅速释放或急剧转化成机械功的现象。爆炸通常借助于气体的膨胀来实现，它分为物理爆炸、化学爆炸和原子爆炸，我们常接触的是物理爆炸和化学爆炸。爆炸事故，即使遇到一次，其结果也是难以想象的。在日常生活中我们接触或操作爆炸物及使用有爆炸性能的仪器、容器的情况还不少，如在做实验时可能要接触易燃易爆物品；有的职业还要到爆炸现场工作等。为了保障安全，防止爆炸事故的发生，应该了解一些防爆炸方面的常识。

第一，要了解爆炸物的性能。在接触爆炸物前，我们要了解它的基本性能，比如，它在什么条件下会爆炸，有多大的爆炸力等。

第二，严格遵守各项法律、法规和规章制度。对于爆炸物的使用、管理、运输，国家和单位都有严格的规定，我们必须严格遵守。

第三，要严守岗位职责。同学们在进行实验或实习时，常常是分组活动，几个人共同进行操作，这就要严格按照操作规定行事，听从统一指挥，协调行动，严守职责。

第四，发现炸弹和被丢失的爆炸物，首先要保持镇定，千万不要触摸，要马上报警，防止爆炸事故的发生。

三、突发事件中的公众行为

近年来，随着经济社会和城市化的快速发展，突发公共事件和危害社会安全事件呈增长趋势。为有效提高应对各种紧急突发事件的能力，公安部门积极探索建立与健全反应灵敏、运转高效、协调联动的应急反应机制，形成了以110为龙头，专职警队伍为骨干，派出所、主要业务警种部门为主体，治安卡口和查报站为依托，社会联动单位为支撑的动态警务体系。警方在处理突发事件中表现出机智果断、不怕牺牲的大无畏精神，极大地震慑了犯罪分子，维护了社会的稳定和群众的生命安全。但是，在处理许多突发事件过程中，由于群众的围观使现场嘈杂、紊乱，不利于警方对突发事件的处理，更有甚者，在围观中不负责任地起哄，导致处理工作失败，教训是十分深刻的。

（一）围观群众过多导致营救失败

2004年7月7日，吉林长春发生一起反劫持人质枪击案，经过长达三个多小时的对峙，加之谈判失败，警察最终击毙了劫持者，但是人质也被劫持者当场杀害，导致警方为和平解决这起案件的所有努力都失败了。中国首席谈判理论专家高峰指出：围观群众过多、过近是营救失败的一个重要原因。从现场拍摄的照片上清楚地看到，劫持者所在的车辆四周，围观群众竟然超过上百人，离劫持者最近的围观群众还不到两米远，他们像看戏一样好奇地冲到劫持者跟前要看个究竟。在警方与劫持者谈判的三个多小时里，闻讯赶往现场的群众源源不断，甚至造成这一区域的交通堵塞。现场的混乱可想而知，这些围观群众的安全又给警方增加了更大的压力，最终酿成悲剧。

2002年2月1日，新疆乌鲁木齐市一名歹徒在闹市区身绑炸药，将警察赵新民扣为人质。赵新民在与歹徒周旋的半个多小时里，几次成功阻挡歹徒闯进正在营业的百货大楼，但恰在谈判进行时，一名距离歹徒很近的围观群众大声呼喊，与现场警察发生争执。群众的叫声引起歹徒的慌乱而引爆了炸药，警察赵新民当场壮烈牺牲。

（二）围观群众的喧哗造成的悲剧

2003年5月9日，湖南省湘潭市的江某，因为与家人发生争执，爬上了闹市区的一栋楼的楼顶，想轻生跳楼。当地110干警接到报警后迅速赶往现场，他们一方面在楼下维持现场秩序、铺设气垫；另一方面迅速赶往楼上劝说江某。在众人的多方努力下，江某的情绪逐渐稳定下来，但就在这时，楼下的围观群众却越聚越多，有人甚至起哄让江某跳下来。围观群众的喊声让江某激动起来，他拾起砖块向楼下群众扔去。下午3点多，已在楼上待了三个多小时的江某在围观群众的喊声中终于跳了下去，经抢救无效而死亡。

因为群众不负责任的起哄，一条生命就这样消失了。谈判专家告诉我们，群众的围观、起哄行为往往会给警方处理事件带来极大的麻烦。

（三）处理突发事件过程中的正确行为

在处理突发事件中，现场通常都是相当危险的，但是现场的那些围观群众却忘记了种种危险。

中国首席谈判理论专家高峰认为：公众围观对当时处理突发事件效果和对整个全局的稳定，都有巨大危害和消极作用。一是在警方采取行动时，很容易误伤围观群众。二是由于现场嘈杂、紊乱，分散了现场指挥员的注意力。三是群众围观的火热态势对劫持者的心理构成了一种升级性压迫，容易导致劫持者情绪激动，对现场警察展开随时策应会起到很大的牵制作用。

从成功的经验来看，一旦接到了劫持犯罪的情报以后，首先赶到现场的警察最好是穿便装，不要穿制服，警车不要开警灯，不要叫喊，以免引起群众注意；然后建立三个区域，即中心工作区、警戒区、安全行走区，在群众形成围观态势之前，就把整个工作环境确定下来。

如何处理人质挟持等突发事件对于警方来说是一个全新的课题，警方希望在处理这样的事件时能够得到群众的配合，遇到此种事件，群众最好安静地离开事发现场，以构建一个良好的工作环境。

第四节　自救与互救

人类在享受现代文明的同时，灾害也时时出现，挥之不去。面对灾害的挑战，"紧急救援"这几个字显得尤为重要，它直接与生命之线相连。救援层面有三个层次，即自救、互救、专业救助。但现有的救援体系、现有的救援观念都远不能满足灾害突发时的急救需要。急救绝不只是救援部门的事，每个人都应掌握基本的急救知识，掌握自救、互救的方法，因为这样才可以挽救更多的生命。

一、自救与互救的基本原则

在自救、互救过程中，必须遵守以下原则：

1. 先止后包
遇有外伤大出血又有创口的损伤，应立即止血，然后再进行创口包扎。

2. 先复苏后固定
如遇心跳、呼吸骤停且骨折的患者，应先进行人工呼吸、胸外按压，使心肺脑功能复苏稳定，再进行骨折固定。

3. 先重后轻
在实施救助过程中，要分清轻重缓急，先抢救病情危重患者，后抢救病情轻患者。

4. 先救后运
这是指对伤者要先急救，以维持生命；在送医院途中，要坚持实施急救措施和观察伤情变化，确保安全抵达医院。

5. 急救与呼救并重
受伤后，在进行现场自救、互救的同时，还应尽快用电话通知120急救中心，以便医护人员及时赶来加强救治；医院要相应地做好接应工作，使伤员尽快得到医院更完整的救治。

二、急救技能

急救现场处理，也叫现场抢救或入院前急救。它是指对一些意外伤害、危重病人在到达医院前所实行的及时有效的急救措施。掌握正确、有效的急救措施和技术，进行现场自救、互救，可以挽救生命，减少伤残和痛苦，为下一步救治奠定基础。

（一）心搏骤停拳击复苏

引起心搏骤停最常见的是心室纤维颤动。若呼唤病人无回应，压迫眼眶无反应，则可确定病人已处于昏迷状态；再注意观察病人胸腹部有无起伏呼吸运动，如触摸颈动脉和股动脉无搏动，心前区听不到心跳声，则可判定病人已经心搏骤停，抢救者应立即将病人颈后向上托起，并用另一只手按住病人前额向后稍推，使下颌上翘，头部后仰，有利于通气；然后用拳叩击病人心前区一下至两下（不能多击或用力过猛），这样可起到消除室颤、使心脏复跳的作用。

（二）人工呼吸

一个人呼吸停止后2~4分钟内便会死亡，人工呼吸是用人为的力量来帮助伤员进行呼吸并使之恢复自主呼吸的一种急救方法。

人工呼吸的方法有：口对口吹气法、俯卧压背法、仰卧压胸法，但以口对口吹气式人工呼吸最为方便和有效。

1. 口对口吹气法

此方法操作简便容易掌握，而且气体的交换量大，接近或等于正常人呼吸的气体量，对大人、小孩效果都很好。其操作方法是：

（1）病人取仰卧位，即胸腹朝天，颈后部垫一软枕，使其头尽量后仰。

（2）救护人站在其头部的一侧，自己深吸一口气，对着伤病人的口（两嘴要对紧不要漏气）将气吹入，造成吸气。为使空气不从鼻孔漏出，此时可用一手将其鼻孔捏住，在病人胸壁扩张后，则停止吹气，让病人胸壁自行回缩，呼出空气。这样反复进行，每分钟进行14~16次。每次吹气后抢救者都要迅速将头朝向病人胸部，以求吸入新鲜空气。如果病人口腔有严重外伤或牙关紧闭时，可对其鼻孔吹气（必须堵住口），即为口对鼻吹气。口对口之间，如果有纱布，则放一块叠二层厚的纱布，或一块一层厚的薄手帕，要注意的是不要因此影响空气的出入。

2. 俯卧压背法

此法应用较普遍，但在人工呼吸中是一种较古老的方法，目前在抢救触电者或溺水者时，现场还多用此法，但对于孕妇、胸背部有骨折者不宜采用此法，其操作方法是：

（1）伤病人取俯卧位，胸腹贴地，腹部可微微垫高，头偏向一侧，两臂伸过头，一臂枕于头下，另一臂向外伸开，以使胸廓扩张。

（2）救护人面向其头，两腿屈膝跪于伤病者大腿两旁，把两手平放在其背部肩胛骨下角（相当于第七对肋骨之间）、脊柱骨左右，大拇指靠近脊柱骨，其余四指稍开。

（3）救护人俯身向前，慢慢用力向下压迫，用力向下、稍向前推压。当救护人的肩膀与病人肩膀将成一直线时，不再用力。在向下、向前推压的过程中，要将肺内的空气压出，形成呼气，然后慢慢放松全身，使外界空气进入肺内，形成吸气。

（4）按上述动作，反复有节律地进行，每分钟14~16次。

3. 仰卧压胸法

此法便于观察病人的表情，而且气体交换量也接近于正常的呼吸量，但最大的缺点是伤员的舌头由于仰卧而后坠，阻碍空气的出入。此法对于淹溺、胸部创伤和肋骨骨折的伤员不宜使用。其操作方法是：

（1）病人取仰卧位，背部可稍垫高，使胸部凸起。

（2）救护人员于病人大腿两旁屈膝跪地，把双手分别放于乳房下（相当于第六七对肋骨之间），大拇指向内，靠近胸骨下端，其余四指向外，放于胸廓肋骨之上。

（3）向下、稍向前推压，其方向、力量、操作要领与俯卧压背法相同。

总之，人工呼吸要注意：保持病人呼吸道畅通，及时松解衣服，防止用力过猛。如有胸肋骨骨折或其他情况不宜做人工呼吸时，应立即采取其他急救措施；如果呼吸心跳均停止时，应在人工呼吸的同时进行心脏按压术。

（三）胸外心脏按压

1. 胸外心脏按压

这是指给停跳心脏施压，借外力使其收缩并排出血液，压力解除后心脏舒张，使血液又重新充盈心脏，从而暂时建立起有效的大小循环，为心脏自主节律的恢复创造条件。其方法是：病人仰卧硬板上或地面上，下肢稍抬高。施救人员位于病人一侧，将一手掌根部按在病人胸骨中下一节至三节交界处略偏左，另一手重叠于前手背上，向下挤压，使该胸肋部下陷3~4厘米为度；压后迅速抬手，使胸骨复位；以每分钟60~70次的节律反复进行。施救人员要注意：压力要均匀，抬手放松要快，下压和放松时间相等或下压时间稍长于放松时间；压力不能过大，以防止压断病人的肋骨；压迫部位要准确。检查心脏按压是否有效，可触摸股动脉或颈动脉在按压时有无搏动出现。

2. 人工呼吸加胸外心脏按压

病人呼吸、心跳同时停止时可用此方法。方法要领与前文所述相同，可两人分工进行，一人口对口人工呼吸，吹一口气（4~5秒），另一个人做4~5次心脏按压，以此反复进行；吹气时按压动作暂停。如果由一个人兼施时，则先吹一口气，后做8~10次心脏按压。

三、止血

出血是创伤后主要并发症之一，又是创伤的主症。出血量和速度是威胁生命的关键因素。成人全身血容量4 000~5 000毫升，如一次急性失血800~1 000毫升，又未能迅速止血和输血，即可危及伤员生命。因此，外出血必须迅速采取止血措施，才能有效地抢救伤员。止血方法主要有：

1. 一般止血法

此方法用于创口小的出血，对创口局部用盐水冲洗，对周围皮肤消毒，然后盖上消毒纱布，用绷带包扎即可。如头皮或毛发部位出血，应先剪去毛发后清洗、消毒，再进行包扎。

2. 指压止血法

此方法是用拇指压闭出血血管的近心端，阻断血流，达到止血的目的。它适用于头、颈、四肢的动脉出血，但仅适用于急救，压迫时间不宜过长，应随即用其他止血法。

面部出血：用拇指压迫出血侧的下颌角处的面动脉，以达到止血的目的。面部的大出血往往需两侧同时压迫，才能起到止血的作用。

颈部出血：头顶部及耳前上部大出血时，用拇指在伤侧耳前对着下颌关节上着力，压闭颈动脉止血。

头颈部出血：头颈部大出血时，用拇指将伤侧的颈总动脉向后压迫于第五颈椎上，达到止血的目的。但不能同时压迫两侧的颈总动脉，否则会造成脑缺氧而死亡。

肩部出血：上肢、肩部及腋窝出血时，在锁骨上窝中部触到锁骨下动脉搏动处，用拇指用力向下压闭锁骨下动脉可止血。手、前臂及上臂下部出血应把伤臂手腕抬高，用另一只手的拇指压闭上臂内侧的肱动脉，则可止血。

手部出血：一手压在腕关节内侧（拇指侧）的桡动脉上，另一手压在腕关节外侧（小指侧）的尺动脉上可止血。

下肢出血：大腿以下出血，在大腿根部中间处，稍屈大腿使肌肉松弛，自救时可用拇指重叠用力压迫大腿上端腹股沟中点稍下方的股动脉处，或用手掌垂直压于其上，都可止血。

小腿出血：在腘窝处摸到跳动的腘动脉，用拇指用力压迫可止血。

足部出血：用两手拇指分别压于足背动脉和内踝后方的胫后动脉上可止血。

3. 填塞止血法

软组织内的血管损伤出血，可用无菌纱布堵塞在创口内，再用纱布、绷带、三角巾加压包扎，松紧度能达到止血的目的为宜。

4. **止血带止血法**

此方法一般适用于四肢较大血管出血，在采用前述止血方法不能有效止血的情况下，才选用止血带止血。

橡皮止血带止血法：扎止血带前，先将受伤的肢体抬高两分钟，使血液尽量回流，然后在出血处的近心端用纱布垫或衣服、毛巾等物垫好，再扎止血带。其方法是用左手（或右手）拇、食、中指夹持止血带头端，将尾部绕肢体一圈后压住止血带头端和手指，再绕肢体一圈，用左手食、中指夹住尾端，抽出手指即成一活结。

绞棒止血法：在无橡皮止血带时，可用三角巾、绷带、手帕、纱布条、衣服等材料撕成布条，缠绕在伤口近心端，并在动脉走行的背侧打结，然后用笔杆、小木棒绞紧直至无出血为止。步骤是一提、二绞、三固定。

采用止血带止血法时，应注意：

严格掌握止血带的适应证，当大动脉出血用加压包扎不能止血时，才能使用止血带。扎止血带的部位，要缠在创口上方，上臂宜在上三分之一处结扎，下肢宜在大腿上二分之一处结扎，前臂及小腿双骨部位不可扎止血带，因血管在双骨中间通过，止血带达不到压闭血管的目的，还会造成局部组织的损伤。止血带不能直接缠在皮肤上，必须要有衬垫。扎止血带的松紧度要合适，应该以出血停止、远端摸不到脉搏为宜。扎止血带的时间长短要适当，原则上应尽量缩短，通常每小时放松一次，每次半分钟到1分钟，如需要再扎上。在放松止血带期间，可采用其他止血法。扎止血带的伤员要有明显的标记，并说明扎止血带的时间和部位；要尽快转送到能彻底止血的医院进行治疗。

5. **内出血治疗措施**

这一措施的要领是，将病人腿部曲起，平躺于地上，血液可沿主动脉从心室输出，经颈动脉，上流至头部。施救人员注意要给病人保温，但不要过热，否则会导致血液流积于表皮组织之下；内脏器官，如肾、肝或脾受损，会导致严重的内出血，唯一能做的救助是及时护理，希望瘀血及早消散。

四、包扎

包扎伤口有保护创面、压迫止血、防止感染、固定骨折、关节和敷料等作用。包扎伤口应做到：清理伤口、直接覆盖伤口的敷料要保持无菌；包扎时通常自左向右、从下向上缠绕，松紧度要适宜，动作要迅速、柔和且准确。包扎最常使用的材料是绷带，多用于四肢创伤面的包扎；三角巾，多用于头部和躯干的创伤面的包扎。急救时因条件所限，可就地取材，如衣服、布块、床单、手帕、毛巾等材料均可选用。

五、其他常见伤病的救护

（一）接触有毒害物质所致伤害的处理

有意无意服用和接触了有毒物质所致的损伤，如强酸、强碱的烧伤，食物中毒，药物中毒等，都足以伤害身体，危及生命。一旦发生，要迅速进行恰当的处理：脱离受害现场，清除毒物，尽量减轻伤害程度，挽救生命。因中毒的途径不同，所采取的处理方法也不同。

1. 气体性毒物

人们对于气体性毒物中毒要立即脱离中毒现场，呼吸新鲜空气，使毒气不再继续进入体内；在脱离毒区过程中，应用打湿的毛巾捂住口鼻，这对过滤毒气有一定的效果。

2. 皮肤、黏膜沾染毒物

对此，原则上可用大量清洁水冲洗，洗掉或稀释毒物。但不能用热水冲洗，以免增加毒物的吸收。强酸、强碱接触皮肤，用弱碱或弱酸中和，例如，生石灰沾到皮肤时不能用水洗，以免引起化学反应加重烧伤，要先用干布擦去颗粒或用有一定压力的清水冲掉残留颗粒。不溶于水的毒物，如酚，可用植物油或10%的酒精冲洗。

3. 服食有毒食物

人们对服食有毒食物引起中毒的事件，原则上均应先催吐、洗胃，然后导泻或灌肠，以阻止或减轻毒物的吸收。

催吐：可用筷子、羽毛、匙柄，甚至用手指刺激咽喉部，引起呕吐；适量口服肥皂水也可引起呕吐。催吐时要防止呕吐物误入气管。服食腐蚀性毒物及抽搐尚未控制者不宜催吐。

洗胃：催吐后，不论其效果如何或不宜催吐者，都应及时充分地洗胃，以便稀释、消除毒物，保护机体，减轻损害。在家中或现场可采用刺激呕吐洗胃法，即先让患者喝下适量的洗胃液（约500毫升），然后刺激咽喉使其呕吐，吐后再饮并使之呕吐，反复几次至呕吐物清澈为止。因致毒物质不同，应选择不同的方法或不同的洗胃液。强酸中毒不宜洗胃。可用弱碱性药物（碳酸氢钠类碱性药物除外），也可服用蛋清水、牛奶、植物油类等。

强碱中毒也不宜洗胃。可口服食醋等淡酸性剂（碳盐类中毒忌用），也可服用蛋清水、牛奶、植物油类等。

有机磷中毒时可用肥皂水、1%~5%苏打水、淡盐水等洗胃。敌百虫中毒忌用碱性液等洗胃。

安眠药类中毒可用温水、高锰酸钾溶液等洗胃。

酒精中毒可用温盐水、高锰酸钾溶液洗胃，也可口服醋、浓茶和咖啡等。

常用的洗胃液有清水、淡盐水、高锰酸钾溶液（1∶2 000或1∶4 000）、淡肥皂水、2%苏打水、茶水等。绿豆水、面糊、蛋清水、豆浆、牛奶、米汤等均可用来做洗胃液。不明毒物中毒时用清水或淡盐水（1%~2%氯化钠）洗胃即可。

导泻或灌肠：口服硫酸镁20~30克或中药大黄6克导泻，或用1%盐水、1%肥皂水灌肠，可延缓或减少毒物的吸收。

（二）中暑

中暑是机体热平衡机能紊乱的一种急症。

1. 症状

中暑症状主要有如下几种：

热射病：在闷热的教室、房间、公共场所易发生，尤其夏季考场内易发生，初感头痛、头晕、口渴，然后体温迅速升高、面红、甚至昏迷。

日射病：在烈日下活动或停留时间过长，由于日光直接暴晒所致，症状同热射病相似，但体温不一定升高，头部温度有时增高到39℃以上。

热痉挛：在高温环境下，由于身体大量出汗，流失大量氯化钠，使血钠过低，引起腿部甚至四肢及全身肌肉痉挛。

2. 处理

处理中暑患者，要迅速将病人移到阴凉通风的地方，解开衣扣，平卧休息。用冷毛巾敷头部，或用30%酒精擦身降温，喝一些淡盐水或清凉饮料。清醒者也可服人丹、绿豆汤等。昏迷者针刺人中、十宣穴并立即送往医院。

3. 预防

预防中暑的措施主要有：盛夏期间做好防暑降温工作，教室应开窗使空气流通，地面经常洒水，设遮阳窗帘等；合理安排作息时间，不宜在炎热的中午强烈日光下过多活动；加强个人防护，戴遮阳帽，饮消暑饮料；有头痛或心慌感觉时，应立即到阴凉处休息、饮水。

（三）溺水

1. 溺水致死原因

溺水者气管内吸入大量水分阻碍呼吸，或因喉头强烈痉挛，引起呼吸道关闭、窒息而死亡。

2. 症状

溺水者面部青紫、肿胀、双眼充血，口腔、鼻孔和气管充满血性泡沫，肢体冰冷，脉细弱，甚至抽搐或呼吸心跳停止。

3. 自救与救护

自救与救护应注意如下几点：

当发生溺水时，不熟悉水性者可采取自救法；除呼救外，取仰卧位，头部向后，使鼻部露出水面呼吸。呼气要浅，吸气要深。因为深吸气时，人体比重降到0.967，比水略轻，可浮出水面（呼气时人体比重为1.057，比水略重），此时千万不要慌张，不要将手臂上举乱扑动而使身体下沉更快。

会游泳者如果发生小腿抽筋，要保持镇静，采取仰泳位，用手将抽筋腿的脚趾向背侧弯曲，可使痉挛松解，然后慢慢游向岸边。

救护溺水者应迅速游到溺水者附近，观察清楚位置，从其后方出手救援；也可投入木板、救生圈、长杆等，让落水者攀扶上岸。

4. 出水后的救护

出水后的救护措施主要有：

首先清理溺水者口鼻内污泥、痰涕，取下假牙，然后进行控水处理。

救护人员单腿屈膝，将溺水者俯卧于救护者的大腿上，借体位使溺水者体内水由气管口腔中排出。有些农村将溺水者俯卧横在牛背上，头脚下悬，赶牛行走，这样又控水，又起到人工呼吸作用。

如果溺水者呼吸心跳已停止，应立即进行口对口人工呼吸，同时进行胸外心脏按压。

（四）毒蛇咬伤

毒蛇咬人时，其上颌腺分泌的毒液随牙齿注入人体，引起急性中毒甚至死亡。因毒蛇的种类不同，所含毒素的成分也各异，中毒的症状亦不同。毒素的种类分神经毒素（使延髓麻痹）和血液毒素（破坏毛细血管、溶解神经细胞、引起出血）两类。

1. 临床表现

人被有毒的蛇咬伤时，患处留有两个相邻的牙痕（无毒的蛇咬伤的牙痕呈锯齿状）。由于毒素作用不同，或出现四肢麻痹、无力、眼睑下垂、瞳孔散大；或出现对光反射消失、不能吞咽和说话、呼吸缓慢无力等神经障碍，从而导致窒息、心力衰竭而死亡；或出现全身皮下瘀血、鼻出血、呕血、咯血、尿血、便血等症状，甚至昏迷、虚脱、休克而死亡。

2. 急救措施

人被毒蛇咬伤后的急救措施主要有：

立即用止血带绑扎：为防止与减缓毒素继续吸收和扩散，要在肢体创口的近心端绑扎止血带；绑扎不能过紧过久要间断放松，防止远端肢体缺血坏死；伤肢制动、抬高，以减少毒素吸收和水肿。

尽快排出伤口毒液：创口用清水、肥皂水或高锰酸钾溶液反复冲洗；用手由上向下、周围向创口中心挤压，或用吸吮器、拔火罐吸出创口毒液；急救时也可用口直接吸吮，但口腔黏膜有损伤者不可，以防毒液从损伤处进入救护者体内。

口服蛇药片（如南通季德胜蛇药片），或将蛇药片用清水溶成糊状涂在创口四周。

3. 预防

预防被毒蛇咬伤应注意：

在蛇区行走时，要扎好裤脚，穿好鞋袜；在草丛中行走时，要手持一棍棒，边走边打草，起到打草惊蛇的作用。常备一些蛇咬伤的治疗药品，以防万一。

六、特殊伤的救护

（一）颅脑损伤

颅脑损伤是最常见的损伤，伤情多较严重，可危及生命。现场急救需要及时、全面、连续地进行。具体救护方法是：

（1）伤员安静侧卧，抬起下颌，清除口鼻分泌物，保持呼吸道通畅。

（2）查头部受伤部位，剪除伤口周围的头发，清洗创伤口，止血、包扎。

（3）伤员取头高足低位、放松，避免乱搬运、限水、禁食。

（4）有脑组织脱出者，用绷带棉圈作支持物，围住脱出的脑组织，或在脱出的脑组织两侧各放一片敷料卷，再盖上敷料进行包扎，保护脑组织不受感染、压迫和损伤。

（5）有条件应给氧、输液。

（6）迅速护送到医院进行抢救。

（二）开放性气胸

开放性气胸是由锐器或火器所致的伤口，使胸膜腔与外界相通，空气可随呼吸而自由出入胸膜腔内；使胸膜腔负压消失，因肺被压缩而萎陷，会严重影响肺通气功能。开放性气胸的伤员出现气促、呼吸困难，严重时出现烦躁不安、脉搏快而弱、血压下降以及休克，如胸壁有开放性创口，呼吸时能听到空气出入胸膜腔的响声。

开放性气胸的急救方法：

（1）立即将开放性气胸转变为闭合性气胸，迅速用无菌敷料封闭伤口并包扎固定，封闭后要详细检查，不遗漏伤口，包扎要严密、牢固。

（2）伤员半卧位，有条件给氧，保持呼吸道通畅。

（3）迅速转送医院，途中密切观察伤员呼吸情况，注意观察包扎是否严密，敷料有无松动、脱落。

（三）腹部内脏脱出

腹部受到严重的开放性损伤时，腹腔脏器可以从伤口脱出。因为开放性腹部创伤都能引起出血、内脏损伤、休克或感染，所以，对腹部创伤伤员要现场急救，保护脱出的内脏，安全快速送往医院治疗。

腹部内脏脱出的急救方法：

（1）持呼吸道畅通，使呼吸正常。

（2）伤者屈膝仰卧，使腹肌放松，防止内脏继续脱出。

（3）脱出的脏器，不要立即收回腹腔，应将上面的脏东西用清水冲洗干净或用1%盐水清洗，用干净的纱布、白布、手巾覆盖，以免加重感染，或用饭碗、盆扣住外露肠管，再进行保护性包扎固定。

（4）包扎固定后，伤员取屈膝仰卧位，腹部保温，绝对禁食，防止肠管过度胀气。

（5）送医院进行救治。

第五节　野外生存

无论是驰骋战火纷飞的疆场，还是纵横祖国的山川原野；无论是雾谷被困、密林迷踪，还是穿行于大漠、隔绝于荒岛；无论是军人还是平民，都会面临生存问题。作为个人来说，身体越强健、知识越丰富，生存的机会就越多。因此，熟知各种危急情况下的求生技能，学会如何寻求解决突发事件的思维方式，对于每一个人都是非常重要的。

一、野外生存的物质准备和精神准备

人们要适应野外生存的环境，就必须有充分的物质准备和精神准备。准备得越充分，生存下来的概率就越高。

（一）物质准备

1. 有计划行动的行装准备

人们对于有计划的野外行动，应根据客观环境的需要选择适合装备，出发前准备好行装。这些装备主要有以下四大类：

（1）基本用品。

a. 鞋子。挑选合适的鞋子，并在出发前两周就试穿，使新鞋与脚完成磨合期，以避免或减少脚起泡。

b. 衣服。根据预定的野外生活时间的长短，仔细挑选合适的衣服，必须有一套换洗的衣服和一套休息时能添加保暖性的衣服；在严寒天气应多带几件御寒衣服。

c. 衣。雨季外出必须带上雨衣。

d. 褥。根据季节选择合适的被褥，最好选择柔软、轻便、保暖性能好的被褥。

e. 帐篷。在野外生活的时间较长时，应备有帐篷，以作为日常活动的场所。帐篷最好选择轻质材料做成的，以便于携带。

f. 背包、行囊。要有一个背着舒适而且结实的背包或者行囊，以便携带衣物和必要装备。背包、行囊应有结实而舒适的腰带，这样可以将大部分重量分担在臀部上，以减少肩膀和背部的负担。制作背包的材料一定要选用结实而且防水的织物。

g. 食品。应带易熟的食品，盐要放在适宜的容器里。遇到严寒天气，要多带一些高脂食品和糖类。各种食物的比例可按照自己的口味确定，但一定要保证营养的均衡。

h. 通信设备。现代信息社会，通信手段已经非常先进，个人或小团体行动，只要带上寻呼机、手提电话机就可以解决通信问题。必须注意的是，由于身处荒野，远离人类文明，没有外接电源，因此，出发之前所有电子设备都应充足电能，并带有备用电源。使用次数应尽量减少，并控制待机和通话时间。

（2）医疗卫生盒。

医疗卫生盒内装常用药和卫生用品，主要有：

a. 痛类药。这类药可缓解疼痛、减轻痛苦，常用的有索米痛片、布桂嗪、罗通定等。

b. 肠道镇静剂。这类药用于治疗急性或慢性腹泻，常用的有神奇止泻丸、小檗碱、保济丸等。

c. 抗生素。它主要用于治疗常见的细菌感染，常用的有阿莫西林、诺氟沙星、乙酰螺旋霉素等。

d. 抗感冒药。常用的抗感冒药有扑感敏、维C银翘片、力克舒等。

e. 中暑和抗过敏药类。这类主要有藿香正气水、人丹、氯苯那敏等。

f. 毒蛇咬（蚊虫叮）伤药。它主要用于治疗各类蚊虫叮咬和毒蛇（虫）蜇、刺伤等，常用的有蛇药片、白花油、风油精等。

g. 抗疟疾类药品。在疟疾流行区，这类药品是必备的，常用的有防疟1号片等。

h. 打损伤药。它主要有扶他林、三七片、云南白药等。

i. 膏药类。膏药类型多样，使用前应保证将伤口弄清洁，常用的有创可贴、风湿止痛膏、正骨水、红药水、冻疮膏、蓝烃油膏等。

j. 急救包、绷带等，用来固定受伤部位，促使伤口愈合。

此外，还应备有高锰酸钾和漂白粉之类的消毒、灭菌药物。所有药品都应标明用法、用量和有效期。

上述各类医药卫生用品可根据个人的习惯，以及执行任务区域的流行病特点，灵活选择搭配。

（3）百宝盒。

在紧急情况下，有些平时并不起眼的小器具却能帮你增加幸存的机会。把这些小器具集中放在小盒里，以便随身携带，这就是中国人常说的"百宝盒"，外国人则叫"救生宝盒"，盒中通常应装有：

a. 生火用的火柴、蜡烛、打火石和放大镜。火柴最好带防水的，普通火柴易燃，装盒时要用熔化的蜡烛油包住火柴头。

b. 针和线。针要有大小几种型号，线要选择坚韧耐磨的，并将其绕在针上。

c. 钩和鱼线。鱼钩应挑选小号钩，鱼线尽可能多带一些。

百宝盒还可以根据需要再装其他小件物品，要定期检查盒里的各类小东西，一旦发觉哪个不能用了，应及时更换。

（4）工具包。

工具包主要包括如下物品：

a. 指南针。最好是刻度清晰、纽扣大小的指南针。

b. 绳索。最好带细而结实的尼龙绳索。

c. 电筒。

d. 饭盒。最好是铝制饭盒，既轻便耐用，又是很好的炊具，还能盛放各类救生物品。

e. 救生袋。严寒季节外出，带一只长200厘米、宽60厘米的聚乙烯薄膜大袋子，出现意外情况就钻到里面，可以减少热量散发，取得保暖救命的效果。

f. 刀具。在野外紧急求生时，刀既是工具，也是武器。

为了便于使用和保管，可以把上述几项必备工具集中装在饭盒内，也可以分开装在背包或行囊的边袋内。

2. 意外情况下搜集和制造装备

人们受困于荒野之中，面临恶劣的气候和时常出没的野兽，没有必要的工具和武器是非常危险的。因此，要设法寻找或制作最基本的工具和武器装备自己，以战胜恶劣的环境，求得生存。

（1）在出事地点搜集可用物品。当乘坐舰船、飞机、汽车等各种交通工具远行，不幸发生意外事故受困荒野、孤岛时；不要匆忙离开出事地点，在确实判明不会进一步发生危险时，应该留在出事地点或附近地区，一方面采取自救互救措施，另一方面等待救援；当出事地点远离人烟、短时间内难以得到救援时，应就地搜集一切可用之物，并将其改造成求生的工具和武器，装备自己；然后依据客观情况，决定下一步的求生行动。

（2）制作工具和武器。大自然提供了各种各样的材料，可以用来制作各种各样的工具和武器，重要的是要学会就地取材，根据需要进行加工制作，使之成为适用的工具和武器。

a. 制作石器。石头是大自然中最容易获取的材料，几乎遍地皆是。石头通过凿、磨、锯和敲打，可以制作成斧头、匕首、锯子或其他有用的工具。各种形状的石头与木棒捆扎在一起，可以制作成狩猎和防身的武器。

b. 制作竹、木器具。如果身处竹、木林地，竹、木资源可以给求生解决很多问题。大口径的空心竹节可以制作成盛水和做饭的器具，可以制作成竹碗、竹杯等生活用具；竹片或小口径的竹子，经过烟熏火烤增强硬度后，可以制作成弓和箭；木材用处也很多，一根粗细适宜的硬木棍就是武器,用竹竿或木头捆扎在一起,就是很好的渡河工具。

c. 其他材料的利用。海岛求生,大的海螺和蛤类贝壳可以用来制作刀具、容器等器具;身处草原、林区,动物的骨头、犄角等可以用来制作武器。

总之,要善于寻找和利用各种自然资源,加工制作成各种器具,为野外求生创造有利条件。

(二)精神准备

生存是维持生命的艺术。这个艺术是建立在一定物质基础上的,是由个人的生存知识和强烈的求生意识所创造的。人们要在极其恶劣的环境下生存下来,关键在于要有活下去的勇气。如果没有这个勇气,一切生存知识和技巧都会变得毫无意义。因此,野外生存的第一要素,是要具备强烈的求生欲望和战胜恶劣环境的意志和勇气。

1. 生还的难关

人们若身处野外求生的境遇中,无论生理上还是心理上都得承受很大的压力。面临的境遇不同,身处困境的时间长短各异,所受的压力也不一样。一般而论,每一个求生者都可能不得不面对以下某些或全部难关:

(1)恐惧与焦虑心理。身处险境,恐惧与焦虑是第一个本能的反应,尤其是初涉险境者或意志品质缺少锻炼者更是如此。恐惧会使人降低甚至丧失对危机的反应和处置能力;焦虑会干扰理智的思维,对所处环境做出不正确甚至徒劳、有害的反应,使人过多地消耗体力甚至使其丧失生命。

(2)伤痛与疼痛折磨。如果不幸生病或受伤,雪上加霜,会使遇险者求生的信心和意志下降,会消耗遇险者的体能和体力,甚至丧失生命。

(3)恶劣的气候环境。严寒、酷暑、风雨雷电、大漠风沙等恶劣的气候条件会极大地增添野外生存的困难。

(4)饥渴与劳累。当食物耗尽又找不到水源的时候,阵阵饥渴会使你难以忍受。饥渴会摧垮人的求生欲望和意志,饥渴会使人丧失体液、耗尽体能直至危及生命;劳累会消耗人的体力和体能。为了获取食物和水源你必须付出劳动,但为了生存你又不能过度消耗体力体能,掌握好两者之间的平衡,是求生的一种技巧。

(5)剥夺睡眠。较长时间身处困境,或者环境恶劣使你无法入睡;或者危机四伏,使你不敢入睡,这都会极大地影响求生者的休息、睡眠和体力的恢复。长时间被剥夺睡眠,会使人情绪低落,烦躁不安。

(6)厌倦与烦躁。伴随着受困荒野险境时间的延长,厌倦与烦躁情绪会相应增强。这种不良的情绪会使你的思维能力下降,造成对客观环境的误判,以致做出错误的抉择;会极大地动摇求生者的信心,摧垮求生者战胜困难以求生还的意志。

2. 成功的关键

面对上述难关,成败的关键在于信心和毅力。

首先,要有正视灾难的勇气,敢于求生,人们骤然面对灾难、身陷困境,重要的是必须正视现实,稳定情绪,思考对策。恐惧慌乱,束手无策,只能是坐以待毙;焦虑烦躁,坐立不安,盲目行动,只能是无谓地消耗体力,浪费宝贵的生命资源;自暴自弃,怨天尤人,只能是增添烦恼和焦躁,不但于事无补,反而会浪费时间,错失自救和被救的良机。

正确的做法是先冷静下来，分析所面临的困境，筹措求生的计划：一是判定自己所在的位置、危机的成因、危险的因素、主要威胁来自何方；二是要设法与周围的生存者取得联系，判定自己是孤军奋战，还是有同伴可以作为依靠，如有同伴则应尽快联络以便商量对策；三是设法与外界取得联系，以寻求帮助和救援；四是盘点一下自己生存必需品的存量，判断获取基本的维持生命的食物和水源的难易程度，计算在当前困境中在获得救助之前能维持多长时间；五是精细地筹措求生的计划，并勇敢地付诸实施。

其次，要有生还的坚定信心，积极求生。信心能帮助你战胜恐惧、厌倦、绝望和孤独，信心越坚定，生还的概率就越高。信心来源于良好的心理素质、健康的体魄、良好的训练和丰富的知识等诸多因素。当身处困境之时，则应时刻提醒自己保持坚定的求生信念，积极想办法自救和求救。即使环境十分恶劣，自救无力，也决不轻易放弃生还的一线希望，要用坚定的生还信念支撑生命的活力，保存体力，等待救援。当然，积极求生绝不是盲目行动，一切求生的动作都会带来体力和体能的消耗，无效的行动会浪费宝贵的体力和体能，这也是野外求生之大忌。因此，既要有积极的态度，又要有精确的行动计划，每一个行动都要有明确的目的，切忌盲目乱闯。

最后，要有生存的坚韧毅力，顽强求生常常存在于再坚持一下的努力之中，在最困难的时刻，也往往是获救机会即将出现的时候。此时，一念之差，也可能就是生死之别。那些身遇险境而生还者，也往往是那些具有坚强意志、坚韧毅力、百折不挠、永不言败的斗士。因此，求生者必须有战胜一切艰难险阻的勇气和毅力，不管遇到什么样的困难、危机和病痛，都要想办法战胜它们，要有排除万难的决心和一息尚存就要抗争到底的毅力，顽强地生存下去。顽强的毅力来源于平时的磨炼、正视灾难的勇气和坚定的求生信心。勇气、信心和毅力是互为依托的统一体，是野外生存的重要的精神支撑。

二、生存的基本需要及其获取

生存的基本需要是水、火、食品和庇护所，它们各自的重要程度取决于所处的环境。在求生的一切努力中，第一个行动就是要确定自己当前的首要需求是什么；然后，按照需求的轻重缓急，逐一想办法去解决。

（一）水

水是人体的最基本需求，离开了它，人就无法生存。水的获取主要包括以下几个方面：

1. 寻找水源

人在野外生存，首先必须解决的问题就是要找到维持生命的饮用水。寻找水源的方法主要从以下几个方面入手：

（1）重点盯住低洼地。水往低处流，这是自然规律，因此，寻找水源首选之地是山谷底部地区。

（2）注意分析绿色植物的分布情况。一般而论，哪里有水，哪里就有绿色植被。尤其是在绿色植物分布均匀的地区，突然出现一小块长得特别茂密的植被，从那个地方往下挖，最容易找到水源。

（3）利用动物作为寻找水源的向导。大多数哺乳动物需要定期补水，草食性动物通常不会离水源太远，因为它们早晚都需要饮水，留意跟踪动物的足迹经常会找到水源。以种子和谷类为食的鸟类，早晚也需要饮水，当它们径直低飞时，可能就是去喝水的，因此，密切留意它们的飞行方向，可能会找到水源；青蛙是两栖类动物，听到它的叫声，就等于找到了水源。

（4）留心特殊的含水地质结构。在干涸的河床或沟渠下面很有可能会发现泉眼，尤其是在沙石地带；在岩石的断层间可能会发现湿地或泉眼，悬崖底部一般都会渗出水流；在海岸边，应在最高水线以上挖坑，尤其是在沙丘地带，很可能会有一层厚约5厘米的沉滤淡水浮在密度较大的海水层上。

2. 取水的方法

人在野外生存，取水的方法是多种多样的，主要有：

（1）露水的采集。在日夜温差较大的地区或季节，清晨会有很多露水。采集的方法是：用吸水性强的衣服或布料做成布团，在草地上来回拖动，以吸收叶片上的露水，待布团吸足水之后，再将其拧在容器里或者直接吮吸；也可采集挂在树枝上的水滴和汲取岩石上的积水。

（2）雨水的收集。雨水一般是野外最安全的水源。下雨时，尽可能选取大面积的集水区，利用各种可能的容器收集，可选择在比较低洼的地面上挖个坑，铺上防渗的塑料片、帆布材料或雨衣，可以有效地收集雨水。

（3）冰雪化水。一般而言，能融冰则不化雪。因为融冰比化雪消耗的热能少，可以更快更多地化出水来。但在取舍冰或雪的时候也要考虑获取的难易程度。化雪时，应先融化小块的雪，待罐子里雪化成水后，再逐渐加雪，这样有利于热传导和保护化雪容器。

（4）采集凝结水。这是指利用植物根部从地下吸收水分和叶面的蒸腾作用采集饮水的方法。其做法是：挑选枝叶浓密的嫩枝条，在嫩枝叶上套一只塑料袋，袋口朝上，袋的一角靠下，以便收集凝结水。这样，当温度升高时，叶面蒸腾作用产生的水汽上升与薄膜接触时遇冷，就会在袋内产生凝结水。

（5）植物中取水。某些树的汁液是可以饮用的，如椰子树、枫树、仙人掌等。早晨时，可以从这类富含水分的树上汲取汁液。

竹子的节间常存有水，摇动它们，如果能听到咕嘟声响，肯定有水。采水的方法是：把竹枝弯曲绑住，将头部切断，在切口处用容器接住滴下的水；或在每一节的顶部剖开一"V"形槽口，将竹竿倾斜就可倒出水来。

从其他植物中取水，首先必须判断该植物的汁液是否有毒，以及气味如何。有毒的不能直接饮用，气味怪异的要注意掌握适度。例如，椰子汁富含水分，但成熟椰子中的果汁有很明显的轻泻功能，饮用过多会引起腹泻，饮用时要注意掌握好恰当的度。

（6）蒸馏取水。有些水（如树汁、海水、受污染的水）是不能直接饮用的，但通过蒸馏，则可以得到洁净的可饮用水。蒸馏的方法是：先找一些能替代实验室里曲颈瓶一类的用具，如容器、软管等，将软管一端插入一只盛满水的密闭容器顶部；另一端插进一封闭的冷却器皿中，给盛水的容器加温，水沸腾后，产生的蒸汽经管子散发到冷却器皿中，遇冷则凝结成洁净的水。

3. 净化饮用水

人在野外生存，最重要的是保持良好的身体状态，而一点点的污染水就能使人致病。

所以，净化饮用水以保证安全卫生是非常重要的。在野外条件下，净化饮用水的方法主要有以下几种：

（1）过滤。制作过滤器的基本材料，可以用裤子、沙子和木炭。所以，生火时所留下的木炭不要轻易丢弃，它可是制作临时过滤器的好材料。制作过滤器最简单的方法是用裤子制作，将裤子翻过来，再将一只裤腿塞进另一只裤腿里，捆扎起底部就行了；把裤子浸湿，吊在三脚架上，里面装上沙子和木炭后，就可以注水过滤了；第一遍过滤出来的水，如果还不够干净，可以用同样的方法多过滤几遍。

（2）沉淀、消毒。过滤出来的水要经过一定时间的沉淀，然后倒出上层的清水，就可以烧开饮用了。如果带有漂白粉或净水药片，按照使用说明的要求加到过滤出来的水中，搅拌、沉淀后，上层的清水就是洁净水了。

（3）烧开或蒸馏。经过过滤、沉淀、消毒出来的水，只要用火烧开，就可以放心直接饮用；如果找到的是严重受污染的水源或者是海水、咸水等，则必须通过蒸馏，才能饮用。蒸馏的方法参照"蒸馏取水"办法。

（二）食物

食物是为人体提供热能和营养，以维持生命的基本物质。因此，受困荒野要战胜危机，生存下去，重要的是要想办法获取食物。

1. 植物类食物

人在野外生存，关键是要学会寻找到可以充饥的植物，并掌握辨别有无毒性的技巧。我国常见的可食野生植物有：

山葡萄，生长在北方的山地，每年九月间成熟，果实可生食，嫩条可解渴。

茅莓，有的地方也叫刺莓。它生长在山坡灌木丛中或路旁，七八月成熟，果实和嫩叶均可生食，广泛分布于全国各地。

沙棘，在我国分布较广，生长在河岸旁的沙地或沙滩上，九十月成熟，味微酸而甜，营养价值高。

苦菜，全国各地都有，生长于山野和路边，易于采集，三至八月可采嫩茎叶生食。

蒲公英，分布于全国各地，生长于田野、路旁，易于采集，三至五月可采嫩叶生食。

荠菜，全国各地均有，生于田野、路边、沟旁，易于采集，嫩苗可食，三四月采全草，炒食、做汤均可。

野苋菜，主要产于南方各地，生于田野、路边草地中，春季食其嫩叶。

此外，还有诸如车前草、仙人掌和竹子之类的陆地植物，以及沿海地区的海藻和紫菜等海洋植物。

2. 动物类食物

捕捉一切能食用的小动物，是人们野外求生时解决食物来源的有效方法。比较容易捕捉的小动物主要有蛇、蛙、龟、蜥蜴、鱼、虾等。

（1）蛇类。蛇肉既鲜美，又富有营养。捕蛇的工具，最好选取带有叉子的长木棍。打蛇要打头部七寸，下手要快、要准。对付树上栖息的蛇先用棍棒将它们击落到地上，以防万一。有的蛇即使身首异处仍能咬人，有的蛇还会假死。捕蛇既要胆大，又要心细，要谨防被毒蛇咬伤。烹饪方法可以红烧、清炖，也可以烧烤。

(2) 蜥蜴。蜥蜴各地均有，所有的蜥蜴肉都可以食用。大多数蜥蜴生性胆怯，但有些大蜥蜴和巨蜥受到攻击时会咬人。捕捉时要谨防被咬伤或被其利爪抓伤。捕捉时尽可能抓住蜥蜴的尾巴，捕捉大蜥蜴需要设置适当的陷阱。捕捉到这类动物后，先砍头剁脚，然后剥皮、剖腹，去除内脏，即可下锅烹饪或烧烤食用。

(3) 两栖动物。所有青蛙类的肉都可食用，但有些种类（如蟾蜍）皮下有毒腺，烹煮之前必须剥皮。青蛙喜欢夜间活动，可以根据蛙鸣声判断其所处的方位，一般总是在水边或水稻田里。食用时必须煮熟煮透，以杀死寄生虫。

(4) 鳖类。龟、鳖类爬行动物肉味鲜美，营养丰富，是求生者难得的美食。宰杀时，可先重击其头部，将其杀死，然后沿腹部剖开，去除内脏，切除头部，即可根据需要切块下锅烹煮。

(5) 鱼类。鱼类生长于江、河、湖、海、池塘等各类水系，垂钓或下水捕捉鱼、虾，也是获取食物的重要手段。对捕捉到的鱼，食用前，必须辨别是否有毒。通常在热带浅海中，没有鱼鳞而有刺、尖棘或硬毛，形状比较怪异的，可能是毒鱼，不可食用。如果不慎误食毒鱼，应马上用高锰酸钾液洗胃，或服用催吐药、泻药将已食进的鱼毒排出。

(6) 昆虫类。昆虫也是野外求生者能获取的动物性食物资源。最有利用价值的是白蚁、蚱蜢、蝗虫、蟋蟀、蜜蜂等。特别是蜜蜂，不但蛹、幼虫和成年蜂都可以吃，而且在蜂房里还可以找到蜂蜜。食用前，诸如蝗虫、蚱蜢、蟋蟀之类的大型昆虫，要先去掉小腿及翅膀，因为腿毛会刺激消化道，某些种类幼虫的纤毛会引起皮疹。

(三) 火

对于野外求生者来说，火有着特殊的重要意义。它不仅能使人保持体温，减少体内热量散失，而且它还可以烤干衣服、煮饭烧水、熏烤食品、吓跑野兽、驱走害虫、锻造金属器具等。但是，因为用火不慎而引发火灾，也可能危及生命，破坏自然生态，造成不可挽回的损失。所以，野外求生者，不仅要懂得如何生火、用火，而且要懂得控制火焰燃烧，安全用火。

1. 选择生火点和构筑火炉

根据所处环境的地形特点，确定生火的地点。最好选择在靠近宿营处，既能保证用火安全，又便于火焰燃烧和散烟的地点。据用途、地形特点和可能获取的材料，采用垒、挖、架等办法，构造合适的火炉。有条件时，也可以利用方便器材改造成火炉。

2. 点火

(1) 火柴（打火机）点火。火柴（打火机）是最便利的点火工具，因此，求生包里一定要备有火柴或打火机。用火柴点火时，最好先点燃一支蜡烛，再用蜡烛点燃火堆，待火势燃烧起来后即把蜡烛熄灭，这样可以节省火柴。

(2) 凸镜生火。强烈的阳光通过凸镜的聚焦作用，可以产生足够的热能点燃火种。因此，在阳光直射的情况下，求生者可利用随身携带的放大镜、望远镜和照相机的凸镜将太阳光聚焦于引火物之上，将其点燃。

(3) 火刀击打火石。火刀打火石，是远古时代常用的点火方法，至今仍然管用，作为打火石的石头在许多地方都能找到。

(4) 钻木取火。这也是一种古老的生火方法。用一根干燥坚硬的纺锤状木棒在一块干燥的软木底座上摩擦钻孔，靠钻孔摩擦发热点燃引火物。

（5）电池生火。电池放电产生的电火花可用来点火。在野外生存的环境中，可以利用的电池主要有汽车电池、手电筒电池、收音机和通信工具的电池等。

（四）露营地与庇护所

野外求生，在短时间内难以得到救助，不得不在荒野之中生活较长时间的情况下，庇护所是满足生存需要的一个非常重要的场所。

1. 选择露营地

露营地的选择应当尽量选在可以防风、防雨、山洪冲不到、不会受到落石或雪崩威胁的地方；选择比较平坦开阔的空间有助于发送求救信号，易于被救援者发现；尽量选在离水源较近、附近有充足利用的林木的地方，但不要把帐篷搭建在与水源过分靠近的地方，因为太靠近水，一旦上游山洪暴发，就有被冲走的危险；尽可能选择有自然地形地物可以利用的地方，这样可以为构筑庇护所打下良好的基础。利用自然地形地物构筑庇护所，不但可以节省材料和体力，而且可以提高庇护所的稳固性。

尽量避开独立的高大乔木，因为它可能成为雷击的目标；尽量避开野兽出没的地方，或野兽的饮水路线，因为这些地方容易遭到野兽的攻击。

2. 寻找和构筑庇护所

野外宿营分为利用制式器材露营和利用就便器材露营两种方式。利用制式器材露营，通常是在预先有准备的情况下，利用帐篷、装配工事等制式器材进行的露营。利用就便器材露营，通常是利用诸如篷布、雨衣、大树、竹子、草木等随身携带和就地可以获取的器材、材料，搭建栖身之所进行露营。

（1）利用洞穴。洞穴，即使又窄又浅，也可以成为很好的庇护所，位于山谷较高处的山洞比较干燥，洞内气候受外界影响不大，是比较理想的栖息之所，位于谷底和深不可测的山洞，相当潮湿，不适宜居住，应当慎用。

（2）架设帐篷。预先有计划的野外作业，一般都携带了制式帐篷或轻便的旅行者帐篷。遭遇突发事件而身处荒野时，求生者必须搭建简易帐篷。可搭建简易帐篷的材料有雨衣、塑料薄膜、盖布等覆盖面料，以及竹竿、木棍等骨架材料。其大小和形状可根据地形特征，以及器材数量和露营人数灵活确定。

（3）搭建棚屋（竹、木、草）。求生者还可根据所处环境和地形特征，充分利用自然条件，就地取材，搭建各种竹棚、木棚或草棚，以作为栖身之所。棚屋的形状，可结合地形地物，灵活设计成屋顶形、半屋顶形、单面斜坡形、圆锥形等各种形状。要尽可能利用自然的地形地物，这样既可节省材料和工作量，又可增加牢固程度。

（4）简易庇护所。这通常是指寻找就近可利用的地形地物加以改造和补充搭盖而构成的临时栖息所。其好处是，有利于求生者保存和恢复体力。

参考文献

［1］《国防理论教育》编委会. 国防理论教育［M］. 北京：北京师范大学出版社，2013.
［2］李景龙. 大学生军事理论教程［M］. 北京：化学工业出版社，2013.
［3］《大学军事教程》编委会. 大学军事教程［M］. 北京：人民出版社，2009.
［4］朱坚强. 大学生军事理论基础教程［M］. 上海：立信会计出版社，2011.
［5］孟天财. 军事理论教程［M］. 北京：国防工业出版社，2012.
［6］包敦峰. 军事课教程［M］. 北京：国防工业出版社，2013.
［7］陈益民. 普通高等学校军事理论教程［M］. 北京：国防工业出版社，2012.
［8］赵明吉. 国防教育教程［M］. 北京：科学出版社，2012.
［9］郑冠波. 军事理论与技能训练教程［M］. 北京：机械工业出版社，2014.
［10］梁兴友. 大学生军事理论［M］. 北京：航空工业出版社，2014.
［11］沈达政. 21世纪大学生国防与军事理论教程［M］. 北京：经济科学出版社，2013.